Cuba en 1959

LOS PRIMEROS DIAS DEL
ASALTO COMUNISTA A CUBA

COLECCIÓN CUBA Y SUS JUECES

> Escúchame Tirano:
> Acepto el duro exilio, aún siendo hasta la muerte,
> Sin pararme a pensar ni tratar de inquirir
> si alguien capituló ante quien creyó mas fuerte
> o si otros se marcharon debiendo resistir.
>
> Si sólo quedan mil, con ellos estaré;
> si sólo quedan cien, yo contra el dictador;
> si sólo quedan diez, el décimo seré;
> si sólo queda uno, serlo será mi honor.
>
> *Victor Hugo.*

EDICIONES UNIVERSAL, Miami, Florida, 2019

Del Mismo Autor:

Historia de la Química Industrial
Total Quality and Productivity Management
Performance Management
Strategic Planning
Management Development
Process Improvement Teams
Quality Strategies
Gestión de Futuro

Contramaestre
Baraguá
Poemas y Memorias de Cuba
Jimaguayú
Guáimaro
Freedom Embattled
Colonial Cuba
Republican Cuba
Exiled Cuba
Three Days in March
Raíces cubanas
Álbum de Cuba
Rescatando a Martí
Un Festín de Palabras
Damn the Revolution
Madame Secretary
La Gran Estafa
La Memorias del Almirante Cervera
Matanzas en la Independencia de Cuba
La Guerra del 1868
La Tregua Fecunda
La Guerra del 95
Our Consul in Havana
El Diario de Guerra de Máximo Gómez
Cuba bajo la Bandera Norteamericana
Cuba en 1958
Cuba en 1959

Dedicatoria

A Benito Más,
in memoriam, un gran amigo
que vivió muchos de estos eventos
y a su esposa Lilita,
a sus hijos y a sus nietos

En pocos meses Cuba entera se convirtió en un país en estado de sitio, custodiado por milicianos y milicianas, soplones y delatores, donde nada ocurría ni nada se permitía que no estuviera autorizado y fuera del gusto de Fidel Castro.

RAUL EDUARDO CHAO

Cuba en 1959

LOS PRIMEROS DIAS DEL
ASALTO COMUNISTA A CUBA

Copyright © 2019 by Raúl Eduardo Chao

Primera edición de:
EDICIONES UNIVERSAL
P.O. Box 450353 (Shenandoah Station)
Miami, FL 33245-0353. USA
Tel: (305) 642-3234 Fax: (305) 642-7978
e-mail: ediciones@ediciones.com
http://www.ediciones.com
Desde 1965

Library of Congress Control No.: 2019937356

ISBN-10: 1-59388-304-8
ISBN-13: 978-1-59388-304-1

Diseño de las cubiertas: Luis García Fresquet

CUBIERTAS:
Al Frente,
El Castillo del Morro de La Habana
en un día días de invierno.
Detrás,
La bahía de La Habana, vista
desde el Castillo del Morro.

Todos los derechos
son reservados. Ninguna parte de
este libro puede ser reproducida o transmitida
en ninguna forma o por ningún medio electrónico o mecánico,
incluyendo fotocopiadoras, grabadoras o sistemas computarizados,
sin el permiso por escrito del autor, excepto en el caso de
breves citas incorporadas en artículos críticos o en
revistas. Para obtener información diríjase a
Ediciones Universal.

Tabla de Contenido

INTRODUCCIÓN	10
ANTECEDENTES EN 1958	13

AÑO 1959

ENERO	36
FEBRERO	67
MARZO	74
ABRIL	84
MAYO	95
JUNIO	106
JULIO	116
AGOSTO	134
SEPTIEMBRE	141
OCTUBRE	155
NOVIEMBRE	185
DICIEMBRE	202
EPÍLOGO	219

APÉNDICES

1 ~ REPORTE DEL CIA FEBRERO 1959	222
2 ~ JUICIOS REVOLUCIONARIOS DE 1959	226
3 ~ MEMORANDO DE DIC. 31, 1958	229
4 ~ EL PRESIDIO POLÍTICO ~ JOSÉ MARTÍ	237
INDICE ONOMÁSTICO	238

Introducción

El día primero de año en La Habana en 1959 lucía como cualquier otro primero de año. Las calles estaban desiertas. Muy pocos ómnibus de la *COA* o de *Autobuses Modernos* estaban en circulación. La Habana despertaba lentamente. Para esperar el año no había habido gran jolgorio como en otros años. Los Habaneros le habían cogido miedo a las bombas y los atentados y se quedaron en sus casas a celebrar el año Nuevo. Ahora dormían. Sin embargo algo especial había en el aire. Algo que desde las 2 o las 3 de la madrugada estaban informando todas las emisoras de radio pero que pocas personas habían escuchado. Batista se había dado a la fuga con toda su gente, dejando la cena, los turrones y el vino en las mesas.

En el local de la *Juventud Católica* en la calle G # 408, una perseguidora de la policía habanera había sido aparentemente abandonada a la carrera sobre el césped de la entrada; la puerta del chofer abierta, las luces encendidas. El primer visitante que paso por allí fue un muchachón que había disfrutado por varios años una *"botella"* del Ministerio del Trabajo y que ese primero de año, portando un ametralladora, estaba buscando acompañantes para *"tomar el Ministerio de Relaciones Exteriores."*

En su residencia de Alturas del Vedado, el General retirado *Quirino Uría*, estaba en su biblioteca leyendo uno de sus libros favoritos mientras esperaba la llegada del periódico. Desde temprano había estado recibiendo llamadas telefónicas de sus antiguos camaradas preguntándole si el sabia detalles de lo que estaba ocurriendo en el *Campamento Militar de Columbia*. Uría había sido el general que no aceptó la jefatura del Ejército el 10 de Marzo de manos de Batista y era, ya retirado, una de las pocas personalidades respetadas del Ejército Cubano en 1959.

En el barrio de Lawton, Ana María Simó, una dedicada maestra, escuchaba la emisora *Radio Reloj* mientras todos en su casa dormían a pierna suelta. Las noticias la conmovieron y pensaba en sus dos hijos y el futuro de ellos y de Cuba.

En la señorial ciudad de Camagüey, en la casi centenaria residencia de Mártires 52, la familia Tomé, padres, abuelos e hijos, estaba pegada al radio, disfrutando las importantes noticias que transmitía la CMQ en la voz de un conocido locutor Habanero.

En la finca Renté, al borde de la bahía Santiaguera, un grupo de Hermanos de La Salle se había reunido temprano en la mañana para escuchar noticias sobre el asedio a la ciudad por tropas rebeldes, sin sospechar que en todo lo largo de Cuba estaba ocurriendo un cambio radical de gobierno.

Ya a eso de las 9:00 de la mañana, toda Cuba estaba en alerta y en búsqueda de detalles de lo que estaba ocurriendo. La familia Tapia en Matanzas, estaba desde temprano congregada en la sala de su residencia en Contreras 120, frente a la TV; los padres Escolapios lo hacían en el comedor de la vieja casona que servía de escuela en Pinar del Rio; los frailes Dominicos estaban reunidos en conclave en la majestuosa iglesia de San Juan de Letrán en el Vedado; a esa hora, un grupo de guerrilleros que acababan de volar el puente sobre el rio Falcón, inutilizando la Carretera Central como vía de comunicación Este-Oeste en Cuba, estaban buscando un radio donde oír las noticias,.

En la avenida Pedro Betancourt en la playa de Matanzas, Juan Francisco Nodarse, presidente retirado de la Audiencia de Matanzas, alarmado por las noticias que oía en la Radio Cadena Azul y recordando sus días de Juez Municipal de Mayarí, se repetía a sí mismo: *"... estas no son una buenas noticias... esa no es una buena familia... al padre de ese Castro lo puse preso por mover las cercas y robarles terreno a los guajiros... esa no es una buena familia..."*

Nodarse era de una generación anterior a la que estaba produciendo las noticias ese primero de Enero de 1959. Había sido testigo de un 12 de Agosto en 1933 en el que los Cubanos habían casi perdido la república en un movimiento revolucionario sangriento, vengativo y violento, que por unos días enloquecieron a la nación. A Gerardo Machado lo habían destituido por medio del terrorismo, las bombas y los atentados personales. ¿Cómo pensaron evitar que de ahí en adelante la vida política Cubana estaría para siempre utilizando la violencia, los atentados y las bombas?

"Esos líderes que asedian a Santiago y avanzan sobre La Habana," se repetía Nodarse, *"no son gente honesta, no son Cubanos de los buenos, son de los peores herederos del 33..."*

Cualquier observador imparcial le hubiera dado la razón a Nodarse. El hijo de Ramón Castro, el terrateniente de Birán que Nodarse había castigado y encarcelado por robar tierras, no era otro en 1959 que Fidel Castro Ruz, un frustrado líder estudiantil de la Universidad de La Habana que nunca había logrado ser electo en la tradicional *Federación Estudiantil Universitaria*, la famosa *FEU*. No encontrando apoyo entre sus contemporáneos, Castro, después de una larga historia de atentados perpetrados contra sus oponentes estudiantiles, se enroló en el grupo gansteril *Unión Institucional Revolucionaria*. Después de muchas pretensiones de liderazgo revolucionario, por fin encontró refugio en el *Partido Ortodoxo*, que desconociendo su *pedigrí* de pistolero, lo admitió como miembro.

La historia de Castro como revolucionario Cubano dejaba mucho que desear. El líder Ortodoxo *Eduardo Chibás* lo aceptó en las filas de su partido pero apenas lo toleraba y no le dio ningún puesto importante. En un viaje a Bogotá durante la revuelta que ocasionó la muerte de *Eliezer Gaitán*, Castro desapareció durante los momentos difíciles de marchas y protestas, para luego resurgir en La Habana con fantasías de sus varios enfrentamientos y arriesgadas hazañas. En 1953 organizó un ataque al Cuartel Moncada de Santiago de Cuba en el cual perecieron más de 60 de los jóvenes que había reclutado sin que a Castro se le atribuyera un solo disparo. Poco después, rescatado de sus escondites, protegido por el Arzobispo de Santiago y conmutada su sentencia gracias a la generosidad de Batista, publicó un documento-proclama, escrito por Jorge Mañach, que lo hizo famoso entre los que no le conocían: *La Historia me Absolverá*.

A Fidel Castro lo acompañaron en su guerra contra Batista su medio hermano Raúl, un veterano de cursos y seminarios marxistas en la Unión Soviética pero, para su frustración, en todas partes considerado como carente de cualidades de liderazgo, y Ernesto Guevara, un aventurero Argentino en busca de la fama y fortuna en Cuba que le había negado el peronismo en su tierra. Raúl Castro ostentaba una lamentable presencia feminoide, siempre acomplejado por el poco respeto que merecía, siempre opacado por su hermano. Guevara en particular, era un personaje de incalculable fiereza y sadismo, sediento de sangre, sumergido en un mundo de envidia y deseo de venganza.

Dados esos antecedentes, solamente el profundo malestar que Batista había creado en la familia Cubana había hecho posible el arraigo casi patológico que las fuerzas de Castro y de su Movimiento 26 de Julio habían alcanzado el 1 de Enero de 1959. Inexplicablemente, los Cubanos ignoraron el pasado sombrío de Castro y ciegamente apoyaron su aventura de la Sierra Maestra. Con ello, sin saberlo, sentenciaban a muerte a la joven república Cubana.

Antecedentes en 1958

A fines de Diciembre de 1958, todos en Cuba y en los Estados Unidos sabían que el gobierno de Batista estaba a punto de caer. Los dos grandes baluartes del hombre fuerte de Cuba, el gobierno de los Estados Unidos y el ejército Cubano, lo habían abandonado. La lucha aún estaba a 165 millas de La Habana, pero los rebeldes ganaban terreno día tras día, mes tras mes.

En la mente de los líderes del gobierno de Batista todos recordaban con miedo el espectro de la caída de la dictadura de Machado durante dos días sangrientos, el 12 y el 13 Agosto de 1933, cuando más de 1,000 funcionarios y simpatizantes del gobierno, soldados y policías habían sido masacrados en las calles de La Habana.

Tales miedos, sin embargo, estaban completamente ausentes de las mentes de los Cubanos y de las noticias el 31 de Diciembre de 1958. De hecho, los medios de comunicación Cubanos y Estadounidenses habían *dejado de reportar por unos cuantos días las verdaderas nuevas sobre los frentes de batalla en Oriente y Las Villas.* El gobierno insistía que los rebeldes estaban siendo expulsados de la provincia de Las Villas. Los simpatizantes con la rebelión seguían esparciendo noticias no oficiales sobre el caos en las filas del ejército regular y las victorias de las guerrillas en Oriente y Las Villas. En La Habana, sin embargo, los 1.3 millones de residentes habían dejado de percibir la tensión que existía desde la fallida huelga general del 9 de Abril de ese año. La mayoría se preparaba para una celebración tradicional, aunque moderada, privada y silenciosa, con el ritual de medianoche de deshacerse de los malos espíritus echando agua por la puerta principal de la casa, comiendo las 12 uvas, una por una, y así conmemorar el paso de lo viejo y el comienzo de lo nuevo.

En La Habana los periódicos del mediodía reportaban la *"victoria"* de las fuerzas nacionales de Batista en Santa Clara y señalaban con discreción que el Congreso de los Estados Unidos comenzaba a mostrar alguna preocupación oficial sobre los eventos en Cuba. Parte de los reportajes incluían que el Departamento de Estado había comenzado a transmitir información cada hora al Presidente Eisenhower en su granja en Gettysburg, Virginia.

En Washington el Comité de Relaciones Exteriores del Senado convocó a Roy Rubottom, el Subsecretario de Estado para Asuntos Interamericanos, para que a las 2:00 PM informara sobre el progreso de la guerra en Cuba y especialmente las noticias de Santa Clara. La capital de Las Villas era el centro ferroviario de la isla y en caso de caer en manos rebeldes Batista no tardaría en perder la guerra. Rubottom declaró que, según su opinión, *«el régimen de Batista tenía las más escasas posibilidades de supervivencia.»* En 24 horas su predicción a largo plazo se convirtió en una realidad a corto plazo.

Navidades en Cuba en 1958:
Sello de Correo; la fachada de *El Encanto*; la *Rambla* (Calle 23 en La Habana); la *Revista Carteles*; la fachada de *Fin de Siglo*; *graffity* contra el gobierno de Batista; el Hotel *Havana Hilton*; *El Cristo* de La Habana.

En la mañana del 31 de Diciembre de 1958, Batista estaba en el Palacio presidencial, disfrutando un café Cubano, leyendo el *Diario de la Marina*, como todos los días, y hojeando los titulares de otros periódicos, entre ellos *Prensa Libre* y *Excelsior*. A las 11 AM, convocó a su edecán Cosme Vargas, y le pidió que invitara a un grupo de líderes del gobierno a una reunión de medianoche en el Campamento de Columbia. Sin grandes arreglos, le dijo, solamente un buffet íntimo con quizás café, algún que otro pastelito y un brindis con brandy Español. Vargas, de inmediato, comenzó a hacer llamadas telefónicas. Nadie rechazó la invitación, ni tampoco hizo preguntas. Sólo una persona no pudo ser localizada, Rafael Guas Inclán, que estaba en la zona del Escambray cazando palomas, su deporte favorito.

Después del mediodía, Batista se bañó y se puso un traje gris. Ordenó que le sirvieran un almuerzo un tanto tardío, alrededor de las 3:00 PM. Al terminarlo le pidió a Cosme Vargas que le pidiera al chofer que lo llevara a *Kuquine*, su finca de recreo fuera de La Habana. Cosme Varas le acompañó. Como de costumbre, el automóvil presidencial blindado hizo el recorrido con dos carros cargados de guardaespaldas. A lo largo del trayecto, varios agentes de la policía militar, el temido *Servicio de Inteligencia Militar (SIM)*, verificaban que todo estaba en orden y no había puntos peligrosos o conflictivos en el camino.

Mientras tanto, en La Habana, el día comenzó como una víspera de Año Nuevo de bajo perfil. En aquellos días, era frecuente que se producían explosiones en los cines y alguna que otra tienda y la policía, intentando sofocar la insurrección, a menudo detenía sospechosos y buscaba culpables en la calle, los bares y los solares.

Los habaneros, para evitar problemas, estaban acostumbrados a tranquilizarse cuando veían una perseguidora. Nadie esperaba que ocurriera gran cosa ese día de fin de año, por lo que los cubanos decidieron celebrarlo a puertas cerradas en sus casas. Muchos de los hombres y mujeres que meses más tarde se convertirían en los principales líderes cívicos y políticos de Miami, eran en ese día adolescentes acurrucados en sus casas con unos padres demasiado asustados como para dejarlos salir a divertirse afuera.

El famoso Fidel Castro estaba en las montañas de la Sierra Maestra en Oriente, preparándose para atacar la ciudad de Santiago de Cuba mientras negociaba una rendición con el General Eulogio Cantillo y otros de los principales comandantes militares. Castro, ilusionado por su inminente victoria, no se cansó de dictar memorándums a sus ayudantes durante buena parte de la noche. Lejos, a mitad de camino hacia La Habana, el también famoso médico argentino y líder rebelde Ernesto "Che" Guevara creía, posiblemente con razón, haber dado un golpe mortal al ejército Cubano en la ciudad central de Santa Clara. El hermano menor de Cas-

La Caricatura Poltica en Cuba a finales de 1958

Hubo humor y crítica para todos.
De arriba hacia debajo:
Los espías de los **Comités de Defensa de la Revolución**;
Aparenta dar luz pero **Batista oculta algo**;
Batista como un pequeño **Napoleón del Caribe**;
Batista **huyendo en avión** de La Habana;
La República interroga a Fidel para **que explique los fusilamientos públicos**...

Más temprano que tarde el humor se tornó en llanto.
De arriba hacia debajo:

El loquito se pregunta...*¿Ahora cuándo habrá elecciones?*;
el *Comunismo calentando al Tío Sam*;
el *perfil humeante de Castro*;
la *censura prohibió al acceso a las noticias en Televisión*.

tro, Raúl, estaba nervioso por las órdenes recibidas de tomar la ciudad de Guantánamo, en el extremo oriental de la isla.

Castro no sabía que el dictador Fulgencio Batista había pasado la tarde en *Kuquine*, cargando maletas con dinero en efectivo y joyas de su esposa Marta. Batista, un hombre *"considerado"* con sus amigos y había alertado a sus amigos que se prepararan para salir del país. Los principales generales del ejército, pensando que esto era uno de los muchos altibajos de la vida republicana en Cuba, intentaban frenéticamente escoger un nuevo *"presidente provisional,"* al estilo del año 33, antes de que finalizara el día. No se daban cuenta que estaba a punto de estallar un terremoto en el que todos tenían las de perder.

La realidad era esta: Cuba tenía en 1958 un ejército abatido que ya no estaba dispuesto a sucumbir para apoyar un régimen impopular. Una impensable milicia rebelde estaba ganando victorias significativas a los generales profesionales, que sin saber cómo enfrentarse a aquello, habían comenzado a negociar en secreto con el enemigo. Cortada la ayuda militar de los Estados Unidos, Batista, por primera vez en su vida, se daba cuenta que había sido reducido a ser un dictadorzuelo derrotado que toleraba y presidía un río de sangre.

Siete años después de tomar el poder en un *"glorioso 10 de Marzo"*, había llegado el momento que desapareciera de la vida Cubana el sargento-taquígrafo que dominó la república durante tres décadas. Era la hora de huir con sus colegas más cercanos.

En *Kuquine*, Batista *trabajó por si solo en su biblioteca por un tiempo*, hasta que se le unieron sus dos ayudantes más cercanos: Andrés Domingo y Morales del Castillo, Secretario de la Presidencia, y el doctor Gonzalo Güell, el Primer Ministro. A las 6:30 PM Batista habló por teléfono con el Brigadier General Francisco (Silito) Tabernilla, el hijo de 39 años del General Francisco Tabernilla Dolz, Jefe de las Fuerzas Armadas. Silito era el principal Asistente Militar de Batista y Jefe Militar de Infantería de La Habana. La llamada telefónica fue breve. Batista le pidió a Silito que viniera a *Kuquine* para traerle su pasaporte y *"la lista."* Silito sabía lo que quería decir. Había estado acarreando esa lista con él en todas partes durante los últimos nueve días. Batista se la había dado el 22 de Diciembre cuando se reunió con él en su oficina en el Campamento de Columbia. La lista tenía los nombres de las personas que huirían con él *"solo en caso de que tengamos que huir."* El mismo día Batista había ordenado al hermano de Silito, Carlos (Winse) Tabernilla, Jefe de la Fuerza Aérea Cubana, que tuviera listos tres aviones civiles en el campo de aviación del Campamento, listos para despegar en cualquier momento. Batista le había informado a los dos que nadie más estuviera al tanto de esos preparativos. Tanto Silito como Winse estaban al tanto por los cuentos de su padre del baño de sangre que ocurrió a la caída de Machado.

En toda la isla, desde 1956 hasta 1958, era prácticamente imposible poder enumerar y conocer con lujo de detalles la cantidad y diversidad de acciones militares, los paros e intentos de huelga, los sabotajes y luchas en las montañas y en las ciudades que, sin alcanzar los objetivos de derrocar el régimen de Batista, habían costado numerosas vidas Cubanas.

En la foto superior, izquierda, el 30 de Noviembre de 1956, en Santiago de Cuba, el ataque simultáneo a las estaciones de Policía en la Loma del Intendente y la Marítima, ubicada en La Alameda, por fuerzas bajo el mando de **Frank País**. Arriba, a la derecha la prensa reportando sobre la insurrección de las fuerzas Navales Cubanas en Cienfuegos el 5 de Septiembre de 1957, bajo el mando del teniente de la Marina de Guerra, **José Dionisio**

A la derecha, el 13 de marzo de 1957, un grupo de estudiantes de la Universidad de La Habana, encabezados por **José Antonio Echeverría**, se lanzaron a tomar la casi inexpugnable fortificación del Palacio Presidencial con el ánimo de ajusticiar al tirano.

A la izquierda, **Castro** recibe en la Sierra Maestra la visita de **Felipe Pazos**, ex-Presidente del Banco Nacional de Cuba. Pazos se exilió en los Estados Unidos cuando Castro declaró que la revolución era marxista-comunista.

La acción revolucionaria en las montañas, entre 1956 y 1958, incluyó al *Movimiento 26 de Julio (M-26-7)*, liderado por Fidel Castro, cuya guerrilla operó principalmente en la Sierra Maestra y la Sierra de Nipe, pero también estuvieron activas otras organizaciones que igualmente combatieron a la dictadura de Batista, entre ellas el *Directorio Revolucionario Estudiantil (DRE)*, fundado el 24 de Febrero de 1956 por José Antonio Echeverría y, a su muerte, dirigida por Faure Chomón Mediavilla, y el *Segundo Frente del Escambray (SFE)*, bajo la dirección de Eloy Gutiérrez Menoyo.

A fines de Diciembre de 1958, la situación militar del régimen de Batista estaba a punto de fracasar en las tres provincias orientales de Oriente, Camagüey y Las Villas. El ejército no tenía fuerzas de reserva para revertir esa tendencia. El transporte por tierra había sido cortado en la provincia de Las Villas. La censura y la falta de comunicación y transporte impidieron que el público conociera la situación.

La ofensiva del Ejército de Julio de 1958 había fracasado, aunque posiblemente era más exitosa de lo que se sabía en ese momento. Los miembros de las tropas revolucionarias que estaban con Fidel Castro en la Sierra Maestra sabían que sus fuerzas se habían reducido a 280 hombres, luchando en dos frentes. Afortunadamente para ellos, la ofensiva del Ejército carecía de impulso y moral suficiente, y la fuerza de ataque guerrillero desde el sur conminó al Ejército Nacional a dejar de pelear cuando los suministros y refuerzos no estaban disponibles. Las fuerzas revolucionarias estaban mejor informadas, pero sus comunicaciones eran tan deficientes como las del gobierno y no estaban conscientes de la magnitud de las victorias a su alcance.

Fotos: *a la izquierda*, miembros del *Directorio Revolucionario* con su líder **Faure Chomón**; *a la derecha*, Castro reunido con **Celia Sánchez** y el **Coronel José Rego Rubido**, pactando la rendición de Santiago de Cuba en Diciembre de 1958.

Es posible que el propio Batista no haya tenido plena conciencia de ello hasta el último minuto, debido a informes erróneos de los comandantes militares locales.

La moral en el ejército era baja y decreciente. Batista no podía esperar ayuda del extranjero. Sin embargo, conocía la situación y se dio cuenta de que su régimen pronto se derrumbaría. A mediados de Diciembre decidió irse en lugar de intentar una defensa desesperada.

A la derecha, una foto de la **Toma de Guisa**, un poblado en el camino a Bayamo. La acción comenzó a las 8:30 de la mañana del 20 de Noviembre de 1958, una de las primeras acciones ofensivas del grupo de Castro en la Sierra Maestra. Las tropas habían ocupado posiciones desde la víspera e interceptaron e hicieron fuego sobre una patrulla del gobierno que iba de Guisa a Bayamo.

A finales de 1958, las tropas de Batista, desmoralizadas, se rendían frecuentemente a las tropas rebeldes a pesar de Castro contar con muchos menos efectivos de personal y equipo. La foto muestra la rendición de tropas al mando del capitán Sierra Talavera, en **Palma Soriano**, en Diciembre de 1958.

Dos vistas del famoso *"tren blindado"* lleno de tropas y armamentos para reforzar la defensa de la Sierra Maestra que las fuerzas rebeldes descarrilaron en Santa Clara. En realidad el Coronel del ejército **Cándido Hernández** accedió a retirar a un lado sus tropas y entregar el tren a las fuerzas rebeldes a cambio de una fuerte suma de dinero y la promesa de no ser molestado en el futuro.

En la provincia de Las Villas lucharon simultáneamente las tropas rebeldes del *Movimiento 26 de Julio* con las del *Frente Estudiantil* y el *Segundo Frente del Escambray*. Ello no significó que hubiera coordinación, probidad o lealtad entre los tres grupos. No aun terminada la lucha a finales de 1958, los celos y la ambición dividieron a los combatientes. La suerte y la propaganda efectiva de los Castros y Ernesto Guevara le dieron una victoria final a los Castro y al Movimiento 26 de Julio.

Fotos: *a la izquierda, arriba*, Castro con **Eloy Gutiérrez Menoyo** (1934-2012), líder del *Segundo Frente del Escambray* que meses después del triunfo revolucionario tuvo serias dificultades con Castro y fue condenado a 20 años de prisión. En la foto también está **William Morgan** (1928-1961), líder del *Movimiento 26 de Julio* que fue declarado traidor y fusilado a los pocos meses del triunfo. *A la derecha*, Castro con **Faure Chomón** (1929-), líder del *Directorio Revolucionario Estudiantil (DRE)*, marginado y desfavorecido por Castro a los pocos días del triunfo y enviado al exterior en *"misiones diplomáticas,"* donde Chomón se enriqueció. A la derecha de Castro, **Camilo Cienfuegos** (1932-1959), líder del *Movimiento 26 de Julio* muerto en un *"accidente"* de aviación al identificarse con Huber Matos cuando fue ordenado a detenerlo en Camagüey. *Debajo*, Castro en una foto con **Humberto Sorí Marín** (1915-1961) a su derecha y a sus espaldas. Sorí Marín, fue Comandante del ejército rebelde en la Sierra. En Enero de 1959 fue nombrado *Ministro de Agricultura* de la Revolución en el gobierno de Urrutia. Descontento por el marxismo incipiente, renunció en Mayo y se exilió para conspirar. En Marzo de 1961, unos días antes de *Bahía de Cochinos* se infiltró en Cuba y fue arrestado, llevado a juicio y fusilado.

Fotos: *arriba*, Castro con **Pastorita Nuñez** (1921-2010), encargada en la Sierra de cobrar *"impuestos revolucionarios"* a empresarios y campesinos de la región; declarada *Heroina Nacional del Trabajo* en el 2000 y luego abandonada en su vejez (a la derecha) en el *Asilo Católico de Santovenia*.
Debajo, a la derecha, Castro y **Ernesto (Ché) Guevara** (1928-1967) en los días de compañerismo en la Sierra. Años después, en 1964, Guevara salió de Cuba *"para hacer revolución en otras tierras."* En Octubre de 1967, abandonado por los Castro por estarles haciendo sombra, Guevara fue apresado en su escondite de *Quebrada del Churro*, en Bolivia, y ajusticiado por las autoridades en *La Higuera*, territorio Guaraní. *Debajo, izquierda*, Ché Guevara capturado por el ejército Boliviano. A su derecha, Félix Rodríguez, Cubano, veterano de Vietnam y de la *Brigada 2506*, líder de la patrulla que capturó al Ché, que le confesó antes de morir que los Castro lo habían traicionado.

Las fotos muestran algunos de los ataques rebeldes en la lucha contra Batista en las ciudades, entre ellas la foto de la **armería asaltada** el 9 de Abril de 1958 y los estragos causados por una bomba en el Paseo del Prado.

En las ciudades la estrategia revolucionaria incluyó la convocatoria a una huelga general en todo el país, acompañada por acciones armadas, que daría el golpe de gracia a la tiranía. Factores de orden táctico y organizativo malograron el éxito de aquella jornada. En La Habana, el 9 de Abril de 1958, por ejemplo, se esperaba el mayor impacto de la huelga pero no fue así. Se logró asaltar varias emisoras nacionales y una importante armería, volar registros de electricidad, sabotear varias terminales del transporte, quemar gasolineras y vehículos, e interrumpir el tránsito de entrada y salida de la capital, particularmente en Guanabacoa, el Cotorro y Madruga. La policía de Batista pudo sofocar el intento de huelga, que costó numerosas víctimas entre estudiantes y miembros de los sindicatos.

Las fotos muestran algunos de los ataques rebeldes en la lucha contra Batista en las ciudades, entre ellas la foto de la armería asaltada el 9 de Abril de 1958 y los homenajes recordatorios a los héroes de esas luchas.

La huelga del 9 de Abril de 1958 comenzó en La Habana con la ocupación de las estaciones de radio y el llamamiento desde ellas a la huelga general. En Santiago, Camagüey, Pinar del Río y Cienfuegos la huelga logró ser exitosa, pero en La Habana fracasó el intento de hacer parar el transporte debido a la durísima represión desatada.

Uno de los factores del fracaso de la huelga general fue el boicot que abiertamente hicieron los Comunistas del *Partido Socialista Popular (PSP)*.

En casi todas las ciudades de Cuba, la **represión** de la policía y los cuerpos militares al mando de Batista fue inhumana e imperdonable. Cientos de Cubanos se opusieron al régimen y perecieron en la lucha. Los periódicos solo podrían reportarlo en raros momentos en que se retiraba la ***censura oficial de la prensa***.

Mientras Batista preparaba los detalles de su huida de Cuba, Castro se entrevistaba por segunda vez en el *Central Oriente*, cerca de Palma Soriano con el General Eulogio Cantillo, jefe de las fuerzas del Ejército Nacional en la provincia de Oriente La entrevista duró más de cuatro horas, llegándose entre otros, al siguiente acuerdo:

«El día 31 de Diciembre a las 3 de la tarde, la guarnición de Santiago de Cuba se sublevará y confraternizará con el Ejército Rebelde y el pueblo. Los tanques de guerra serán entregados al ejército rebelde.»

El general Eulogio Cantillo, ofreció no dejar escapar de Cuba al ex-presidente y a ninguno de sus colaboradores.

Huber Matos, el líder que dirigía las tropas rebeldes en los alrededores de Santiago de Cuba, había hecho los arreglos con Castro para su entrevista con el General Eulogio Cantillo. Matos tenía órdenes de tomar Santiago por la fuerza. Había estado hasta las 4 AM haciendo planes para apoderarse de la ciudad mientras escuchaba la radio nacional. *«Algo está sucediendo,»* pensó, *«...ninguna estación está transmitiendo nada...»*

Mientras tanto, el ex periodista guerrillero *Carlos Franqui*, miembro de la Dirección del *Movimiento 26 de Julio* y jefe de *Radio Rebelde*, sin tiempo para consultar con Castro, lanzó al aire, desde su escondite en la Sierra, la noticia del pacto Castro-Cantillo. Varios mensajeros corrieron a decírselo a Castro, quien estaba a unas 40 millas al norte de Santiago. *«Tuve que comenzar a tomar decisiones que Fidel debía tomar y no se atrevía,»* declaró Franqui más tarde, cuando se exilió en *Montecatini Terme*, Italia, al salir de Cuba en 1968.

«Habría sido fatal para Radio Rebelde haber estado en silencio. Decidí asumir la responsabilidad y tomar decisiones lógicas. Castro nunca me lo perdonó...»

La única foto de la entrevista de **Fidel Castro** y el general del ejército de Batista **Eulogio Cantillo** en las ruinas del *Central Oriente*, en Palma Soriano, el 28 de Diciembre de 1958.

En dicho lugar se encontraban el **Padre Pedro Guzmán**, aka Comandante Quevedo, **Celia Sánchez, Vilma Espín, Juan Roger** y el **Comandante Raúl Chibás**, que durante el acto tomó la fotografía que se muestra.

Terminada la reunión con Castro, el General Cantillo regresó a sus oficinas en Santiago de Cuba e inmediatamente tomó un avión militar hacia La Habana. Una vez en Columbia, Cantillo se dirigió al Palacio Presidencial para reportarle a Batista los resultados y acuerdos de su reunión con Castro. Batista le informó de su decisión de irse de Cuba tras un supuesto *"Golpe de Estado"* proporcionado por Cantillo y las clases militares. Aunque los planes de Batista eran distintos a los acordados con Castro, Cantillo decidió llevar a cabo la asonada militar para impedir las venganzas y desquites que sabía estaban en la mente de los insurrectos.

Pocos minutos antes de las doce de la noche en Palacio, el Presidente invitó a pasar al salón comedor a un pequeño grupo de sus íntimos y después del obligado brindis, le dio la palabra al General Cantillo para que reportara las últimas noticias de Oriente. Con voz contenida Cantillo se dirigió a Batista diciéndole:

«Señor Presidente, los jefes y oficiales del Ejército Nacional consideramos que su renuncia a la primera magistratura del país es indispensable para restablecer la paz que tanto necesita Cuba. Sabemos de su amor por la patria y apelamos a su pundonor en estos momentos tan difíciles. La única solución al derramamiento de sangre que sufre Cuba es que usted tenga un gesto de generoso sacrificio y renuncie a la presidencia.»

Los presentes quedaron desconcertados y sorprendidos con las palabras de Cantillo, a pesar de que en su fuero interno todos estaban pensando lo mismo. Por unos minutos el silencio dominó la escena. Ninguno de los presentes dirigió la mirada a Batista en señal de un acostumbrado respeto. Batista rompió el silencio con unas palabras solemnes.

«General Cantillo, siempre he cumplido con mis responsabilidades con Cuba, nuestra familia militar y el pueblo en general. Acepto con tristeza pero con determinación el sacrificio que usted me propone. Creo que dejo a Cuba en las buenas manos de un ejército que ha sabido sacrificar con grandeza y patriotismo a sus mejores hijos. Estaré siempre entre ustedes. Salud. Salud. Salud.»

Según el plan acordado entre Batista y Cantillo, unos minutos más tarde, acompañado de sus familiares y un grupo de sus amigos más íntimos, el presidente Batista marchó al *Campamento de Columbia*, donde lo esperaban cuatro aviones con los motores puestos en marcha. Desde la escalerilla del avión en que se iba de Cuba le deseó suerte al General Cantillo, sobre cuyas manos ahora descansaba la responsabilidad de asegurar el adecuado tránsito constitucional de Gobierno.

En la antecámara del salón donde se tramaba la fuga, *Anselmo Alliegro*, presidente del Congreso, protestó y se negó servir de sustituto de Batista. Ya era alrededor de la una de la madrugada, con voz cansada y temerosa, en medio de la incertidumbre, preguntó:

«¿Y quién será el Presidente? Conmigo no cuenten para sustituciones constitucionales. Cedo mi privilegio. Prefiero ausentarme.»

El **General Cantillo** en su reunión con el **Doctor Carlos M. Piedra y Piedra**, al que le correspondía la presidencia de la República al negarse a esa sucesión el Vice Presidente y el Presidente del Congreso. La Corte Suprema Cubana se negó a aceptar su juramento, dejando la posición vacante por primera vez en la historia de Cuba.

Batista no llegó a oír la pregunta de Alliegro, pero sabía que no podía contar con él. Su misión era ahora asegurarse que todo marchaba sobre ruedas. Sin alterarse le dio instrucciones a Cantillo para que ofreciera la presidencia al magistrado más antiguo del Tribunal Supremo de Justicia, al cual ni el secretario de la Presidencia ni ninguno de los asistentes acertaba a identificar. Finalmente lograron ponerse en contacto con alguien que sabía que ese magistrado de largos años de servicio era el *Doctor Carlos M. Piedra*, al cual le tocaba ser designado y convertirse en Presidente de la República de manera espuria.

El nerviosismo de algunos y el disgusto de otros creció cuando Silito Tabernilla solicitó silencio y comenzó a llamar por su nombre a los privilegiados que formarían parte de la *"procesión del despelote."* La lista era la que había sido confeccionada por él y el propio Batista el 20 de Diciembre. Todos los asistentes estaban a la expectativa de oír sus nombres.

Al iniciarse el desfile hacia los autos para el corto viaje al aeropuerto de Columbia, el General Francisco Tabernilla Dolz le preguntó a Cantillo:

«General Cantillo, ¿qué pasó en la entrevista de usted con el doctor Fidel Castro?»

La respuesta fue fulminante: *«General Tabernilla, el Presidente me ordenó no comentar este asunto con usted.»*

De inmediato, el General Cantillo comenzó su parte en el plan concertado con Batista y no con el convenido con Castro. Se comunicó telefónicamente con el magistrado más antiguo del Tribunal Supremo de Justicia de Cuba, el doctor *Carlos M. Piedra y Piedra*, al cual nadie del grupo conocía personalmente, invitándolo a que concurriera a la Ciudad Militar, donde celebrarían una conferencia con respecto al porvenir de Cuba. Con breves detalles le informó que el Presidente Batista, acababa de partir para el extranjero con toda su familia desde el aeropuerto de Columbia.

Por su parte, antes de que se acabara el ultimo día del año, Batista relevó a Silito Tabernilla de la jefatura de Columbia, reemplazándolo con el general Cantillo Porras e hizo renunciar de sus cargos en el Estado Mayor Conjunto a los comandantes de las Fuerzas de Tierra, Mar y Aire.

Batista firmó e hizo firmar a los jefes recién depuestos el acta formal de su renuncia como Primer Magistrado. En la misma se señalaba que

> «... el Alto Mando le exigía la renuncia para evitar a la nación más derramamientos de sangre.»

De esta manera, Cantillo quedaba en carácter de Jefe de las Fuerzas Armadas y cabeza del poder político en la capital. Todo se estaba realizado conforme al plan previsto.

Además de los principales jefes militares, se encontraban presentes algunos civiles, entre otros, *Anselmo Alliegro*, presidente del Senado; *Andrés Domingo y Morales del Castillo*, secretario de la Presidencia, *Andrés Rivero Agüero* y *Gastón Godoy Loret de Mola*, presidente y vicepresidente electos en la farsa electoral del 3 de Noviembre, y el primer ministro y canciller *Gonzalo Güell*.

El **Presidente Batista** brindando el 31 de Diciembre de 1958 por el Fin de Año en el Palacio Presidencial con un grupo de sus seguidores más leales. En la foto el **General Francisco Tabernilla** está a su derecha y el Presidente electo **Andrés Rivero Agüero** a sus espaldas. En menos de dos horas, Batista estaba escapando de Cuba desde la Base Militar de Columbia.

Dos estrechos colaboradores del dictador, *Santiago Rey Pernas*, ministro de Gobernación, y *Justo Luis del Pozo*, alcalde de La Habana, que habían concurrido a tomarse una copa, se cansaron de esperar en la antesala y se marcharon a sus respectivas casas, ajenos a lo que se estaba *"cocinando"* en tan importante reunión.

Del vicepresidente y alcalde electo de la capital, *Rafael Guas Inclán*, nadie se acordó en esas horas tan decisivas a pesar de que podría corresponderle ocupar la jefatura del Estado por sustitución constitucional.

Tampoco se le ocurrió a nadie informar de lo allí ocurrido al ex primer ministro *Jorge García Montes*, a *Eusebio Mujal*, Secretario General de la *Confederación de Trabajadores (CTC)*, y a otras connotadas figuras del régimen.

Sorprendidos en la tarde del 31 de Enero por rumores no comprobados de la proyectada fuga de Batista, muchos de los jerarcas del gobierno se agenciaron sus propios medios de escape. Del Aeropuerto de Rancho Boyeros partieron varios aviones de *Cubana* con los doctores *Raúl de Cárdenas, Gustavo Cuervo Rubio, Ricardo Núñez Portuondo, Alberto Blanco, Fernando Álvarez Tabío, Juan Batista Moré, Vicente Barnet,* y *Enrique Loynaz del Castillo*, todos con sus familiares allegados.

A Cayo Hueso, en la Florida, comenzaron a arribar al atardecer diversas embarcaciones procedentes de La Habana, cargadas de personeros militares y civiles de la dictadura, todos ellos con maletas repletas de joyas y dinero en efectivo.

Uno de esas embarcaciones era el suntuoso yate presidencial *Marta III*, que trasladó a Miami a los altos jefes de la Marina de Guerra: el Contralmirante *José Rodríguez Hernández* y los Comandantes *Jesús Blanco* y *Julio Laurent*, este último jefe del Servicio de Inteligencia Naval. Los tres hubieran sido encarcelados y tal vez fusilados por los diversos asesinatos de revolucionarios durante la sangrienta represión llevada a cabo contra los miembros de la Marina de Guerra que se rebelaron en Cienfuegos el 5 de Septiembre de 1957.

Pasadas las tres de la mañana el General Cantillo se personó en el Estado Mayor Conjunto para poner en práctica la fórmula previamente elaborada, cuyos elementos básicos eran:

a) Formación de una Junta Cívica-Militar que respaldaría un gobierno de transición encabezado por Piedra en su carácter de magistrado más antiguo del Tribunal Supremo.

b) Lanzar una Proclama a las Fuerzas Armadas para informarle de los últimos acontecimientos, los planes para restablecer la concordia de la nación mediante un "alto el fuego", el cese de las operaciones militares y la organización de un gobierno de carácter transitorio.

c) Cursar órdenes a las Fuerzas Armadas para un inmediato "alto el fuego" y cese de las operaciones militares.

Cantillo también se comunicó telefónicamente con el magistrado Piedra, quien dormía en su casa sin sospechar que pronto se encontraría en el vórtice de los acontecimientos que sacudían la Isla.

Fotos: *a la izquierda. arriba*, un avión de Cubana de Aviación en el **Aeropuerto José Martí** en **Rancho Boyeros**, La Habana, en 1958. *A la derecha, arriba*, un avión **DC-4** en la pista del **aeropuerto de la Ciudad Militar de Columbia.** Era de la misma clase que el *Estrella de Oriente* de *Cubana de Aviación* que se estrelló en las Bermudas en 1952. *Debajo, a la izquierda*, la **Marina de Cayo Hueso en 1958**. *A la derecha, debajo*, el estado en que quedó el **Campamento Militar de Columbia** tras las fugas urgentes de del 31 de Diciembre de 1958.

La prensa mundial se hizo eco de la situación Cubana con la caída de Batista y el triunfo de la revolución.

Eran más de las tres de la madrugada cuando Cantillo le informó al Dr. Piedra sobre su elegibilidad para cubrir reglamentariamente la vacante presidencial.

«¿*El fuego cesará inmediatamente?*» le preguntó el magistrado Piedra a Cantillo.

«*Acabo de transmitir la orden de "alto el fuego" a todos los mandos militares...*» le informó Cantillo.

«*Está bien eso, General, pero antes de poder darle una contestación definitiva deseo consultar con algunas personas de mi más absoluta confianza.*»

«*Le invito a que nos reunamos enseguida a fin de poder discutir esta cuestión más ampliamente. Si usted pudiera reunirse con sus amigos por acá ganaríamos tiempo, que mucho necesitamos.*» concluyó Cantillo.

Alrededor de las cuatro de la madrugada llegó el magistrado Piedra a Columbia. Minutos más tarde se reunió en el salón de conferencias del Estado Mayor Conjunto con el general del ejército Libertador *Enrique Loynaz del Castillo*, los ex-Vice Presidentes de la República *Gustavo Cuervo Rubio* y *Raúl de Cárdenas*, los cirujanos *Vicente Barnet* y *Ricardo Núñez Portuondo*, ex candidato presidencial; los ex magistrados *Fernando Álvarez Tabío* y *Juan B. Moré Benítez* y el Decano del Colegio de Abogados *Alberto Blanco*.

Mientras esa reunión ocurría, en el Batey del *Central América*, Fidel Castro se enteró de los sucesos cuando *Radio Progreso* dio la noticia. Inmediatamente se dirigió a la nación por *Radio Rebelde* en los siguientes términos:

«*... es una traición de Cantillo a la Revolución y al pueblo de Cuba. Estos canallas son los que pregonan que no quieren derramamientos de sangre ... ¡mentirosos.¡*

Está en pie una orden del Comando Superior de la Sierra para que, cualquiera que sean las noticias procedentes de la Capital, nuestras tropas no deben hacer alto al fuego en ningún momento...

Al parecer, se ha producido un golpe de estado en la Capital. Las condiciones en que ese golpe se produjo son ignoradas por el ejército rebelde. El pueblo debe estar muy alerta y atender solo las instrucciones de la Comandancia General.

¡Más unidos que nunca y más firmes que nunca deben estar el pueblo y el Ejército Rebelde, para no dejarse arrebatar la victoria que ha costado tanta sangre!"

¡Golpe de Estado de acuerdo con Batista, NO; porque solo servirá para prolongar la guerra¡ ¡Estar alerta es la palabra de orden!

¡Revolución SI; golpe de Estado NO!...»

Los eventos del 1 de Enero de 1959 en Cuba, reportados en *La Vanguardia Española* de Madrid.

La Vanguardia Española
Viernes 2 de Enero de 1959

«A última hora, pues, el Ejército ha tratado de desgajarse de Batista. Parece que la salida del ex Presidente del país -Batista salió de Cuba, en la madrugada de ayer, en un avión, trasladándose a Ciudad Trujillo (República Dominicana)- ha sido realizada de acuerdo con los principales jefes militares. Acto seguido, éstos han procedido a la constitución de una Junta Provisional, formada por tres personalidades: el presidente del Tribunal Supremo, doctor **Piedra**, a quien, de derecho, al estar vacante la Presidencia de la República, corresponde ocupar provisionalmente el puesto; el general **Cantillo**, comandante en jefe de las fuerzas que combaten a la rebelión, y el general **Pedraza**. Pero todo hace suponer que la decisión de los altos jefes militares es demasiado tardía. Los *"fidelistas,"* desde luego no aceptan este intento de un cierto *"continuismo,"* y, en estas condiciones, es muy difícil que la Junta tenga la suficiente autoridad para obligar a las fuerzas militares a seguir combatiendo, cuando la impresión inmediata que los hechos dan es la del triunfo de Fidel Castro. Incluso, uno de los miembros de la propia Junta, *Pedraza*, lo ha pensado mejor y se ha marchado al extranjero junto con Batista. Los *"fidelistas"* pues, por su parte, proponen como Presidente provisional a un magistrado de Santiago de Cuba, el doctor **Urrutia**, refugiado desde algún tiempo en los Estados Unidos, pero que recientemente había desembarcado en Cuba, uniéndose al cuartel general de la rebelión.

Partieron para el exilio con el ex-presidente **Fulgencio Batista**, su esposa e hijos; **Andrés Rivero Agüero**, **Gonzalo Güell** y su esposa; **Gastón Godoy**, su esposa e hijos; **José Rodríguez Calderón**, **Pedro Rodríguez Ávila** y su esposa; **Juan Rojas González** y su esposa; **Orlando Piedra, Roberto Fernández Miranda, Esteban Ventura Novo** y su esposa; **Oscar González, Oscar Rey, Hernán Santisteban, Fernández Paragón, Pilar García, Luis Robaina, Francisco Tabernilla Dolz, Francisco Tabernilla Palmero, Manuel Atorresagasti, Arsenio Labrada, Rogelio González Pérez, Cesar Nobles, Alfredo Ramos Puente, Cosme Varas Rodríguez**, los tenientes **Martínez, Bocanegra, Sandule** y el periodista **Suarez Núñez**. Todos se hospedaron en el **Hotel Jaragua**, en la República Dominicana.»

El Año 1959 en Cuba

Enero del 1959

Batista se escapa de la isla. Júbilo popular. Discursos y proclamas. El Movimiento 26 de Julio asume el control de la revolución. Comienzan los fusilamientos y Castro los justifica. Los Comunistas asoman la cabeza. Ocurre una peligrosa disputa por las armas.

A las 12:35 AM del día 1 de Enero de 1959 Batista decidió irse de Cuba tras presentar su renuncia. El avión que tenía preparado en la base militar de Columbia estaba ya lleno con 44 personas en sus asientos cuando él y su familia lo abordaron. De inmediato el avión despegó y las noticias ofrecidas por *Radio Reloj* y la *CMQ* provocaron un revuelo en La Habana. La mayoría de los aliados de Batista huyeron en otros aviones o yates a medida que las noticias se difundían por la radio. Estaban en peligro mortal, y lo sabían.

Fotos, de arriba a debajo:
El **Palacio Presidencial Cubano**; en un círculo las oficinas de Batista; el **Aeropuerto Militar de Columbia**; El **Aeropuerto Las Américas**, en la capital de la República Dominicana.

Inicialmente, el avión voló un cuarto de hora hacia los Estados Unidos. Al cabo de ese tiempo, Batista tuvo una gran intuición; de repente pensó que si aterrizaba en los Estados Unidos los Americanos podrían hacer con él lo mismo que hicieron con Pérez Jiménez, el dictador Venezolano, que lo repatriaron a sus enemigos en Caracas. Batista decidió a vuelo de pájaro cambiar el rumbo e ir hacia la República Dominicana.

Allí llegaron a altas horas de la madrugada. No los esperaban. Al momento se movilizó todo el mundo. La esposa del presidente y los hijos iban con él y con ellos el Jefe de la Marina, el doctor Rivero Agüero y otros militares y políticos, que fueron los primeros en bajarse del avión.

Los recibieron un grupo de oficiales de la Armada Dominicana. No hubo encuentro alguno con oficiales militares de alto rango ni con oficiales amigos personales de Trujillo. La comitiva que acompañaba a Batista se dirigió en varios taxis a una casa junto al Palacio Presidencial Dominicano. De allí partieron horas después para el *Hotel Jaragua*, situado céntricamente en el malecón de la capital.

No hubo ningún encuentro con Trujillo. Batista recibió muchos recados del Presidente, pero no hubo encuentro personal alguno. A las pocas horas, un grupo de un cierto rango militar se presentó en el *Jaragua* y acompañaron a Batista a una cárcel de la capital. Gracias a la intervención de un hermano del Presidente Trujillo, que era General del ejército, Batista fue devuelto al *Jaragua*, con numerosas disculpas y la palabra presidencial de que él no había ordenado tal arresto. Por supuesto, nadie en Santo Domingo era capaz de encarcelar a persona alguna sin la anuencia de Trujillo. En definitiva, Batista no se molestó ya que estuvo detenido sólo un rato y conocía las mañas de los oficiales de segunda cuando no estaban bien definidas las órdenes.

Batista tuvo solamente dos grandes contrariedades durante su estancia en el *Jaragua*. La primera fue su insistencia de hacer ejercicio caminando por las aceras del malecón Dominicano, por lo cual fue severamente amonestado por un mensaje del propio Trujillo. El segundo fue tener que relacionarse con un conocido gánster Cubano, Policarpo Soler Cruz.

Mientras esto ocurría en la vecina Republica Dominicana, en La Habana Cantillo se auto-nombraba Jefe del Estado Mayor del Ejército. Dada la incertidumbre reinante, nadie objetó la decisión del General Cantillo, el cual sospechaba que Castro la impugnaría.

Su primer acto como nuevo Jefe de las Fuerzas Armadas fue dirigirse al país y a sus subalternos del Ejército Nacional por medio de una alocución en la que daba la orden de *"Alto al Fuego"* y explicaba a la ciudadanía la partida del presidente Fulgencio Batista:

> «Ha caído una gran responsabilidad sobre mis hombros y sobre los de todos ustedes, dignos oficiales, que es la de salvar la nación y de terminar esta guerra fratricida, que ha costado tantas vidas. El Presidente de la Republica, no deseando derramar más sangre, ha renunciado; el magistrado más antiguo de la Suprema Corte de Justicia, doctor Carlos M. Piedra y Piedra, ha sido designado como Presidente interino de la República. El Presidente Fulgencio Batista se ha marchado al exterior, el Jefe del Estado Mayor Mixto, el Jefe de la Marina y el Jefe de la Policía Nacional, el Presidente del Senado y el Vicepresidente de la República también se han embarcado; igualmente lo han hecho algunos funcionarios de las Fuerzas Armadas, que han renunciado y se han ido. Hemos asumido el mando de las Fuerzas Armadas y hemos designado al coronel Daniel G. Martínez, como nuevo Jefe de Operaciones.»

La Habana aun dormía cuando se reunió en sesión urgente el Tribunal Supremo de Justicia de Cuba en sus oficinas cerca del Capitolio Nacional. La reunión fue presidida por el *Dr. Santiago Rosell y Leyte Vidal* como presidente y un tanto soñolientos estaban presentes los magistrados Adolfo Nieto Piñeiro, Gustavo Ramírez Olivella, Maximiliano Smith López de Mora, Raúl López Ibáñez, Julio Garcerán, Enrique Rodríguez Narezo, Manuel Miranda del Castillo y Augusto Vidaurreta Casanova, así como Carlos M. de la Torre, presidente de la Sala de lo Civil y Miguel Ángel Rodríguez Morejón, presidente de la Sala Primera de lo Criminal.

Para sorpresa del General Cantillo, el Tribunal no aceptó tomarle juramento al Dr. Carlos M. Piedra, por estimar que no se trataba de una sustitución legal del poder. El acuerdo convenido leía:

> «No se debe tomar juramento como Presidente de la Republica al doctor Carlos M. Piedra, porque, no obstante sus merecimientos personales, es lo cierto que ello no procede. La actual no es una situación normal de las que confronta el artículo 149 de la Constitución de 1940, sino producto de una revolución triunfante, que se ha mantenido durante un largo lapso en el territorio nacional.»

No muy seguro de cómo proceder ante la negativa del Tribunal Supremo de Justicia, el General Cantillo envió un mensaje con el Padre Jesuita Pedro Guzmán, al comandante Fidel Castro, dándole a conocer los últimos acontecimientos acaecidos.

El *Hotel Jaragua*, en el Malecón de Santo Domingo, República Dominicana y el edificio del *Tribunal Supremo de Justicia* en La Habana en 1958.

Enterado por Castro de esos desarrollos, el Coronel *Rego Rubido*, Jefe de la guarnición de Santiago de Cuba, para evitar más derramamiento de sangre entre Cubanos, rindió la plaza de Santiago de Cuba.

Cerca de la una de la tarde, el doctor Piedra recibió un telegrama en que le comunicaban la decisión tomada por sus compañeros del Tribunal Supremo de Justicia. El magistrado Piedra se comunicó telefónicamente con el General Cantillo diciéndole:

«General, lo siento mucho; yo no soy más que un magistrado, el más antiguo del Tribunal Supremo en este momento; sin la anuencia del Tribunal yo no puedo ejercer la Presidencia de la Republica ni un solo minuto. Lo siento porque cumplíamos con nuestros deberes aunque sólo fuera por una hora, pero la actitud y el criterio del Tribunal me lo impiden; no se aun cuales han sido las razones, pero así es. Usted General, queda ahora con toda la responsabilidad.» Firmado, CARLOS M. PIEDRA.

El *Cuartel Moncada* de Santiago de Cuba, entregado por el Coronel *Rego Rubido* a *Castro* el 28 de Diciembre de 1958. El Cuartel había sido atacado, en ausencia de Castro, pero bajo su dirección, por un grupo de jóvenes el **26 de Julio de 1953**, el cual fracasó ocasionando la muerte de 67 atacantes y 19 militares y un total de más de 30 heridos por ambas partes.

Fotos: el *Magistrado Dr. Carlos M. Piedra*, propuesto por el General Cantillo como Presidente Provisional de Cuba; el *Coronel Rego Rubido*, que rindió la plaza de Santiago de Cuba a las fuerzas de Castro; el *Dr. Manuel Urrutia* firmando su cargo como Primer Presidente de la Cuba Revolucionaria.

El Magistrado Dr. Carlos M. Piedra abandonó Palacio a las dos de la tarde. A esa hora, en Santiago de Cuba, el Dr. Manuel Urrutia se dirigió al pueblo de Cuba:

«Hace pocas horas que me encuentro en esta ciudad, la más heroica de Cuba. He visto luchar por la libertad y la democracia de nuestro país a sus hombres y por esa libertad y democracia seguiremos luchando. Mi saludo revolucionario para todos en nombre de la Revolución, en nombre de Fidel Castro y en el mío, un abrazo para todo el pueblo heroico de Cuba. He proclamado la ciudad de Santiago de Cuba, Capital Provisional de la República de Cuba, de la cual soy yo, Manuel Urrutia Lleó, su nuevo Presidente. En esta Universidad de Oriente, al tomar posesión de mi cargo, me place dar a conocer la lista de los miembros de mi Gabinete y otras designaciones importantes. Entre ellas sobresalen las siguientes:

José Miró Cardona, Roberto Agramonte, Raúl Chibas, Ángel Fernández Rodríguez, Julio Martínez Páez, Raúl Cepero Bonilla, Manuel Fernández García, Armando Hart Dávalos, Luis Orlando Rodríguez, Manuel Ray Rivero, Humberto Sorí Marín, Augusto Martínez Sánchez, Enrique Oltuski Ozacki, Faustino Pérez Hernández, Elena Mederos, Regino Boti León, Luis Buch Rodríguez, Gaspar Bruch, Coronel Rego Rubido, Comandante Efigenio Almeijeiras, Emilio Menéndez, Felipe L. Luaces y Fidel Castro.»

Fotos: doce de los miembros del gabinete inicial del **Presidente Manuel Urrutia**.
De arriba hacia debajo y de izquierda a derecha:
**José Miró Cardona, Roberto Agramonte, Raúl Chibas, Raúl Cepero Bonilla,
Armando Hart Dávalos, Luis Orlando Rodríguez, Manuel Ray Rivero,
Humberto Sorí Marín, Enrique Oltuski Ozacki, Faustino Pérez Hernández,
Regino Boti León, Comandante Efigenio Almeijeiras.**

Con la excepción de *Luis Orlando Rodríguez, Enrique Oltuski Ozacki, Faustino Pérez Hernández* y el *Comandante Efigenio Almeijeiras,* ocho de los miembros iniciales del gabinete inaugural de Urrutia se exiliaron o fueron fusilados por el gobierno de la revolución en el primer año de haber tomado el poder en Cuba. **José Miró Cardona** renunció como Primer Ministro en los primeros sesenta días. El 17 de Julio de ese año 1959, Castro se presentó en TV acusando a Urrutia de ser un furioso anti-Comunista. Urrutia renunció a su cargo y se refugió en la embajada Venezolana. Unos días después Castro asumió el papel de Primer Ministro y nombró Presidente de la República a un abogado Cienfueguero, miembro del Comité Central del Partido Comunista (PSP), **Osvaldo Dorticós Torrado.** Dorticós, que había sido por varios años un notable militante Comunista y secretario de *Juan Marinello*, el presidente del PSP, no tuvo funciones ejecutivas de ninguna importancia durante su tiempo en la presidencia de Cuba por lo cual el público lo bautizó como **"cucharita,"** (que no pincha ni corta). Abatido, Osvaldo Dorticós se suicidó en 1983.

En las próximas horas los acontecimientos se sucedieron con gran premura. En la prisión de Isla de Pinos el **Coronel Ramón Barquín**, jefe de la *Conspiración de los Puros* del 4 de Abril de 1956, salió a las 8:00 PM en un avión militar piloteado por el comandante Carlos Carrillo Ugartemendía, que lo condujo al campamento de Columbia.

A su llegada, Barquín asumió el mando del Ejercito, ordenó el arresto del general Cantillo y acto seguido dio a conocer las siguientes designaciones: Jefe del Estado Mayor de la Marina, *Comandante Andrés González Llánez*; Jefe de la Fortaleza de la Cabaña, *Coronel Manuel Varela Castro*; Jefe de la División de Infantería, *Comandante Enrique Borbonet Díaz*; Jefe de la Fuerza Aérea, *Capitán Vicente Villafaña*; Jefe de Sanidad Militar, *Capitán Teobaldo Cuervo*; Jefe del Quinto Distrito, *Comandante José M. Monteagudo* y Jefe de la Policía Judicial, *Comandante Clemente Gómez Sicre*.

Por la noche, el jefe rebelde Fidel Castro Ruz, pronunció su primer discurso en el Parque Céspedes de Santiago de Cuba, proclamando el triunfo de la Revolución. Junto a él se encontraban el *Doctor Manuel Urrutia*, Presidente Provisional de la Republica y *Monseñor Enrique Pérez Serantes*, Arzobispo de Santiago de Cuba. En su discurso Castro dijo:

> *«Ciudadanos: El Presidente de la República, el Presidente legal, es el que cuenta con el pueblo, esto es, el Dr. Manuel Urrutia. El pueblo ha elegido su presidente aquí y eso quiere decir que desde estos instantes ha quedado constituida la máxima autoridad legal de la Republica... ¿Cuenta o no cuenta con el apoyo del pueblo el doctor Urrutia?»*

A lo que la muchedumbre gritó: **SI.** Castro continuó diciendo:

> *«Santiago de Cuba es la nueva Capital de la República. Los militares deben estar incondicionalmente a las ordenes del pueblo, a disposición del pueblo, la Constitución y las leyes de la Republica.*
>
> *Ningún militar honorable tiene que temer nada de la Revolución, aquí en esta lucha no hay vencidos. No habrá más sangre. Los militares criminales de guerra representan una minoría insignificante. Seremos generosos con todos, porque repito aquí no ha habido vencidos sino vencedores. No habrá venganzas, no habrá odios. Esta vez, por fortuna para Cuba, la Revolución llegará de verdad al poder.*
>
> *No será como en el 95, que vinieron los Americanos, se hicieron dueños de esto, intervinieron a última hora y después ni si*

El día 1 de Enero de 1959 hizo su entrada en el **Parque Céspedes de Santiago de Cuba** una numerosa multitud para escuchar las palabras de Fidel Castro.

«... yo he sido uno de los primeros sorprendidos con ese golpe traidor y amañado de esta mañana en la capital de la República... el golpe de Columbia fue un intento de escamotearle al pueblo el poder y escamotearle el triunfo a la Revolución. Y, además, para dejar escapar a Batista, para dejar escapar a los Tabernillas, para dejar escapar a los Pilar García y a los Chavianos, para dejar escapar a los Salas Cañizares y a los Ventura...»

quiera dejaron entrar al General Calixto García, que había peleado durante 30 años, en Santiago de Cuba.

No será como en el 33, que cuando el pueblo comenzó a creer que la revolución se estaba haciendo, vino el señor Batista, traicionó la revolución e instauró una dictadura por 11 años.

No será como en el 44, que las multitudes se enardecieron creyendo que al fin habían llegado al poder y los que llegaron al poder fueron los ladrones.

Aquí quien tiene que decidir definitivamente quien debe gobernar es el pueblo. Siempre he actuado con lealtad y franqueza en todos mis actos.

El lenguaje del honor que ustedes entienden es el único que yo sé hablar. El odio lo desterramos de nuestra República, como una sombra maldita que nos dejó la ambición y la tiranía.

Que nadie piense que yo pretendo ejercer aquí facultades por encima del Presidente de la Republica. La Ley Revolucionaria sólo va a caer sobre los hombres culpables de todos los tiempos.»

Foto: En la finca de *Epifanio Díaz*, campesino colaborador del Ejército Rebelde, con **Fidel Castro** en el centro junto a los guerrilleros (*de izquierda a derecha en la foto*) **Frank País García** (en un círculo en la foto de la izquierda y también en la foto a la derecha), **Faustino Pérez**, **Raúl Castro**, **Armando Hart** y **Universo Sánchez**, a raíz de la primera reunión de la *Dirección Nacional del Movimiento 26 de Julio*, el día 17 de Febrero de 1957.

Para todos los asistentes al discurso de tres horas de Castro el 1 de Enero de 1959 en el *Parque Céspedes* de Santiago de Cuba, fue una sorpresa que Castro no hiciera mención alguna de *Frank País (aka David), Jefe de Acción y Sabotaje del M-26-7* y uno de los mártires más destacados de la revolución en Santiago.

Hay razones justificadas para creer que Fidel Castro mandó a eliminar a *Frank País*. Según *Enrique Canto*, uno de los principales dirigentes del *Movimiento 26 de Julio* en la capital de Oriente, y también comentado por *Agustín País*, hermano de Frank y *Juan Antonio Monroy, Rolando Bonachea, Pedro Roig, Marta San Martín* y otros estudiosos biógrafos de Frank, Castro había llegado a la conclusión de que Frank *"le estaba haciendo sombra."*

Eso, unido al hecho de ser Frank decididamente *anticomunista* y ser afiliado a la *Democracia Cristiana* (su padre era pastor de la Iglesia Bautista), ha creado una certera conclusión de que Castro, por medio de Vilma Espín, facilitó la eliminación de Frank País, que fue asesinado por *José María Salas Cañizares* el 30 de Julio de 1957.

Hay evidencia de que Frank desconfiaba de Vilma Espín, una conocida marxista de alta posición social desde sus días de estudiante, y le había pedido a sus compañeros de lucha que *no le revelaran a Vilma* que se estaba escondiendo en la casa de Raúl Pujols, otro líder de la resistencia. Vilma, de alguna forma, averiguó su teléfono y en medio de una protesta cívica con las calles llenas de policías, lo llamó por teléfono innecesariamente, sabiendo que todos los teléfonos de la ciudad estaban ocupados por las fuerzas policíacas.

Media hora después, el Jefe de la Policía de Santiago, Salas Cañizares, hermano de Rafael, Jefe de la Policía de La Habana, encontró el escondite de Frank y lo abatió a tiros junto a Raúl Pujols.

Junto a Salas Cañizares, estaba allí lo peor de la dictadura en Santiago de Cuba: el *Capitán Bonifacio Haza*, los *Tenientes Ortiz y Garay*, y con ellos *Luis Mariano Randich*, quien había sido estudiante de la Escuela Normal para Maestros, por lo que conocía muy bien a los estudiantes devenidos revolucionarios al recrudecerse la lucha contra la dictadura. *Randich*, a quien sus compañeros de estudio más de una vez le habían hecho colectas de dinero para que pudiera continuar sus estudios, olvidando su condición de negro y pobre, ahora era un vulgar traidor deseoso de obtener prebendas delatando a sus antiguos condiscípulos y en especial a los hermanos Frank y Agustín País García.

El entierro de Frank País: Frank recibió 22 balazos a sangre fría. Los policías de Salas Cañizares colocaron una pistola junto a su cuerpo para que pareciera que se había resistido. El pueblo santiaguero en pleno acompañó el féretro de *Frank País* y *Raúl Pujol* el 31 de Julio de 1957. Policías y soldados, temerosos de desquites y venganzas, se refugiaron en sus cuarteles. En la foto a la derecha, el cadáver de *Frank País* en Santiago de Cuba, con una pistola a su lado. *Vilma Espín*, por supuesto, nunca fue denunciada o inculpada como delatora.

A esa misma hora estaban llegando a Key West, en el yate *Marta III*, propiedad de Fulgencio Batista, Arturo Carbonell, José Rodríguez, Jesús Blanco Hernández, Rogelio Fernández Mata, Julio S. Laurent Rodríguez, Juan H. Venero Girony, Francisco Sánchez Domínguez, Miguel Serrano Pérez, Wilfredo Guevara Martínez, Jacinto Puro y Rafael Frontella, todos amigos íntimos del matrimonio Batista-Fernández Miranda.

En el yate *Olo-Kun II*, también propiedad del ex-Presidente, arribaron Rolando Masferrer, Rodolfo Masferrer, Antonio León Masferrer, Raimundo Masferrer, Rafael Águila Steinger, Carlos Fonseca Coromiel, Alcides E. Pérez Souza, Wilfredo Gorras, Bienvenido Causa Medina, Pablo Álvarez Ramírez, Pablo Benedite López y Salvador F. Merino, miembros de familias que cuidaban la seguridad y los negocios de Batista.

Desembarcaron también por sus propios medios en otros lugares de los Estados Unidos los siguientes personajes, todos conocidos como solidarios y fuertemente comprometidos con apoyar a Batista hasta el final: Carlos Tabernilla, Marcelo Tabernilla, Panchín Batista, Emiliano Sosa Sáenz, Irenaldo García Báez y Mariano Faget. Todos ellos temían ser objeto de venganzas y demandas por abusos y crímenes cometidos durante varios años.

En horas del mediodía del 2 de Enero comenzaron en Cuba los saqueos y la ocupación de propiedades conocidas de los partidarios de Batista. Unas turbas fuera de control asaltaron los periódicos **Alerta**, **Pueblo**, **Ataja** y **Tiempo**, este último propiedad del Senador y célebre gánster *Rolando Masferrer*. Por un decreto del Presidente Urrutia se cesantearon todos los miembros de los cuerpos legislativos, así como todos los Alcaldes y Concejales de un extremo a otro de la República.

Castro, por su parte, engalanado en el cuello con una medalla de la *Virgen de la Caridad del Cobre*, patrona de Cuba, en una entrevista con los periodistas Carlos Castañeda y Jules Dubois, declaró:

> «Nunca he tenido nada en contra de los Estados Unidos, ni aun cuando le enviaban armas a Batista. El Movimiento 26 de Julio nunca ha tenido relaciones con el Partido Socialista. Quiero reiterar mi repudio al Comunismo. Esa es una calumnia sustentada por el régimen de Batista.»

Uno de los primeros exiliados en retornar a Cuba fue el ex-Presidente *Carlos Prío Socarrás*, que inmediatamente hizo unas declaraciones expresando su fe en la revolución y la gestión de los hermanos Castro.

En Enero de 1959, en la Habana, una mezcla de júbilo y caos: personas hasta entonces pacíficas comenzaron a armarse; las estaciones de policía se llenaron de prisioneros capturados por los revolucionarios; muchos comenzaron a destrozar los parquímetros y a asaltar los casinos de juego por haber sido autorizados por Batista; la prensa se olvidó de otras noticias, fascinada por la caída del dictador.

Tres fusilamientos perpetrados por Ernesto (Ché) Guevara en Santa Clara a su paso entre Fomento, en el Escambray y La Habana el 2 de Enero de 1959.
Arriba, la muerte del **Coronel Cornelio Rojas**, un militar de intachable reputación; *debajo, izquierda*, el Coronel **Joaquín Casillas Lumpuy** momentos antes de ser ilegalmente ajusticiado; *debajo, derecha*, el lugarteniente de Guevara propina el tiro de gracia al Comandante **Alejandro García Olayón**.

Las primeras acciones violentas y derramamiento de sangre no se hicieron esperar en esos primeros días de Enero de 1959. El Comandante Ernesto (Ché) Guevara, el 2 de Enero, sin previas acusaciones ni juicio alguno, ordenó el fusilamiento del ***Coronel Cornelio Rojas***, el Comandante ***Alejandro García Olayón*** y el Coronel ***Joaquín Casillas Lumpuy*** en la provincia de Las Villas. *Cornelio Rojas*, Jefe de Policía de Santa Clara e hijo y nieto de veteranos de las Guerras de Independencia de Cuba, fue fusilado por Guevara simplemente por haber sido un funcionario de la policía. *García Olayón* había sido por muchos años un matón a las órdenes de Panchín Batista y fue uno de los que asesinó a numerosos simpatizantes del levantamiento de Cienfuegos en 1957, *Casillas Lumpuy*, siendo Capitán de la Guardia Rural en Manzanillo, había ajusticiado en 1948 al líder obrero Jesús Menéndez. Ninguno de ellos, culpables o no, recibió el beneficio de un juicio imparcial.

Cuando Castro fue informado de los fusilamiento ordenados por Guevara en Santa Clara el 2 de Enero y un periodista del *Diario de la Marina* le preguntó si eso no violaba el dictamen de la Convención de Ginebra que establece que...

«... ningún prisionero de guerra debe ser condenado y mucho menos condenado a muerte sin la oportunidad de presentar su defensa y que, si es condenado a muerte, la ejecución no debe llevarse a cabo durante un plazo de seis meses...»,

La respuesta de Castro fue:

« No puedo criticar a un héroe de la revolución como es el Ché... razones habrá tenido para actuar como lo hizo. »

Mientras Castro comenzaba su largo viaje hacia La Habana el 3 de Enero de 1959, en la capital el *Coronel Ramón Barquín* era liberado de la cárcel en el Presidio Modelo de Isla de Pinos. Barquín, había servido como Agregado Militar de Cuba en Washington en la administración de Prío. En 1956 había dirigido la malograda *Conspiración de la Marina* en Cienfuegos junto al Mayor Enrique Borbonet y el Teniente Coronel Manuel Varela Castro. *José Miró Cardona* defendió a Barquín en su Corte Marcial, donde fue condenado a seis años de prisión en la Isla de los Pinos. A instancias de los Estados Unidos, fue liberado el 1 de Enero de 1959, y luego de que Batista huyera fue instalado por la Corte Suprema de Cuba como Jefe del Ejército.

Su primera decisión fue comunicarse con Castro que todavía estaba en Santiago de Cuba, para coordinar las actividades encaminadas a una transición sin violencia. Castro ignoró sus llamadas, ya que estaba más interesado en la consolidación de su poder absoluto que en la paz en Cuba. Por el contrario, declaró una **huelga general** y ordenó a toda velocidad a Camilo y al Che a tomar Columbia y la Cabaña respecti-

Coronel Ramón Barquín

vamente. Ante el hecho consumado de un Tribunal Supremo que había reconocido a Urrutia como Presidente, dada la euforia de un pueblo enamorado de un *"ídolo"* y la posibilidad de más derramamientos de sangre, Barquín entregó el mando a Camilo quien había sido nombrado Jefe del Ejército por el nuevo Presidente de Cuba.

A las 6:00 PM del 2 de Enero, tras la entrega del mando de la Jefatura del Ejército al Comandante Camilo Cienfuegos, este ratificó la orden de detención del *General Eulogio Cantillo* y ordenó internarlo en Columbia. Comenzaron rumores de que Cantillo sería fusilado antes de que Castro entrara en La Habana, lo cual requirió los buenos oficios del embajador Americano *Earl T. Smith* y del Embajador del Brasil *Vasco Leitao de Cunhha*.

Semanas más tarde Camilo Cienfuegos, de *motu propio*, pospuso el fusilamiento de Cantillo y lo llevó a un juicio por traición. Cantillo fue condenado a 15 años de prisión, pero fue liberado antes de cumplir toda su condena y salió de Cuba para convertirse en un exiliado Cubano en Miami. Mientras estuvo en Miami, se unió a grupos anticastristas y eventualmente murió allí casi veinte años más tarde, en 1978.

A pesar de su apoyo a las reformas revolucionarias de Castro, Barquín pronto perdió el apoyo del régimen y se exilió en los Estados Unidos en 1960.

Dos personajes diplomáticos que trataron infructuosamente de hacer gestiones de paz en Cuba en 1959, del embajador Americano **Earl T. Smith** y del embajador del Brasil **Vasco Leitao de Cunhha**.

Antes del anochecer comenzaron a llegar al Departamento de Relaciones Exteriores de Cuba las renuncias de los Embajadores Cubanos en Washington, Uruguay, Perú, Ecuador, Italia, Costa Rica, Nicaragua y México.

Temprano en la mañana del 3 de Enero hizo su entrada en la Fortaleza de La Cabaña el Comandante Ernesto Guevara, al frente de la Columna *Ciro Redondo*. Su primera orden fue mandar a buscar los archivos del *Buró de Represión de Actividades Comunistas (BRAC)*, la agencia creada por Batista en Mayo de 1955, de la cual había sido el primer director el Ministro de Gobernación *Santiago*

Rey Pernas y en la cual era miembro investigador el periodista y profesor Cubano *Herminio Portell Vilá*. En horas de la tarde los archivos desaparecieron en las manos de Ché Guevara.

A todo lo largo de Cuba comenzaron a darse noticias de soldados y civiles muertos en tiroteos. Desde Camagüey Castro dio órdenes de que sólo el *Movimiento 26 de Julio* tenía méritos para formar el nuevo gobierno revolucionario en Cuba. **Faure Chomón**, del *Directorio Revolucionario Estudiantil (DRE)* hizo pública una declaración de principios demandando la participación de todas las organizaciones que habían contribuido a derrocar la dictadura.

> « *Es necesario el reconocimiento de su personalidad y la sangre vertida por nuestros miembros. Como factor de la guerra, es necesario que el Directorio tome participación en la nueva formación del gobierno provisional; en la fijación del plazo para las elecciones generales y democráticas y en la creación de un ejército técnico y adecuado para la nueva Cuba.*»

Con el fin de lograr ese propósito, el *DRE* ocupó con sus fuerzas el Palacio Presidencial, la Universidad de La Habana y la Base Aérea de San Antonio de los Baños, de la cual sus militantes sustrajeron numerosas armas. La situación en La Habana se volvió muy tensa y ambas fuerzas revolucionarias comenzaron a tomar medidas para defenderse y atacar. A las seis de la tarde de ese día, La Habana presentaba el aspecto de un cementerio.

Al día siguiente una precaria calma continuó y la noticia más importante en los periódicos fue el nombramiento del Comandante **Pedro Luis Díaz Lanz** como Jefe de la Fuerza Aérea del Ejercito Rebelde.

Díaz Lanz era un piloto comercial de *Aerovías Q* (propiedad de Batista) que suministró armas a Castro desde Costa Rica en numerosas ocasiones.

Pedro Luis Díaz Lanz Jefe de la Fuerza Aérea del Ejercito Rebelde en 1959.

Una foto en la Sierra, al culminar uno de los viajes de *Díaz Lanz* trayendo armas y municiones desde Costa Rica. Díaz Lanz es el segundo desde la izquierda, Fidel Castro el tercero, Ché Guevara el sexto y Raúl Castro el segundo desde la derecha.

El nombramiento de Días Lanz fue por primera vez firmado por Castro con la rúbrica *"Libertad o Muerte."*

Díaz Lanz había nacido en La Habana el 8 de Noviembre de 1926, en el seno de una familia de tradición independentista y patriótica; su abuelo combatió en las filas mambisas frente a las fuerzas colonialistas españolas y su padre fue un alto oficial del Ejército Constitucional Cubano hasta 1930. Díaz Lanz, biznieto de una hermana de José Martí, se graduó de bachillerato en 1944 y cursó estudios como mecánico de aviación. En 1946, con apenas 20 años, comenzó a pilotear aviones civiles que transportaban pasajeros y carga entre La Habana y Miami.

Inconforme con la situación política del país tras el golpe militar de Fulgencio Batista, Díaz Lanz conoció a Frank País, líder de la resistencia urbana en Santiago de Cuba, y poco después entró en contacto directo con Fidel Castro, quien lo designó para la estratégica misión de introducir armas clandestinamente desde el extranjero, usando la cobertura de piloto comercial. Su primer cargamento con destino a las fuerzas rebeldes fue llevado desde Punta Arenas, Costa Rica, hasta un caserío en plena Sierra Maestra el 20 de Marzo de 1958. Piloteando un avión de carga donde viajó *Huber Matos*, la expedición concluyó exitosamente con la entrega de cinco toneladas de armas y municiones a los insurgentes.

Opuesto a la influencia de los comunistas en las principales posiciones del gobierno, Díaz Lanz fue removido de su puesto y abandonó Cuba el 29 de Junio de 1959. En el exilio, se alistó en misiones para realizar acciones de infiltración en la isla.

Su situación económica fue muy precaria y en los últimos años, carente de recursos, llegó a dormir en su propio automóvil sin poder costearse una vivienda. En el año 2008, se suicidó a la edad de 81 años, tras una vida llena de penurias y malos recuerdos. Fue una más de tantas vidas trastornadas por Castro al traicionar criminalmente la insurrección contra Batista.

En Palacio, mientras Castro se preocupaba por la conducta de los miembros del Directorio, una comisión integrada por *Roberto Agramonte, Manuel Ray* y *José Manuel Gutiérrez* fue recibida por los comandantes *Faure Chomón* y *Rolando Cubela*. Al terminar la entrevista se le informó al Presidente que las puertas de Palacio se encontraban abiertas para recibirlo. A las 6:15 PM, llego el doctor Urrutia acompañado de sus ministros. En principio, una crisis bautizada por el pueblo como *"el incidente de Armas...¿Para Qué?"* había sido soslayada por el momento.

Dos esfuerzos baldíos por conciliar las relaciones del **Movimiento 26 de Julio** con el **Directorio Revolucionario Estudiantil (DRE)** y el **Segundo Frente del Escambray**. *Arriba, Ernesto (Ché)* **Guevara** en el Escambray con los miembros del DRE (Guevara y **Faure Chomón** en un círculo); *debajo, el Presidente Dorticós* en La Habana con militantes del Segundo Frente (*Osvaldo* **Dorticós** y **Eloy Gutiérrez Menoyo** en un círculo)

Como testigo ocular de los acontecimientos, el embajador Smith de los EEUU, describió en su libro *The Fourth Floor,* la situación con relación a las armas y el incidente de **"Armas... ¿Para Qué?"** cuando Batista se marchó de Cuba el 1 de Enero de 1959:

> No fue hasta la mitad del día que la multitud comenzó a reunirse en las calles de La Habana. Para entonces, las tropas del Directorio Revolucionario estaban patrullando las calles en jeeps y en automóviles tomados por los comandantes.
>
> Bien conscientes de que Castro y sus hombres estaban a punto de reclamar una victoria en La Habana, los miembros del DRE ocuparon el Palacio Presidencial, negándose a pasarlo al Movimiento 26 de Julio. El desacuerdo del DRE con la autoridad autoimpuesta de Castro fue claro. *El Pacto de Caracas* le otorgaba a Castro el poder sobre los militares, pero se hizo evidente que Castro quería el control total del país. Faure Chomón incluso se quejó de que Castro había establecido un gobierno provisional en Santiago sin consultar a ninguno de los otros grupos revolucionarios que también habían luchado contra Batista. Al negarse a irse, el 4 de Enero, el M-26-7 tuvo que apelar formalmente al DRE para que desalojara el Palacio Presidencial y permitir que Urrutia hacerse cargo como Presidente provisional. Castro y el M-26-7 claramente intentaban tomar el control de La Habana y reclamar la victoria para sí mismos. Aunque estaban abiertamente insatisfechos con los eventos, el DRE finalmente aceptó la solicitud, pero sabiendo que Castro no estaba dispuesto a compartir el triunfo de la derrota de Batista, pronto comenzaron a acumular armas y municiones. En el primer discurso de Castro a la nación de Cuba, pronunciado solo siete días después de los hechos, dijo:
>
> > «Les digo que hay miembros de ciertas organizaciones revolucionarias que están contrabandeando y almacenando armas.»
>
> Los revolucionarios de los que habló Castro eran los del *DRE*, que no estaba contento con que Castro asumiera el papel del único líder de la revolución. La ruptura entre el *M-26-7* y el *DRE* se había vuelto tan extenuante durante estos días cruciales que el *DRE* adquirió armas de un cuartel del

ejército en un intento de armarse para un ataque contra Castro y su gobierno recién formado. Castro mencionó el robo de las armas durante su discurso del 9 de Enero, diciendo:

> «*Sin embargo, les digo aquí y ahora que hace dos días algunos elementos de ciertas organizaciones irrumpieron en el cuartel de San Antonio, que está bajo la jurisdicción del Comandante Camilo Cienfuegos y también bajo mi jurisdicción como Comandante en Jefe de las fuerzas armadas, y se llevaron 500 armas pequeñas, 16 ametralladoras y 80,000 cartuchos... en otras palabras: ¿Armas para qué?...*»

Durante ese discurso, Castro habló de la nueva era en la que Cuba estaba entrando y agradeció a todos los partidarios del M-26-7. En el proceso, Castro terminó efectivamente los combates entre el DRE y el M-26-7 haciendo evidente que no era necesario ningún otro movimiento armado ya que, como él dijo,

> «*...el pueblo de Cuba había hablado... la simpatía popular y el apoyo casi unánime de la juventud Cubana que disfruta el Movimiento 26 de Julio hace evidente que no es necesario ningún otro movimiento. Mientras el DRE siga ocupando cargos en toda La Habana, así como en Las Villas, yo les suplicó a las madres que les quiten las armas a sus hijos... la hora de pelear se acabó... lo que necesita Cuba es la unidad.*»

Aunque varios miembros del DRE mantuvieron sus posiciones, el discurso de Castro en el Campamento de Columbia sostuvo que los Cubanos ya no necesitaban armas para pelear entre sí. La guerra, declaró Castro, ya había terminado.

Una vez subsanado el asunto de las armas, el Comandante Aldo Vera dio a conocer los nuevos oficiales de la Policía Revolucionaria, miembros todos del Movimiento 26 de Julio: *Alipio Zorrilla Mazorr, Arturo Galpi Díaz, Armando Menocal, Alfredo Xiques, Bernardo Corrales, Salvador Almejeiras, Israel Muñoz Figueroa, Armando González Capote, Amaury Fraginal, José Fernández Hevia, Luis Calzadilla, Gustavo Peláez, Enrique Sánchez, Rogelio Montenegro, Carlos Campos, Gabriel Abay, Manuel Mendoza y Enno Infante.*

Por orden del Estado Mayor del Ejército, quedó prohibida la salida por aire o mar de ningún pasajero Cubano, quedando limitado el movimiento de puertos y aeropuertos a la llegada de exilados Cubanos procedentes del exterior. Al mismo tiempo fueron puestos en detención preventiva los doctores *Joaquín Martínez Sáenz, Emeterio Santovenia y Pedro López Dorticós.* Fidel Castro y su estado mayor, mientras tanto, comenzaron su marcha hacia La Habana deteniéndose en las Capitales de Provincia y otros pueblos importantes para dirigirse a la prensa y al público.

El Banco Nacional de Cuba dictó instrucciones...

«*Prohibiendo temporalmente el acceso a bóvedas y cajas de seguridad, así como la extracción de valores depositados en custodia de los bancos y estableciendo que los bancos no pagarían cheques girados contra sus cuentas bancarias por personas que habían sido funcionarios o colaboradores del depuesto régimen de gobierno.*»

Desde el interior de la isla, en un alto en la carretera central, Castro nombró al Alférez **Juan Castiñeira García** *Jefe del Estado Mayor de la Marina,* a **Felipe Pazos** como *Presidente del Banco Nacional de Cuba* y a **Raúl Roa Reyes**, padre del Dr. Raúl Roa, como *Administrador de la Aduana de La Habana.*

El día 8 de Enero, finalmente, Castro entró en La Habana por la rotonda de la Virgen del Camino, escoltado por camiones, rastras,

Cuatro vistas de la entrada de Castro y su comitiva en La Habana el 7 de Enero de 1959.

Castro habla desde Palacio el 8 de Enero de 1959

vehículos militares de todos los tipos y una multitud como nunca se había observado en la capital desde la inauguración de la República. Sus edecanes habían traído el yate *Granma* a la capital y Castro pidió verlo mientras las fragatas *José Martí* y *Máximo Gómez* celebraban la llegada con salvas de veintiún cañonazos.

A las 3:40 PM Castro entró en Palacio, donde Urrutia y el Consejo de Ministros lo saludaron. Las palabras de las cuales Urrutia se arrepentiría en unas semanas fueron:

«*Cubanos, el gobierno de la Republica, en este Palacio Presidencial abre los brazos para recibir al gran líder de la América, Fidel Castro Ruz. La democracia Cubana se considera honrada con la presencia en este recinto del héroe en la lucha contra la dictadura. Nuestro pueblo debe considerarse orgulloso de tenerlo entre sus hijos. Es, sin lugar a dudas, el líder combatiente más abnegado de la historia. Después de derrocar la tiranía con su esfuerzo admirable no ha tomado el poder en sus manos, sino que lo ha puesto en manos de hombres en quien tiene fe. Nosotros juramos que sabremos hacernos dignos de ese gesto.*»

El pueblo allí congregado lo aclamó delirantemente por más de diez minutos; Castro hizo una breve señal y todo el vocerío se calmo como por acto de magia. Al terminar un breve discurso, la columna de Castro se dirigió al Malecón, la Calle 23 y la Avenida de

Columbia hasta la ciudad militar. Eran ya las 4:00 PM. Castro viajó en un tanque de guerra con su hijo Fidelito. Al llegar a la entrada del *"Colegio de Belén",* su antigua *Alma Mater* en los alrededores de la base militar de Columbia, se bajó del tanque a la calle y besó la bandera que sostenían alumnos y profesores del plantel. El trayecto, que consistía en menos de 10 millas, duró cinco horas y a las 9:00 PM Castro estaba de nuevo al micrófono en el polígono del Campamento de Columbia, que tantos buenos momentos le había proporcionado a Batista. El discurso improvisado de Castro exaltó principios y prometió logros de carácter democrático:

« *El crimen más grande que puede cometerse hoy en Cuba, sería un crimen contra la paz... Hoy las madres Cubanas experimentan la sensación de que sus hijos, al fin, están fuera de peligro... si hay un Gobierno de hombres jóvenes y honrados y si el país tiene fe en ellos, si va a haber elecciones, ¿***Armas para Qué****?... aquí hemos luchado por los fueros del poder civil ...* »

No habían pasado 24 horas, cuando el gobierno revolucionario, por medio de su recién instituido *Ministerio de Recuperación de Bienes Malversados*, sin estudios, vistas o auditorías, intervino y confiscó el Central Azucarero *Hormiguero*, situado en San Fernando de Camarones, Palmira, en los alrededores de Cienfuegos. Como el central era propiedad de Fulgencio Batista, pocos pensaron que se establecía un precedente de confiscaciones de la propiedad privada. Casi nadie pensó que podía ser víctima de la misma política.

Castro viajó desde Palacio hasta Columbia en un tanque de guerra con su hijo Fidelito. A su lado estaban también Huber Matos y Camilo Cienfuegos (arriba, en dos círculos). Castro no se imaginaba lo fastidioso que iba a ser que el pueblo en un futuro cercano viera con detalle esta foto.

Dos días después el *Ministerio de Recuperación de Bienes Malversados* ocupa y confisca la finca **Kuquine**, residencia de recreo de Batista, con los mismos resultados. Para los que pudieran preocuparse por estas confiscaciones, Castro declaró el 9 de Enero en *Ante la Prensa*, el programa de entrevistas de la *CMQ*:

«...en un plazo de 18 meses celebraremos elecciones generales... sería demasiado temprano meter al pueblo en política antes de eso...»

El mismo día reapareció el periódico comunista **HOY** y procedente de Europa llegó a La Habana el líder comunista **Lázaro Peña**. Discretamente, el gobierno puso en juego una infraestructura de opresión a los opositores: se declararon legales la *retroactividad de las leyes penales*, la *confiscación de bienes* a discreción de las autoridades y la *pena de muerte*.

El proceso de borrar la historia anterior de Cuba y eliminar tradiciones se inauguró el 10 de Enero con el nombramiento de **Nicolás Guillén**, miembro del *Partido Socialista Popular (PSP)* como *Poeta Nacional de Cuba* rechazando al que ostentaba ese título y distinción otorgado por el Congreso Cubano en 1955, el poeta Matancero **Agustín Acosta Bello**. Con el mismo propósito se suprimió la invocación a Dios en los Juramentos Judiciales.

Surgieron entonces en La Habana rumores de un fusilamiento en masa (72 personas) en el campo de tiro del Valle de San Juan, cerca de Santiago de Cuba. Los confirmó semanas más tarde el **Padre Jorge Bez Chabebe**, secretario del Arzobispo de Santiago de Cuba Manuel Pérez Serantes.

A la izquierda, el **Padre Bez Chabebe**, testigo personal de los fusilamientos en masa por **Raúl Castro** en Santiago de Cuba el 12 de Enero de 1959. A la derecha, **Frank Sturgis** de pie sobre la tumba colectiva de los fusilados. Sturgis era un mercenario perteneciente a los organismos de control de las fuerzas de Castro en Enero de 1959 y más tarde se hizo famoso por ser uno de los **"plomeros"** de *Watergate* y por haber estado en Dallas el día del asesinato de Kennedy.

Continuando con la ruptura de tradiciones y derechos, el gobierno revolucionario anuló el 12 de Enero todos los títulos y calificaciones expedidos por la Universidad de Villanueva en la llamada *Ley 11* y decretó que todo Cubano poseedor de un pasaporte expedido por el gobierno anterior no podrá trasladarse al exterior del país sin una autorización concedida por el Jefe de la Policía Nacional de Cuba. En la misma comunicación se cesantearon de sus cargos los Magistrados el Tribunal de Cuentas doctores *Emilio Fernández Camus, José Raúl Mestre Benavides, Carlos Bustamante Sánchez, Ramón Miyar, Jorge Vaillans* y *Germán S. San Miguel Pagés* y el Presidente del Tribunal Supremo de Justicia *Dr. Santiago Rosell y Leyte Vidal*.

La **Universidad Católica de Villanueva**, en La Habana, una prestigiosa institución innecesariamente destruida por la **Ley 11** del gobierno revolucionario, en una de sus primeras leyes y disposiciones. *Arriba*, una vista aérea; *debajo, izquierda*, el moderno edificio de Ingeniería; *debajo, a la derecha*, el estado en que quedó la capilla después de años de abandono. Casi todos sus alumnos y profesores tarde o temprano se exiliaron en los Estados Unidos.

Por las mismas razones, Castro intervino en la Universidad de La Habana, cesanteando decanos y nombrando al *Comandante Juan Niury* como Presidente de la Escuela de Derecho y el *Comandante Omar Fernández Cañizares* de la de Medicina. El 15 de Enero, en una entrevista del periódico HOY, Castro declaró:

«*Yo no sé por qué hay calumnias contra nuestra revolución... por qué se dice que es Comunista o está infiltrada por el Comunismo. ¡Yo no sé cómo más claramente puedo hablar! ¿Es que alguien puede pensar que encubrimos obscuros designios? ¿Es que acaso pudiera alguien afirmar que hemos mentido alguna vez al pueblo? ¿Es que acaso pudieran pensar que somos hipócritas?*

¡Jamás, por ninguna razón del mundo, prostituiremos nuestra conciencia con la mentira o con la hipocresía..!»

A la izquierda, **Omar Fernández Cañizares** con Guevara; a la derecha, **Juan Niury** con Castro. Ambos investidos de gran poder en la Universidad de La Habana debido a ser leales a la revolución.

El día 19 de Enero continuó el proceso de *"depuración"* de la historia. *Jorge Quintana*, Presidente del Colegio de Periodistas, inició el proceso de expulsión de más de cincuenta miembros que se consideran *"enlodados."* El día 20 fueron cesanteados todos los ejecutivos de la *Confederación de Trabajadores de Cuba (CTC)*, la *Federaciones Obreras de Industrias (FOI)* y todos los sindicatos, uniones y gremios de la isla. Castro nombró como nuevos líderes obreros a *David Salvador Mano, Conrado Bécquer Díaz, Jesús Soto Díaz y José de Jesús Planas*, sólo el último de ellos no era militante comunista. El Consejo de Ministros declaró en ese día que no era necesario el pago en efectivo a los propietarios que resultaran expropiados por el bien del pueblo o para compensar por robos y latrocinios.

El 21 de Enero Camilo Cienfuegos y Ernesto Guevara (que había sido declarado ciudadano Cubano por ley de los ministros) convocaron a una manifestación masiva frente a Palacio para determinar...

«*...si el pueblo está de acuerdo con los fusilamientos...*»

Una gran multitud acudió a la cita. En el balcón de Palacio se encontraban el Presidente Urrutia, personalidades civiles y militares, representantes diplomáticos y miembros de la prensa. Los discursos estuvieron a cargo de *Luis Orlando Rodríguez, Rolando Cubela, Juan Niury, Guido García Inclán, Jorge Quintana, David Salvador* y *Fidel Castro*, el cual reiteró muchas de sus palabras anteriores:

La **prensa Cubana** contribuyó casi unánimemente a la popularidad de Castro; temprano en Enero comenzaron a formarse **milicias** para defender ciegamente a la revolución; Castro, consistentemente se movió a todos lados con **Guevara**, que por el momento aceptó su hegemonía; la notoriedad de Castro y su revolución se extiendió a los Estados Unidos y lo entrevistó en TV el popular **Ed Sullivan**.

« ...no hay lugar en La Habana para reunir todo el pueblo que apoya a la revolución... la nuestra es una victoria de la justicia, es una victoria de la moral... esto es lo que pide el pueblo (leyendo carteles que llevaban los asistentes)... **Paredón** para los criminales de guerra... Queremos sean fusilados los esbirros... Fusilamiento para los colaboradores de Batista... yo voy a hacer una pregunta a ese jurado....: yo le voy a hacer una pregunta al pueblo... Los que estén de acuerdo con la justicia que se está aplicando, los que estén de acuerdo con que los esbirros sean fusilados, que levanten 1a mano... »

Una buena parte de la muchedumbre levantó la mano y enseguida se oían los gritos...¡ **Paredón** !... ¡ **Paredón** !... ¡ **Paredón** !. Con un gesto lleno de satisfacción Castro continuó su discurso:

« *Los esbirros que vamos a fusilar no van a pasar de 400. Estamos fusilando esbirros para garantizar la paz, estamos fusilando esbirros para que el día de mañana no nos asesinen otra vez a nuestros hijos... Señores representantes del Cuerpo Diplomático, Señores periodistas de todo el continente, se ha pronunciado unánimemente un jurado de un millón de Cubanos de todas las ideas y de todas las clases sociales... el pueblo ha votado, y no queda más nada que decir...*»

Envalentonado por sus palabras y la reacción popular, Castro decidió llevar los juicios revolucionarios a la TV. El día 22, en el *Palacio de los Deportes* de La Habana, a un lado de la *Fuente Luminosa*, se celebró el primer juicio contra el *Comandante Jesús Sosa Blanco*, ex-oficial del Ejército Nacional. Todo estaba listo a las 5:30 PM, la hora en que más audiencia tenía la TV Cubana.

Al entrar en cámara *Sosa Blanco*, el público lo abucheó. Sosa Blanco negó los cargos y manifestó que sólo había cumplido con su deber como militar. Numerosos testigos testificaron contradictoriamente entre sí y con relación a las palabras de *Sosa Blanco*.

Fotos del juicio público al Comandante **Jesús Sosa Blanco** en el *Palacio de los Deportes de La Habana. A la izquierda,* la entrada de Sosa Blanco escoltado; *al centro,* Sosa Blanco es consolado tras su sentencia por el Sacerdote Franciscano **Javier Arsuaga**; *a la derecha,* **Jorge Serguera**, el principal fiscal de la revolución.

A las 9:30 AM del día siguiente el jurado dictó sentencia:

> «Se condena al acusado Jesús Sosa Blanco a la pena de muerte por fusilamiento.»

Al siguiente día, 23 de Enero, los archivos de *La Liga Anti-Comunista de Cuba*, fueron robados de sus oficinas y llevados a la *Fortaleza de la Cabaña* donde Ernesto (Ché) Guevara dio órdenes de quemarlos. La Liga era dirigida por **Salvador Díaz-Versón**, un distinguido periodista e investigador Cubano que reunía pruebas de la conexión de Castro con la Unión Soviética desde 1943.

Al día siguiente, 24 de Enero, en un avión *Super Constellation* de la *Línea Aeropostal Venezolana*, Castro y un buen grupo de sus colaboradores, partieron hacia Caracas. Con él iban **Celia Sánchez, Violeta Casals, Luis Orlando Rodríguez** y **José González Naranjo**, entre otros. En Caracas los recibieron el oficial naval y Presidente de Venezuela tras la deposición de Marcos Pérez Jiménez **Wolfang Larrazábal, Jovito Villalba**, fundador con Rómulo Betancourt del *Partido Democrático Nacional (PDN)* y dos veces candidato a la Presidencia de Venezuela y **Miguel Otero Silva** entre otros.

En Caracas Castro fue recibido como un héroe. El poeta comunista **Pablo Neruda** fue su anfitrión oficial. El Presidente electo **Rómulo Betancourt** lo recibió en su residencia privada. Mientras Castro se lucía en Venezuela, en Cuba, por órdenes de Guevara, la revolución expulsaba a un popular dirigente obrero elegido por uno de los mayores sindicatos de Cuba, **Ángel Cofiño García** líder de la *Federación Sindical de Plantas Eléctricas, Gas y Agua de Cuba*.

En términos de regulaciones y decretos, el gobierno promulgó el día 26 un **Decreto 261** que obligaba a los exportadores a entregar todas las divisas que obtenían por ventas al extranjero a un *Fondo de Estabilización de la Moneda* y el Banco Nacional estableció también por decreto que los portadores de billetes Cubanos de 500 y 1,000 pesos no podrían cambiarlos a no ser que justificaran a plenitud que los poseían legalmente.

Angel Cofiño García

El 28 de Enero, conmemoración del natalicio del Apóstol José Martí, las representaciones diplomáticas establecidas en Cuba, unánimemente declinaron la participación en un acto solemne organizado al pie de las escalinatas del Capitolio Nacional, lo cual enfureció a Castro.

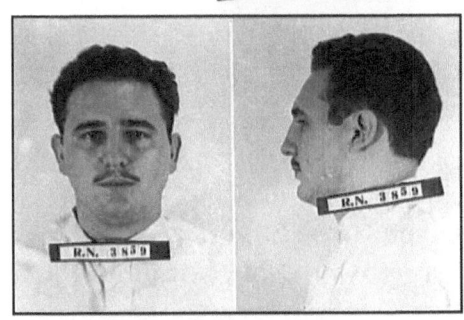

¿Fue Fidel Castro en muchos sentidos una creación de la prensa (amarilla) Americana?

Su portaretrato, primero con *Herbert Mathews* en la primera página del *New York Times* y más tarde en las portadas de las revistas Americanas de mayor difusión, contribuyó a un proceso de **erotización** de la figura de ese Comandante barbudo, apuesto, con una personalidad carismática y una masculinidad exótica; un verdadero **machazo** y **Latin lover** que hasta la esposa del Primer Ministro Canadiense *Pierre Trudeau*, señaló como "*el hombre más sexy que he conocido, que me trató de seducir descaradamente delante de mi esposo.*"

Ni un solo periódico o revista Americana mencionó jamás el record policíaco de Castro, su pasado gansteril, sus actividades pandilleras y las acusaciones de asesinatos políticos cometidos en sus años de violencia y abusos en la Universidad de La Habana.

Ese día 28, en un acto de soberbia revolucionaria, *Juan Marinello* y *Blas Roca*, Presidente y Secretario General del *Partido Socialista Popular (PSP)*, el partido Comunista, le hicieron llegar una *"carta programa"* al Presidente Urrutia expresándole que ...

«*...en la calle comienzan a surgir ya las quejas populares por la lentitud del gobierno y el descontento por medidas que atentan contra las libertades democráticas y los derechos de los trabajadores...*»

Entre las "recomendaciones" del partido comunista figuraban las siguientes medidas...

«*... confirmar el compromiso con la Ley de Reform Agraria... eliminación de los latifundios... erradicar la discriminación racial... aumento inmediato de salarios azucareros... reposición de los obreros y empleados desplazados por la dictadura... apoyo real a los desempleados... rebajas de tarifas y alquileres... supresión formal de los instrumentos de opresión de la dictadura... depuración de las Fuerzas Armadas... protección de viudas y huérfamos victimas de la tiranía... declaración en favor de la democracia sindical... anulación de las concesiones onerosas a las empresas extranjeras... establecimiento de relaciones con los paises del mundo socialista... eliminar la traba de indemnizar previamente a los dueños de propiedades confiscadas... bajar las edades de poder votar y de poder postularse... hacer ciudadano Cubano a todos los extranjeros que combatieron contra el régimen de Batista...*»

Esas peticiones, muchas de las cuales había formulado Castro anteriormente, lo enfurecieron y decidió cortar discreta y silenciosamente sus buenas relaciones con el liderazgo tradicional y avejentado del PSP y formar su propio **Partido Comunista Cubano**.

Cumpliendo su determinación de Enero de 1959, de eliminar los viejos comunistas, Castro fundó en 1975 el **Partido Comunista Cubano (PCC)**, que reemplazó al PSP, al que forzó a desbandarse y con ello acabar con toda su vieja guardia.

El único comentarista Cubano que caracterizó correctamente la *"carta programa"* del PSP fue **Salvador Díaz Versón** que al embarcarse para un viaje a Costa Rica a los pocos días declaró:

> «*Basta haber leído la carta de Blas Roca y Marinello para darse cuenta de la osadía de los agentes de Moscú...*»

Febrero del 1959

Se produce la renuncia el Primer Ministro Dr. José Miró Cardona. Un primer Juicio de los Aviadores. Castro se auto-designa Primer Ministro.

El mes de Febrero comienza con una nota suscrita por el Cuerpo Diplomático acreditado en Cuba, con varios importantes puntos que explican su ausencia en las celebraciones del natalicio de José Martí:

> «*...las convenciones sobre asilo firmadas en La Habana en 1928, en Montevideo en 1933 y en Caracas en 1954. señalan que toda persona tiene derecho a solicitar asilo cuando abrigue el temor por su vida, su integridad física o su libertad, aun cuando no haya cometido delito alguno... la interpretación que en estos momentos ofrece la Cancillería Cubana a la aplicación de dichas Convenciones ha quebrantado especialmente en dos ocasiones la letra de las mismas y la práctica establecida... estas actuaciones motivaron una viva protesta de la Comisión Permanente del Cuerpo Diplomático ante el ilustre Gobierno de Cuba... es por eso que el Cuerpo Diplomático ha tenido que declinar la invitación que el Gobierno les hiciera para concurrir en su compañía a los actos oficiales del día 28 de Enero pasado... hoy como siempre rendimos homenaje a la figura de José Martí, Apóstol de Cuba y de América...*»

Los líderes de la revolución Cubana en camino a la celebración del natalicio de José Martí el 28 de Enero de 1959. De los siete en primera fila, **Dorticós** se suicidó, **Guevara** fue abandonado a su suerte en Bolivia, preso y muerto, **William Morgan** y **Sorí Morín**, ajusticiados por los Castro, **Huber Matos** encarcelado en Cuba durante 20 años.

El 2 de Febrero el Arzobispo de Santiago de Cuba, **Monseñor Pérez Serantes**, que en 1953 había salvado la vida de Castro, emitió una Carta Pastoral en la que le pedía que se hiciera un alto a los fusilamientos y se creara un clima de perdón generoso. Castro ignoró esa petición y nunca más se comunicó con Pérez Serantes.

En la Universidad de La Habana, una Asamblea de Estudiantes acordó ocupar la Rectoría y destituir el Consejo Universitario, estableciendo un *Gobierno Revolucionario en la Universidad,* integrado por profesores, estudiantes, graduados, representantes de los Colegios Profesionales y dignatarios del gobierno. La revolución lo aceptó y dio por terminada la **Autonomía Universitaria,** establecida en Cuba durante la Revolución Universitaria de 1923, confirmada por el Decreto Ley 2,059 de Octubre de 1933 e incluida en el Artículo 53 de la *Constitución de 1940,* que lee:

«*La Universidad de La Habana es autónoma y estará gobernada de acuerdo con sus Estatutos y con la Ley a que los mismos deban atemperarse.*»

En la segunda semana de Febrero ocurrieron eventos de poca importancia que entretuvieron la atención del pueblo... **Otto Meruelo**, propagandista del gobierno de Batista fue detenido en la Iglesia Corpus Christi de Miramar... El Partido Comunista (PSP) comenzó a empapelar La Habana con el emblema de *¡Fidel, esta es tu casa!.* ... fue nombrado Presidente de la *Asociación de Colonos* **Ramón Castro Ruz**, hermano de los Castro... los profesores de primera enseñanza del **Colegio Baldor** de La Habana triunfaron en sus peticiones y suspendieron las clases... **Juan Marinello**, Presidente del PSP, fue nombrado para la Cátedra de Literatura en la *Normal de Maestros de La Habana...* a los pocos días **embarcó hacia la Unión Soviética** en misión especial... el Ministro de Comunicaciones prohibió la emisión de **giros postales de más de $ 250 pesos** a una misma persona... el gobierno emitió una nueva **Ley Fundamental** que sustituyó la *Constitución de 1940,* la cual omite la invocación a Dios en el preámbulo... la **Shell**, la **Esso** y la **Texaco** donaron un cuarto de millón de pesos para la construcción de viviendas campesinas, lo cual ignoró la prensa oficial... la Dirección de la Universidad de La Habana *"depuró"* al Dr. **Carlos Márquez Sterling**... renunció el Presidente Manuel Urrutia Lleó por diferencias con el Primer Ministro Castro... continuaron los *"suicidios"* de oficiales militares que se sentían amenazados de ser llevados a juicio...

El lema *Esta es Tu Casa, Fidel*, conque los comunistas empapelaron toda Cuba; la portada de una de las Memorias Anuales del *Colegio Baldor*, posiblemente el más importante colegio privado de Cuba; *Juan Marinello* compartiendo sus lecturas con Castro; La *Ley Fundamental* que la revolución emitió en Cuba en sustitución de la extraordinaria *Constitución de 1940*; el Dr. *Carlos Márquez Sterling*, fue expulsado de su cátedra en la Universidad de La Habana en Febrero de 1959.

En los primeros días de Febrero, en una entrevista en Bogotá, el Subsecretario de Estado de los EEUU declaró

«...es un ferviente deseo de nuestro país d que triunfen en Cuba los ideales de la naciente revolución. Los Estados Unidos aplaudimos la noción que un País alcance ideales de libertad con justicia, escogiendo el camino que más le convenga y ojalá que Cuba llegue a colmar sus aspiraciones precisamente para la libertad, la justicia y el progreso...»

Castro mencionó en privado a sus colaboradores que...

«... no creía en la buena voluntad Americana.»

La *Revista Bohemia* reportó ambos comentarios. En el mismo número comentó sobre la *"depuración"* de *Vicente Rubiera Feíto* como líder del Sindicato Telefónico y la renuncia de *Miró Cardona* como Primer Ministro de la Revolución. Junto con él renunciaron todos los Ministros y el Secretario del Consejo de Ministros.

Miró Cardona había sido profesor de Fidel Castro en la Universidad de La Habana. Ya en Febrero de 1959 se veía que la revolución Cubana se alejaba del rumbo nacional inicial y, aunque Miró fue designado embajador en Washington, nunca llegó a ocupar el cargo. Miró volvió a la política activa en Marzo de 1961 cuando fue seleccionado como Presidente del *Consejo Revolucionario de Cuba (CRC)*.

El 13 de Febrero la prensa anunció el comienzo de un juicio a los aviadores del ejército que se enfrentaron a las guerrillas en la Sierra. Cuarenta y tres pilotos fueron enjuiciados en la Audiencia de Santiago de Cuba. El tribunal estaba integrado por el **Comandante Félix Lugerio Pena**, Presidente, con el **Comandante Antonio Michel Yabor** y el **Teniente Auditor Adalberto Parúas Toll**, como vocales. El fiscal fue el Teniente Auditor del ejército rebelde **Antonio Cejas**. Actuaron como abogados defensores: el *Capitán Arístides D'Acosta Calheiros, Carlos Peñas Jústiz, Jorge Pagliery, Luis Aguilar Poveda, Juan Miguel Portuondo Bello, Sifrido Solís de León y Recaredo García*. Declararon como testigos de la defensa, el *Capitán Wilfredo Mas Machado, el Capitán René García Fernández, Manuel de León, Máximo Chacón y el Padre Capuchino Bernardo Olazábal*.

El fiscal *Antonio Cejas*, acusó a los militares de genocidio y argumentó sobre ese tema ampliamente. Durante su postura insultó a los militares que se habían negado a declarar contra los pilotos.

Fotos: *arriba, de izquierda a derecha*, el Tribunal del **Primer Juicio a los Pilotos** en Febrero de 1959. el **Dr. Adalberto Parúas Toll**, el **Comandante Félix Lugerio Pena**, Presidente y el **Comandante Antonio Michel Yabor Justiz**; *debajo*, los pilotos acusados en el juicio de Febrero 13.

Las sesiones duraron el día entero, desde el Viernes 13 de Febrero hasta el Lunes 2 de Marzo, ambos inclusive. Las sesiones se celebraron con todos los rigores del Código Penal Cubano en vigor y en presencia de tres observadores del *Colegio Nacional de Abogados*. El fiscal Antonio Cejas, al terminar su exposición final, pidió pena de muerte por fusilamiento para 38 de los acusados.

El 2 de Marzo se señaló como el día en que se revelaría la decisión del tribunal y se dictaría el fallo. En las próximas dos semanas circularon rumores a lo largo de toda Cuba que la decisión del tribunal iba a ser absolutoria, tanto para los cinco acusados para los que la fiscalía pedía diez años de prisión como para los que pidió la pena capital.

El día 16 Castro asumió el cargo de *Primer Ministro* que había dejado el Dr. Miró Cardona. En su discurso de aceptación el líder máximo de la revolución expresó:

«Voy a impulsar los planes de la revolución y llevar a cabo una Reforma Agraria, que es la más urgente necesidad del pueblo, y una Reforma Arancelaria, que organice mejor la industria y el comercio y voy a tomar medidas para incrementar la industrialización de Cuba; voy a terminar con el desempleo, desarrollar un plan de viviendas para el pueblo; aumentar todos los salarios de los que trabajan, rebajar los alquileres y las tarifas de los servicios públicos; voy a crear una Marina Mercante como fuente de trabajo para miles de Cubanos, voy a desarrollar mucho más que nunca la educación integra., voy a crear la industria del Cine Nacional y voy a rebajar los sueldos a los ministros, para que el pueblo vea que los ministros no son una gran cosa sino gente como todos nosotros...»

Ante los aplausos de sus colaboradores y la incertidumbre del fallo del tribunal que juzgaba a los pilotos, Castro añadió:

«Nosotros tenemos el propósito de finalizar cuanto ante los fusilamientos porque tenemos que dedicar nuestras energías para la obra creadora. Fusilar es justo, pero no es hacer la revolución; es hacer justicia y eliminar y destruir el crimen...»

Al final de la reunión Castro anunció que estaban en preparativos un plan revolucionario de *Reforma Agraria* y otro para desecar y ganar valiosos terrenos cultivables la *Ciénaga de Zapata* (15 mil caballerías) y los bajos del *Río Cauto* (10 mil caballerías).

Debido al ambiente de circo que se había experimentado en el juicio público al *Comandante Jesús Sosa Blanco* en el Palacio de Deportes el 22 de Enero, y a instancias del Dr. Miró Cardona, se acordó hacer un nuevo juicio a Sosa Blanco, en el cual fue reiterada la pena de fusilamiento. El día 18, a las 2:00 de la madrugada, Sosa fue ajusticiado en *La Cabaña*.

El 17 de Febrero los ministros recibieron un corte de 50% de sus salarios y de Madrid llegó a Cuba el **Dr. Jorge Mañach**. Dos días después lo hizo **Philip W. Bonsal**, el nuevo embajador de los EEUU. En Santiago de Cuba **José (Pepín) Bosch** ascendió a la Presidencia de la Compañía *Ron Bacardí*.

En La Habana la revolución celebró con gran júbilo el aniversario del **Grito de Yara** el 24 de Febrero de 1959. Castro hizo entrada en la bahía a bordo del yate *Granma* que lo había llevado de Tuxpan, México a *Playa Las Coloradas*, en Oriente, el 2 de Diciembre de 1956; un desfile militar seguido de un paseo carnavalesco fue presidido por altos dirigentes de la revolución desde las escalinatas del Capitolio Nacional.

Mientras el 24 de Febrero se celebraba la fiesta patria en La Habana, el *Consejo Disciplinario del Colegio Nacional de Periodistas*, que la revolución disolviera al unirlo a otras organizaciones del sector noticioso en 1963, expulsó a un grupo de sus miembros: *Fulgencio Batista, Andrés Rivero Agüero, Rolando Masferrer, Wilfredo Álvarez del Real, Ramón Vasconcelos, José M. Baquero, Antonio D. Torra, Ernesto de la Fe, Emilio Fernández Camus, Rosendo Canto y Carlos Salas Humara,* entre otros. En ese día la revolución nombró su primer embajador en Brasil, **Rafael García Bárcena**, conocido filósofo y revolucionario, fundador del *primer Directorio Estudiantil Univer*sitario en 1927, del *Partido Ortodoxo* en 1947 y del *Movimiento Nacionalista Revolucionario (MNR) en 1952*, antecesor del M-26-J de Castro.

Rafael García Bárcena aclamado por jóvenes estudiantes de la *Universidad de La Habana* al llegar a Cuba después de su exilio en 1955. En la foto, en círculos, **García Bárcena** y **Fidel Castro**.

A finales de Febrero, el Consejo de Ministros aprobó la *Ley 109* que declaró disueltos los P*atronatos de Bellas Artes y del Museo Nacional*, al mismo tiempo que disponía la confiscación y adjudicación al Estado Cubano, de todos los bienes propiedad de Fulgencio Batista y Zaldívar, de todos sus colaboradores y de los oficiales de las Fuerzas Armadas de la República que participaron directa o indirectamente en la ejecución del golpe del 10 de Marzo de 1952.

Igualmente se confiscaron los activos y propiedades de todos los Ministros, con o sin cartera y de todas las personas electas Senadores, Representantes, Alcaldes y Gobernadores en las elecciones de 1954, así como todos los integrantes del Consejo Consultivo, el

Banco Nacional de Cuba, el Banco de Fomento Agrícola e Industrial de Cuba y todos los miembros del Tribunal Supremo de Justicia y del Tribunal Superior Electoral, a lo cual se añadieron a última hora todos los integrantes de la mesa directiva de la *Confederación de Trabajadores de Cuba (CTC)*.

Marzo del 1959

Un segundo juicio a los Aviadores. Otros juicios revolucionarios. Confiscación de Bienes Malversados. Surgen los gritos de *Elecciones, ¿Para Qué?* Se aprueba la Ley de Alquileres. Visita de Figueres.

El mes de Marzo abrió con una distribución a los campesinos de de 750 caballerías de tierra fértil de la antigua finca *Las Martinas*, propiedad confiscada de la empresa Norteamericana *Cuban Land Company*, situada a 50 millas de la ciudad de Pinar del Rio. La confiscación fue posible según dispuesto en la **Ley No. 96** del 23 de Febrero de 1959. Una de las familias beneficiadas con uno de los 270 títulos de propiedad fue la de José Contreras y su esposa Miriam, a la cual Castro también le regaló un auto Peugeot azul.

A pesar del recibo de ese valioso terreno y el auto, en 1969 José abandonó a Cuba y a su familia para aceptar un contrato de $32 millones para ser pitcher de los *New York Yankees* bajo el liderazgo de Joe Torres. En uno de sus primeros juegos lanzó seis innings contra los Orioles de Baltimore sin permitir una sola carrera. El reparto de tierras de *Las Martinas*, a propósito, fue uno de los primeros y últimos de la llamada *"Reforma Agraria"* que el gobierno anunciara a bombo y platillo.

El 2 de Marzo se anunció el resultado del juicio a los 43 miembros de la Fuerza Aérea. La sentencia fue leída por **Félix Pena**, presidente del Tribunal:

«Determinamos que debemos absolver y absolvemos a todos y cada uno de los acusados en este proceso, disponiendo al propio tiempo la libertad de los mismos...»

Los pilotos, sin embargo, no fueron liberados sino conducidos a la cárcel militar de Santiago de Cuba. Esa noche Castro se dirigió al pueblo de Cuba por la CMQ televisión.

«*La sentencia absolutoria será apelada por no ser justa. Ha sido un grave error del Tribunal Revolucionario absolver a esos pilotos criminales... los más cobardes asesinos y servidores de la tiranía... los que estamos al frente de la revolución no podemos permitir que se cometa semejante error... un Tribunal diferente juzgará de nuevo los hechos...»*

Acto seguido nombró fiscal al Ministro de Defensa, Comandante **Augusto Martínez Sánchez**, presidente del nuevo Tribunal Revolucionario, al Comandante **Manuel Piñeiro Losada** (aka *Barbarroja*) y a los Comandantes **Pedro L. Díaz Lanz**, **Carlos Iglesias Fonseca** (aka Nicaragua), **Demetrio Montzeni** (aka Villa) y **Belarmino Castillo** (aka Aníbal) como vocales.

El Tribunal del segundo juicio a los pilotos (*Juicio de Revisión* en la terminología de Castro): *de izquierda a derecha*, **Carlos Iglesia Fonseca**, **Demetrio Montzeny**, **Belarmino Castilla**, **Augusto Martínez Sánchez**, presidente, y **Pedro Luis Díaz Lanz**.

Los abogados de los pilotos, artilleros y mecánicos absueltos el 2 de Marzo lanzaron un manifiesto a la opinión pública:

«Al Primer Ministro de Gobierno Dr. Fidel Castro Ruz: los Abogados defensores en juicio seguido contra aviadores solicitan de usted nos conceda necesarias garantías procesales para ejercer nuestra profesión, que es también la suya, y evitar se produzcan los dolorosos sucesos de aquel proceso seguido contra usted en 1953, cuando tuvo que invocar el juicio de la historia.»

El 5 de Marzo, el pleno del Colegio de Abogados e Cuba, emitió la siguiente Nota de Prensa:

« Hacemos constar nuestra solidaridad con el acuerdo del Colegio de Abogados de Cuba, respecto a la revisión del proceso seguido a los aviadores que fueron absueltos. El estricto cumplimiento de la Ley y el acatamiento a las sentencias que dictan los tribunales, es garantía que no puede ser quebrantada sin crear alarma e inseguridad.»

Los pilotos llevados al segundo juicio arribaron a La Cabaña a los pocos días. Más tarde fueron despachados para Santiago de Cuba.

Tal vez para apaciguar el impacto negativo de haber interferido en el campo judicial, Castro declaró ante un grupo de periodistas internacionales citados a su residencia de Cojímar:

« ...nosotros estaremos poco tiempo en el gobierno, ya que pronto haremos unas elecciones libres. En cuanto a cambiar las leyes electorales, nosotros trataremos de mejorar el sistema para lograr una verdadera democracia política...»

Aparte de esas declaraciones, Castro hizo caso omiso a las peticiones de respeto a las autoridades y los procesos judiciales, reiterando la necesidad de un nuevo juicio de carácter revolucionario. Ante esa realidad, los Comandantes *Félix Pena, Antonio Michel Yabor Justz* y *Adalberto Parúas Toll* renunciaron inmediatamente y comenzaron a hacer gestiones para exiliarse. Unos meses después, el 14 de Abril de 1959, misteriosamente, el Comandante **Félix Lugerio Pena,** presidente del primer tribunal, apareció muerto de una bala en la cabeza. Castro ordenó se le rindieran honores militares y fuera enterrado en el *Cementerio Santa Ifigenia* en Santiago de Cuba. Los rumores, dentro y fuera de Cuba, fueron que Castro, sintiéndose traicionado por uno de sus hombres de confianza, enfurecido lo mandó a matar y encubrió su crimen haciéndolo enterrar con una ceremonia más allá de lo que el rango de Félix Pena merecía.

Félix Pena fue el primero de una larga lista de *"suicidas"* de la revolución que ha llegado a incluir a **Augusto Martínez Sánchez**, Comandante en la Sierra Maestra, *Fiscal Militar* y *Ministro del Trabajo* en 1959, responsable de numerosos fusilamientos y finalmente *Ministro de Defensa* del primer gabinete revolucionario; el Comandante **Alberto Mora**, hijo del líder del partido Auténtico, Menelao Mora, organizador del *Asalto al Palacio Presidencial* en 1957, Ministro de Comercio Exterior en 1960, también se suicidó después de haber sido comandante de la Revolución; **Haydée Santamaría**, figura principal de la lucha clandestina y fundadora de la *Casa de las Américas,* se suicidó en Julio de 1980; en el 2008, los dos hijos de Haydée Santamaría con Armando Hart, **Celia Hart Santamaría**, de 45 años, y **Abel Hart Santamaría**, de 48, murieron en lo que aparentemente fue un suicidio acordado entre hermanos; **Nilsa Espín,** cuñada de Raúl Castro, se suicidó con su esposo **Rafael Rivero** en 1965. El, en un campamento militar en Pinar del Río y ella en el despacho de Raúl Castro; **Osvaldo Dorticós**, *Presidente de la República de Cuba* desde 1959 y hasta 1976, se pegó un tiro en Junio de 1983 después de una seria discusión con Fidel Castro; **Javier de Varona,** principal colaborador de Castro en el plano económico, al cual se culpó del fracaso de la zafra de los 10 millones de 1970; **Eddy Suñol**, Vice Ministro del Interior se dio un tiro en 1971. **Beatriz Allende**, hija del derrocado presidente chileno Salvador Allende, se suicidó en La Habana en Octubre de 1977; **Fidel Castro Díaz-Balart**, hijo de Fidel Castro, que puso fin a su vida al suicidarse en Febrero del 2018 y, por supuesto, **Miguel Ángel Quevedo**, director de la *Revista Bohemia* y fiel aliado y protector periodístico de la revolución.

Los estudiosos de la política mundial señalan como causa y precedente frecuente del suicidio de los marxistas es la disfuncionalidad de sus familias, como sucedió en 1818 con el suicidio de las dos hijas de Carl Marx, **Eleonor** y **Laura**, la segunda de las cuales se inyectó una alta dosis de morfina junto a su esposo, el Cubano Santiaguero **Paul Lafargue**.

El primer Marzo revolucionario no podía terminar sin reconocer el aniversario del ataque a Palacio por las fuerzas del Directorio. El día 13, los más altos oficiales del gobierno, junto con los de la FEU, develaron una tarja conmemorativa en la esquina de L y la Avenida de la Universidad, lugar donde cayó abatido *José Antonio Echeverría* después de hacer una exhortación revolucionaria por la CMQ Radio. Igualmente, en Palacio, se develaron dos tarjas, una en la puerta y otra en el segundo piso, hasta donde llegaron *Menelao Mora* y sus arrojados magnicidas.

Castro, en su discurso en el parque Zayas, frente a Palacio, mencionó la palabra "elecciones" y fue interrumpido por un vocerío frenético de la multitud que gritaba: *¡Elecciones NO!* Castro, en otra parte del discurso declaró:

«*La Revolución Cubana es tan Cubana como las palmas. Los comunistas son los eternos quintacolumnistas de la democracia. El Partido Comunista nada tiene que ofrecer, excepto insultos, un desorden económico permanente y una opresión política, bien disimuladas bajo el manto refulgente de un nacionalismo socialista...*»

Tres fotos de los sucesos del 13 de Marzo de 1957: *El ataque al Palacio Presidencial, la toma de los micrófonos de la CMQ* y *el cadáver de José Antonio Echeverría* frente a la Universidad de La Habana.

En la Habana, como parte de la estrategia de control por parte del gobierno, se cesantearon todos los directores del *Hospital Universitario Calixto García* y se integró una nueva Junta de Gobierno. Lo mismo ocurrió en la directiva de *Ferrocarriles Occidentales de Cuba*.

La primera visita internacional de la Cuba revolucionaria correspondió a **José Figueres**, presidente de Costa Rica, que voló a Cuba el 21 de Marzo en el avión *"Sierra Maestra"* piloteado por el Comandante Díaz Lanz. Al llegar a Cuba, Figueres conoce que han sido fusilados 48 miembros de las Fuerzas Armadas en Camagüey.

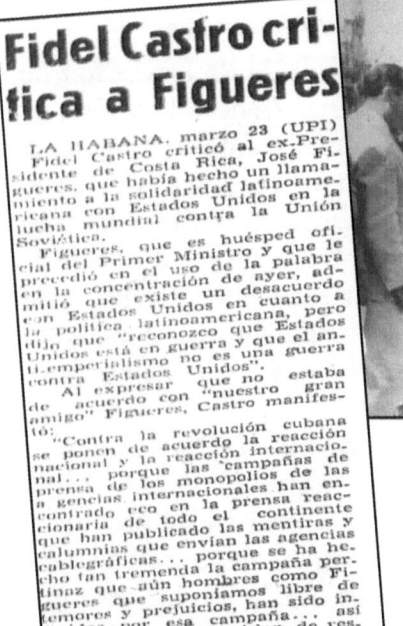

Figueres depositó una ofrenda floral ante el monumento a José Martí en su visita a Cuba el 21 de Marzo de 1959. Presentes, José Figueres (en un círculo) con varios oficiales y diplomáticos Cubanos. A la izquierda, el reportaje sobre la respuesta de Castro al discurso de Figueres frente a Palacio.

El día 23, David Salvador, presidente de la CTC, organizó un desfile de trabajadores frente a Palacio e invitó a Urrutia, Figueres y a Castro a pronunciar discursos. Figueres hizo los siguientes comentarios en su turno:

> « *Tengo que manifestar mi cariño hacia el pueblo Cubano...Me declaro amigo ferviente de los Estados Unidos... de estallar un conflicto armado entre los Estados Unidos y la Unión Soviética, los Latinoamericanos formaremos fila al lado de los Norteamericanos...* »

Al llegar el turno de David Salvador, este ripostó...

> « No es tan claro, señor Presidente...los Estados Unidos siempre quieren que nosotros les saquemos las castañas del fuego...»

A lo que Castro añadió:

> «Nunca sabe uno cual ha ser su más difícil comparecencia en una tribuna pública . .. Para mí ninguna tan difícil como esta de hoy, en que siento discrepar con las ideas expuestas por nuestro ilustre visitante José Figueres. Contra la revolución de Cuba se ha declarado toda la oligarquía reaccionaria del continente porque las campañas de prensa emanadas de los trusts y monopolios de las agencias internacionales de noticias han encontrado eco en la prensa de América. Intereses similares a los que aquí se oponen a la revolución, a los que aquí estamos batiendo y que no quisieran que en los demás pueblos de América se forjara una revolución como la nuestra, la más honesta y justiciera de América...»

Al día siguiente, 24 de Marzo, el *Ministro de Recuperación de Bienes Malversados* intervino la **CMVF Canal 12** de Televisión por no haber transmitido completamente el acto frente a Palacio. El Canal 12 había sido inaugurado apenas el 19 de Marzo de 1958, en las oficinas alquiladas por *Gaspar Pumarejo* en el *Hotel Habana Hilton*. Había sido la primera televisora latinoamericana con programación a color. Tan sólo Estados Unidos, Inglaterra y Japón le antecedieron en la implantación de tal tecnología. Cuba se adelantó por más de una década a la mayoría de los países latinoamericanos e, incluso, por quince años, a España.

El líder de los trabajadores de la *Federación de Obreros y Empleados del Comercio* fue "siquitrillado," esto es, expulsado de su puesto. En otro primer acto desafiante de la libertad de prensa, el periódico *Revolución*, órgano oficial del *Movimiento 26 de Julio*, denunció al comentarista' radial **Arturo Artalejo**, por estar transmitiendo programas contrarrevolucionarios, al tiempo que pedía que "*Artalejo* debe ser escarmentado."

Ambos eventos pasaron desapercibidos por la opinión pública.

Arturo Artalejo (a la izquierda) con Carlos D'Mant en el popular programa *Con la Manga al Codo*, objeto de críticas del periódico *Revolución*. Artalejo se había referido numerosas veces a los discursos de Castro como **"cotorreos."**

A la izquierda, Castro hablando por la **CMBF Canal 12**, propiedad de **Gaspar Pumarejo**, la primera emisora de TV confiscada por la revolución. *A la derecha*, la prensa ya había comenzado a advertir el carácter despótico y arbitrario del gobierno.

Veinticuatro horas después de las declaraciones de Castro, en el Auditórium de la *Marina de Guerra Cubana*, en la Avenida del Puerto entre Obrapía y Obispo, en La Habana Vieja, 24 oficiales de ese cuerpo fueron acusados y condenados a 20 años de prisión por el delito de haberse sumado al Golpe de Estado del 10 de Marzo. El fiscal pidió pena de muerte para diez de ellos, entre los cuales estaba el *Almirante José Rodríguez Calderón*.

Al día siguiente, en ausencia, en un Tribunal revolucionario celebrado en Matanzas, el fiscal Julio Suárez pidió la pena de muerte para los implicados en los sucesos del *Cuartel Goicuría* de Matanzas, los oficiales del ejército Cubano *Pilar García, Irenaldo García Báez, Johnny Rodríguez y Ernesto Betancourt*. La noticia fue desplazada del interés de la prensa por el comienzo de un nuevo juicio a los pilotos. El Comandante Camilo Cienfuegos, en esta ocasión, apoyó la reacción y la decisión de Castro de realizar un segundo juicio que renegaba del ***non bis in idem*** en el léxico de los abogados (dos veces lo mismo).

Después de un discurso inicial de tres horas, en el que atacó furiosamente al abogado defensor *Arístides D'Acosta*, el Presidente del Tribunal, **Augusto Martínez Sánchez**, pidió pena de muerte para 19 aviadores y tres artilleros; treinta años para otros seis artilleros; diez años para trece artilleros; cinco años para dos mecánicos y absolución para otros dos mecánicos.

En toda Cuba se supo que el Primer Ministro Fidel Castro había dado la orden al Tribunal de que dictara pena de muerte por fusilamiento a todos los aviadores, pero una rápida intervención del Arzobispo de Santiago de Cuba, Monseñor **Enrique Pérez Serantes**, logró que todas las sentencias de muerte fueran sustituida por la sentencia de largos tiempos de encarcelamiento.

Una vez concluido el juicio el día 6 de Marzo, en espera de las sentencias, que presumiblemente respetarían los deseos del Arzobispo, los abogados de la defensa *Luis Aguiar Poveda, Arístides D'Acosta Calheiros, Augusto Portuondo Bello, Jorge Plagiery Cordero y Carlos Pena Jústiz* fueron expulsados del ejército y cesanteados de sus cátedras de profesores de la Universidad de Oriente, lo cual dio lugar a una severa pero infructuosa reacción del *Colegio Nacional de Abogados*.

Al día siguiente fue ultimado a balazos en su propia celda penitenciaria de La Cabaña el *Capitán José Castaño Quevedo*, a pesar de la intervención del Sacerdote Franciscano *Javier Arzuaga*, Párroco de Casablanca y de distintas personalidades del clero, la banca y

A la izquierda, el Sacerdote Franciscano **Javier Arzuaga**, Capellán de la *Prisión de La Cabaña* durante los fusilamientos de 1959, en La Habana. *A la derecha*, escenas diarias de la Cuba de 1959, calificada por la prensa mundial como una verdadera **Galera de la muerte**.

diplomáticos extranjeros, especialmente funcionarios de la Embajada Americana en La Habana que atestiguaron su incansable labor como historiador militar y su inocencia frente a acusaciones de *Carlos Rafael Rodríguez, Manuel del Peso, el Comandante Guevara, Antonio Núñez Jiménez, Fidel Domenech y Raúl Fajardo Escalona*.

El Consejo de Ministros, en un esfuerzo por terminar los debates en la prensa diaria sobre el segundo juicio de *"Revisión de Sentencia"* a los pilotos, promulgó el 7 de Marzo una nueva **Ley de Alquileres**, cuyos puntos fundamentales fueron:

- *Rebajar en un 50% los alquileres que eran inferiores a cien pesos mensuales, un 40% a las casas con alquileres entre cien pesos y doscientos pesos mensuales, un 30% de rebaja a las casas que se alquilan en más de doscientos pesos al mes, todo ello basado en los recibos de alquiler del mes de Febrero de 1959.*
- *Las nuevas construcciones terminadas dentro de los dos años siguientes a la promulgación de la Ley de Alquileres, tendrán derecho a 10 años de exenciones tributarias.*
- *Los arrendadores procederán a devolver a los inquilinos el importe de los fondos dados en garantía.*

Por fin, el 9 de Marzo se dio lectura a las sentencias del segundo juicio de los aviadores. Tocó a **Manuel Piñeiro Losada** (Barbarroja), dar lectura al veredicto:

«*Se condena a treinta años de prisión con trabajos forzados a 19 pilotos; a veinte años, a diez artilleros y entre seis y dos años de prisión, a los 12 mecánicos acusados. Dos mecánicos resultaron absueltos.*»

Ese día, dos eventos revelaron la falta de organización y consistencia del gobierno revolucionario.

Uno de los pilotos sentenciados en el segundo juicio, **Carlos Valls Ruiz**, sirviendo ya prisión en la Base Militar de Columbia, logró el 12 de Marzo burlar la vigilancia y escapar hacia Cayo Hueso en un avión unimotor, despegando en una de las pistas del aeropuerto militar de la base.

Por otra parte, en el *Banco Trust Company of Cuba*, situado en la esquina de las calles Fábrica y Concha, el Coronel del ejército de Batista **José Pérez Domínguez** había alquilado una Caja de Seguridad a nombre de su esposa, la cual contenía la suma de un millón de dólares. Dicha caja había sido sellada por las autoridades del *Ministerio de Recuperación de Bienes Malversados*. El 12 de Marzo, la esposa de Pérez Domínguez se personó en el Banco y solicitó que le entregaran el contenido de dicha caja, a lo cual accedió la dirección del Banco después de levantar el acta correspondiente.

En un tema más serio, ante las amenazas y restricciones impuestas por la *Ley 11* a la Universidad de Villanueva, la Orden Agustina nombró como Vice-Rector al Sacerdote **Doctor Eduardo Boza Masvidal**, hasta entonces Párroco de la Iglesia de La Caridad en La Habana.

A finales de Marzo, el día 28, un Tribunal Revolucionario sancionó a un centenar de personas, mientras en la prisión de Pinar del Río media docena de condenados a muerte lograron escapar.

Castro terminó el mes con una concentración de campesinos en la ciudad de Güines, provincia de La Habana, donde declaró:

> «Nunca ha habido en ninguna parte del mundo, una revolución que haya tenido la simpatía y el respaldo que tiene hoy en Cuba la revolución Cubana. He dado hoy órdenes en un decreto oficial que todos los arrendatarios, precaristas, aparceros o concesionarios que tengan una parcela de dos caballerías o menos recibirán gratuitamente la propiedad de esa tierra.»

Abril del 1959

Castro visita por primera vez los Estados Unidos. Mitin en el Parque Central y finalmente declaraciones en la NBC en Washington. Visita al Brasil. Surgen numerosos Tribunales de Apelación y Revisión.

En el mes de Abril comenzaron las primeras incursiones serias del gobierno en la vida económica del país. Castro, al frente del Consejo de Ministros, emitió un decreto por el cual...

> «..los intereses de préstamos hipotecarios a viviendas no pueden exceder un interés mayor del 6% anual y los pagos están suspendidos por los próximos seis meses...»

Otra incursión sería en las leyes del país consistió en la

> «... autorización a los Comisionados Municipales a descargar unilateralmente contratos y tener la capacidad de intervenir y embargar propiedades privadas si con ello se beneficia el pueblo...»

El *Municipio de Guanabacoa* se valió de esos decretos y confiscó el *Marcado de Abasto y Consumo* de esa municipalidad. Al cuestionar esas medidas algunos miembros del *Sindicato Gastronómico*, seis de sus dirigentes fueron cesanteados: *Joaquín Beceiro, Pelayo Vigil, José Ventura, Dagoberto Olive, Severo Rivasés* y *Manuel Hernández.*

El día 2 de Abril, Castro acudió a una entrevista en CMQ TV, en la cual expresó:

> « Perseguir a un católico porque es católico, perseguir a un protestante porque es protestante, perseguir a un masón porque es

masón, perseguir a un Rotario porque es Rotario, o perseguir a "La Marina" porque sea un periódico de tendencia derechista, o perseguir a otro porque es de tendencia izquierdista, a una revista porque es radical y de extrema derecha y a otra de extrema izquierda, yo no concibo que lo ha hecho ni lo hará la revolución ... lo democrático es lo que estamos haciendo nosotros: respetar todas las ideas. Cuando se comienza por cerrar un periódico, ningún periódico puede sentirse con seguridad; cuando se comienza a perseguir a un hombre por sus ideas políticas, nadie puede sentirse seguro...»

En ese mismo día 2, sin dar razones ni explicaciones, el gobierno intervino el **Colegio Baldor** y nombró una nueva directora. Castro había invitado infructuosamente al fundador y director del Colegio, **Aurelio Baldor**, a unirse a la revolución. Al manifestarse frio Baldor, Castro ordenó personalmente la intervención del Colegio, el primero en Cuba en sufrir ese destino, y dirigió a un grupo de hombres a ocupar su residencia y tomarlo preso. Sólo la intervención de Camilo Cienfuegos, ex-alumno de Baldor, evitó el inexcusable encarcelamiento. Uno meses después toda la familia Baldor se exiliaba en México.

*A la izquierda, el **Colegio Baldor**, ya inservible, abandonado y destruido por la revolución al cabo de unos pocos años de haber sido confiscado. A la derecha, el libro de **Aurelio Baldor**, el texto de aritmética y algebra de más aceptación en los colegios de habla hispana.*

El día 3 de Marzo fue intervenido el *Centro Asturiano de La Habana* por órdenes de *José Alberto (Pepín) Naranjo*, secretario, y principal ayudante de Castro, miembro del *Comité Central del Partido Comunista*, que en Marzo de 1959 fungía como Alcalde de La

Habana. Unos días más tarde fue intervenida la *Compañía Eléctrica Habana del Este*.

Naranjo, por su intimidad con Castro, era conocido como el *Fouché* o el *Maquiavelo* Cubano. Por recomendación de Naranjo, en Marzo de 1959 Castro dio instrucciones a la *Confederación de Trabajadores (CTC)* para que desautorizara la huelga como instrumento de lucha proletaria. El Secretario General de la CTC, **David Salvador**, obedeció las instrucciones de Castro y dio por terminado el derecho a la huelga y al paro laboral, que habían sido reconocidos en el Artículo 71 de la Constitución de 1940.

En Abril de 1959 comienzan en serio las confiscaciones arbitrarias por parte del gobierno de Castro. Dos de las primeras son la **Compañía Cubana de Electricidad** (a la izquierda) y el **Centro Asturiano de La Habana**.

Siguiendo con la nacionalización de todo en la vida diaria de los Cubanos, el Consejo de Ministros disolvió todos los sistemas de retiro obreros unificándolos en un *Banco de Seguro Social*, aprobó el derecho del gobierno a obligar a los propietarios, bajo pena de confiscación, a vender al Estado los solares yermos en las ciudades.

Con la misma arbitrariedad declaró que en 30 días estarían inhabilitados, sin valor alguno, cualquiera que fuese su fecha de emisión, todos los billetes de las denominaciones quinientos y mil pesos.

El día 8 de Abril, un Tribunal de Guerra expidió una sentencia retroactiva a todos los involucrados con la resistencia a la rebelión de la Base Naval de Cienfuegos, lo cual incluyó a más de un centenar de oficiales navales.

La idea de *"un pueblo armado para acabar con la contrarrevolución,"* que más tarde dio lugar a las *"Brigadas de Acción Rápida"* y a los *"Comités de Defensa,"* fue formulada por primera vez en un acto en el Parque Central de La Habana por Raúl Castro el 11 de Abril de 1959. A ese planteamiento respondió el periodista **Humberto Medrano** en el periódico *Prensa Libre* en los siguientes términos:

«... *con relación y destacando la política que vienen desarrollando los comunistas, vamos a no engañarnos...aquí la verdadera contrarrevolución, la más importante, la más peligrosa, la están haciendo los comunistas.*»

Arriba: dos fotos de **Humberto Medrano** y el diario **Prensa Libre** en 1959. Unos meses más tarde, el gobierno de Castro publicó en HOY, el periódico Comunista:

« **Avance, el Diario de la Marina** y **Prensa Libre**, *al amparo de nuestra libertad de prensa, cuya existencia niegan, han abierto una campaña con la Sociedad Interamericana de Prensa (SIP), las agencias imperialistas y los libelos contrarrevolucionarios...para atacar injustamente al gobierno de la revolución.*»

El 15 de Abril, invitado por la *Sociedad Norteamericana de Editores de Prensa,* partió hacia los Estados Unidos Fidel Castro. Lo acompañaron el Ministro de Hacienda, **Dr. Rufo López Fresquet**, el Ministro de Economía **Dr. Regino Boti**, el Jefe de la Marina de Guerra, **Comandante José M. Castañeiras**, el **periodista Carlos M. Cas-**

tañeda, el *Capitán Pedro García,* y las militantes revolucionarias *Celia Sánchez* y *Conchita García.*

Los recibieron en Washington el *Secretario Auxiliar de Estado,* **Roy R. Rubottom,** el *Jefe del Protocolo* **Wyley Buchanan,** el *Embajador de Cuba en los Estados Unidos,* **Dr. Ernesto Dihigo** y los doctores **Manuel Bisbé, Raúl Roa, Enrique Pérez Cisneros** y **Ángel Saavedra.**

Inesperadamente, en la línea de recepción estaba también **Rafael del Pino**, ex-compañero de Castro y ya entonces su firme opositor en Abril de 1959, el cual organizó una ruidosa demostración contra los visitantes. Los carteles que portaban decían *"Las Barbas de Castro ocultan un rostro rojo."*

En un almuerzo homenaje ofrecido por el Secretario de Estado **Christian Herter**, Castro ofreció un brindis diciendo:

«Señor Secretario de Estado y miembros del Gobierno. Es muy grato para mi expresarles mis más sincero agradecimiento por esta invitación. Nosotros también amamos la libertad y luchamos por ella, por los derechos humanos y por la democracia que hoy reina en nuestra patria..

Nuestra lucha, que costó miles de vidas, está llena de bellos episodios y sacrificios extraordinarios, que esperamos algún día los Estados Unidos podrán comprender plenamente.

Los Estados Unidos y Cuba siempre han mantenido las relaciones más estrechas. No hay razón por las que estas relaciones no deban mejorar cada día. Nuestro pueblo ve al pueblo Norteamericano con el amplio sentido de amistad. Al mismo tiempo nuestro pueblo espera el mayor entendimiento por parte del pueblo de los Estados Unidos y que se dé cuenta del esfuerzo que estamos haciendo para solucionar nuestros problemas.

Yo brindo por el pueblo Norteamericano.»

Hubo muchas conjeturas sobre los propósitos reales del viaje de Castro a Los Estados Unidos, entre ellas:

- Consolidar su posición hegemónica en Cuba por sobre otros líderes revolucionarios Cubanos, al dar evidencia de las consideraciones que con él, y no con ningún otro, tenía el gobierno Americano.
- Ganarse la buena voluntad del gobierno y el pueblo Americano con el objeto de lograr su apoyo a la revolución y a Cuba.
- Alargar el tiempo en que el pueblo Cubano aceptaba la revolución como pro-democrática y ventajosa para Cuba, eliminando, por lo menos por algún tiempo, las dudas sobre su inevitable destape radical y marxista.

La historia demostró que la tercera de esas razones fue la verdadera.

Fotos, de arriba a debajo: el Canciller Americano **Christian Herter** en la cena en honor a Castro; Castro ante la **Sociedad de Editores de Prensa de Washington** en el *Hotel Statler Hilton*; Castro en la **Universidad de Harvard**; Castro en un acto organizado por la **Universidad de Columbia.**

El 7 de Abril la *Comisión de Relaciones Exteriores del Senado de los Estados Unidos*, entrevistó a Castro en una reunión de carácter privado que duró hora y media. Castro hizo las siguientes afirmaciones en presencia de numerosos Senadores:

« No soy Comunista... el Comunismo no tiene perspectivas de éxito en Cuba... No proyectamos más expropiaciones en Cuba... las únicas propiedades expropiadas han sido las adquiridas con dineros robados... nunca he mentido... no vengo a los Estados Unidos a pedir dinero... sólo a tener un mejor y más claro entendimiento con el pueblo Americano... estoy muy contento de estar aquí con ustedes... a lo que aspira nuestra revolución es a formar una democracia con derechos civiles individuales y garantías políticas... nuestra revolución es humanista... queremos darle al pueblo todos los derechos sin dejarlo que se muera de hambre...»

El 18 de Abril se marchó al exilio el poeta y periodista Cubano **Gastón Baquero**, nacido en Banes en 1914, escritor regular de las revistas literarias, *Verbum* en 1937, *Espuela de Plata* en 1939, *Clavileño* en 1942 y *Orígenes* en 1944. Tres embajadores le acompañaron en su vuelo a España, donde su éxito lo consagró, entre otras cosas, como candidato al *Premio Príncipe de Asturias* en 1988. Su rechazo al Comunismo y a Castro en Cuba duró hasta su muerte en 1997. Numerosas veces denunció los esfuerzos de Castro por tratar de «*...engañar a los Cubanos y al mundo afirmando cobardemente que Martí era el precursor la revolución Castrista.*»

Lezama Lima dijo de Gastón Baquero... "... *las imágenes históricas de su poesía y prosa provienen de un acervo claramente endeudado con sus lecturas de historia sagrada y antigua*..."

En la dedicatoria de su último libro, Gastón Baquero escribió:

« *El orgullo común por la poesía nuestra de antaño, escrita en o lejos de Cuba, se alimenta* su último *cada día al menos en mí, por la poesía que hacen hoy —¡y seguirán haciendo mañana y siempre!— los que viven en Cuba como los que viven fuera de ella. Hay en ambas riberas jóvenes maravillosos. ¡Benditos sean! Nada puede secar el árbol de la poesía.*»

Antes de irse de Washington, Castro solicitó y obtuvo una entrevista con el Vicepresidente **Richard Nixon**. Dwight Eisenhower, el presidente, rechazó de plano conocer personalmente a Castro. Nixon le expresó a Eisenhower que, en su opinión categórica, **Castro era simpatizante y miembro del Comunismo organizado**.

Uno de los políticos que, sin haberse entrevistado con Castro, ofreció un comentario durante su visita fue **Bernie Sanders**, un joven de extracción judía, estudiante de Ciencias Políticas en *Brooklyn College*, futuro militante del *Congress of Racial Equality (CORE)* y *The Student Nonviolent Coordinating Committee (SNCC)*.

Debajo: **Nixon** con Castro y **Bernie Sanders**, fanático de Castro desde 1959.

El comentario de Bernie Sanders sobre Castro en 1959: «La herencia de Castro se sentirá por muchas generaciones; él es un ejemplo para su pueblo, para los Estados Unidos y para el mundo. Algún día, en el futuro, Los Estados Unidos abrazarán el Socialismo, pero aún falta mucho por llegar.»

A la izquierda, Castro en **Meet the Press**, NBC, 19 de Abril, 1959.
A la derecha, una rara foto del pasaporte de Raúl Castro, en 1953, a los 22 años, en su viaje de entrenamiento Marxista-Comunista a varias capitales de la Europa del Este. Castro evadió todas las preguntas sobre la militancia de su hermano Raúl en el movimiento Comunista.

Una vez más, en una entrevista en **Meet the Press** en la NBC de Washington el 19 de Abril, Castro ocultó y negó sus planes de crear en Cuba una república Marxista-Comunista. La estrategia ya había sido formulada y compartida con los dirigentes de la revolución, alguno de los cuales como Camilo Cienfuegos, Manuel Urrutia y Huber Matos habían mostrado serias objeciones que Castro estaba seguro de poder evadir para prevalecer políticamente.

Sus respuestas a los reporteros de NBC incluían terminantes afirmaciones de no ser, ni él ni su hermano Raúl, militantes Comunistas o simpatizantes con el Marxismo:

« ...¡no odio al pueblo de Estados Unidos!... No odio a nadie, ni a mis enemigos... la democracia es mi ideal... yo no soy Comunista... ni estoy de acuerdo con los Comunistas... sólo quiero darle libertad al pueblo, sino también proporcionarle los medios de vivir decentemente... no tengo Comunistas en mi gobierno... mi hermano Raúl no es Comunista... se afirma que Raúl fue a Europa Central cuando era estudiante. Es cierto, pero no es tampoco correcto decir que Stevenson es comunista porque fue a Moscú... Nixon también fue a Moscú, cualquiera puede ir a Moscú, pero a nadie le dicen que es Comunista... Estamos contra el Comunismo y las dictaduras de todo tipo... Cualquiera que sea la naturaleza de la dictadura, dictadura de clase, dictadura militar, dictadura de oligarquía... Si el pueblo de Cuba deseara elecciones libres mañana, las celebraríamos mañana... este no es el clásico gobierno de Latinoamérica que se apodera del poder con el ejército y permanece en el tanto tiempo como le es posible... »

El propagandista del gobierno de Batista **Otto Meruelo Maldarraín**, que había sido enjuiciado y encontrado culpable en Febrero de 1959, fue condenado el 24 de Febrero a 30 años de prisión por un Tribunal Revolucionario en la Fortaleza de La Cabaña, por *"difamación, calumnia, apoyo a la dictadura."* El Tribunal no aceptó los argumentos de la defensa sobre *"libertad de prensa,"* a pesar que todos los *"cargos"* se referían a comentarios en su programa **Por Cuba** que salía al aire por la CMQ TV, todos los días después del **Noticiero del Mediodía**. Ese mismo día Castro, en un discurso en el *Parque Central de New York*, enfatizó, entre otros temas...

> «...Nuestra revolución practica principios democráticos, por una democracia humanista. Humanismo significa justicia social con libertad y derechos humanos, de vida, de prensa, de reunión, de movimiento, de igualdad ante la ley, de religión, de libertad, de seguridad.
>
> ... Humanismo significa democracia pero no democracia teórica, sino real... derechos humanos con satisfacción de las necesidades del hombre... pan sin terror...»

Al día siguiente, un avión de **Cubana de Aviación**, que partió de Varadero, fue obligado en pleno vuelo a aterrizar en Miami. Dos hombres y dos mujeres fueron los autores del secuestro. Tan pronto el *Viscount* aterrizó, los cuatro pidieron y lograron asilo político.

En Santiago, la noticia principal fue, sin embargo la intromisión indebida de **Manuel Piñeiro Losada** (*Barbarroja*) en las cortes Cubanas. Un Tribunal Revolucionario impuso 10 años de prisión al militar *Maximino Martínez*. El abogado de Martínez apeló el veredicto y un nuevo Tribunal lo absolvió. Piñeiro ordenó, la destitución del Presidente del Tribunal de Apelación *Capitán Esteban Guzmán Nerei* y designó al Capitán *Juan Fontanilla* como *substituto*. Este reiteró la sentencia original y Maximino Martínez, fue a dar de nuevo a la prisión. Sensibilizado por la reacción mundial al rechazo del primer juicio de los pilotos, Castro se enfureció con Piñeiro.

A la izquierda, el Comandante **Manuel Piñeiro**, un militar en perfecta y total salud. El 11 de Marzo de 1998, en la Habana, Piñeiro misteriosamente perdió el control del vehículo que manejaba y proyectándose contra un auto que se encontraba estacionado, murió instantáneamente. Precisamente por recibir exequias que excedían sus cargos y posición, incluyendo un funeral despedido por el propio **Comandante Castro**, se rumoró en círculos gubernamentales que Castro lo había mandado a eliminar por su falta de sentido común en el caso de **Maximino Martínez**.

El 28 de Abril, el Comandante Ernesto (Ché) Guevara compareció ante las cámaras de *Telemundo Pregunta*. El programa se transmitió en el *Canal 2*, propiedad del diario *El Mundo*, cuyo dueño mayoritario era *Amadeo Barletta*. Las cámaras de Telemundo fueron el principal testimonio del delirante tránsito hacia La Habana de Castro y su mito de la Sierra Maestra, devenido el mayor fenómeno de masas en la historia de la América Latina.

Al comienzo de la entrevista, el periodista **Carlos Robreño**, sin rodeos, le preguntó al Ché:

«¿Usted es Comunista?»

Guevara respondió imperturbable...

«Bueno, la pregunta ha sido tan repentina... desde la liberación de Cuba ha habido afirmaciones categóricas de parte de ciertas personas y de la prensa interesada... pero, ahí están los hechos y los hechos son claros... Nuestra manera de pensar, nuestra manera de actuar es diáfana... el hecho de que no sea afiliado al Partido Comunista, como no lo soy, no tiene ninguna importancia. Se nos acusa de Comunista por lo que hacemos, no por lo que somos o decimos... si a usted le parece que lo que hacemos es Comunismo, pues somos Comunistas. Si usted se refiere a una afiliación al Partido Socialista Popular (PSP), como se llama aquí, le tengo que contestar que NO.»

La respuesta de Guevara coincidió con la que Raúl Castro, de visita en Houston, le diera a la prensa en días anteriores:

«Yo sólo son un militar más... nunca he sido Comunista ni he pertenecido a partido político alguno...»

Ernesto Guevara ante las cámaras de *Telemundo Pregunta*, Canal 2, siendo entrevistado por el **Dr. Carlos Robleño Depuy**, fundador de los semanarios *Zig-Zag*, *Chispa* y *Clari*. Redactor de los diarios *El Mundo*, *La Prensa*, *El País*, *Prensa Libre* y las revistas *Bohemia* y *Carteles*.

El 29 de Abril un *Tribunal Revolucionario* condenó a 30 años de prisión al Teniente del ejército **Pedro Cremé**, Jefe Militar de Jiguaní al sur de Oriente. El *Tribunal de Apelación* de Bayamo confirmó la sentencia, que de nuevo fue apelada. Un tercer *Tribunal de Revisión*, presidido por el Comandante Raúl Castro, tomó el caso, anuló el fallo y condenó a Cremé a ser fusilado. La sentencia se llevó a cabo sin notificación de ninguna clase a él o a su familia por parte de las autoridades judiciales. Un caso similar ocurrió en el caso del **Dr. Rosendo Pando**, fusilado el 30 de Abril en Bayamo, dos horas después de la sentencia del *Tribunal de Revisión*. La familia conoció de la sentencia dos días después del Dr. Pando haber sido fusilado.

El 30 de Abril, el Presidente de la República del Brasil *Juscelino Kubitschek*, recibió a Castro en audiencia privada. Ese mismo día Castro habló durante tres horas en la *Esplanada do Castelo* a una multitud que portaba banderas Cubanas. En su discurso, se refirió a Brasil como "*hermano mayor*", exaltó la *Operación Panamericana* y abordó la Reforma Agraria y la justicia revolucionaria, criticando la ausencia de inversiones Estadounidenses en América Latina.

Mayo del 1959

Ondean las banderas rojas del Día Internacional del Trabajo en La Habana. Conferencia económica en Buenos Aires. Se firma la *Ley de Reforma Agraria* en Cuba. Más Tribunales Revolucionarios.

A las once de la mañana del 1 de Mayo de 1959 partió el desfile del primer *Día Internacional del Trabajo* revolucionario en La Habana. Terminó a las dos de la madrugada; lo encabezaron, **David Salvador, Raúl Castro, Juan Almeida, Juan Castineiras, Conrado Bécquer, Jesús Soto, José Pellón, José María de la Aguilera** y otros dirigentes obreros. Fidel Castro estaba ausente en Argentina.

Jamás se había visto en Cuba desfilar tantas banderas rojas. Nunca las fuerzas armadas habían tomado parte en ese tipo de desfile, por lo menos nunca en un número tan impresionante.

Las consignas, carteles y los gritos de la multitud fueron reportados ampliamente por la Prensa, la Radio y la Televisión. "*Gracias Fidel por este Primero de Mayo*", "*Revolución primero, Elecciones después*"; "*Fusilamiento para los conspiradores y traidores*", "*Fusilamiento para los esbirros*"; "*Cuba SI, Yanquis NO*". Al paso del desfile, los gritos de posiblemente agentes apalabrados, proclamaban ¡*UNIDAD!*, ¡*UNIDAD!*, ¡*UNIDAD!*.

Desfiles similares se celebraron en *Cienfuegos*, donde resumió con un discurso **Osvaldo Dorticós Torrado;** en *Camagüey*, donde

Escenas de la celebración del 1 de Mayo
(Dia Internacional del Trabajo) en Cuba en 1959.

hablaron los Comandantes *Camilo Cienfuegos* y *Huber Matos;* y *Santiago de Cuba*, donde usó de la palabra para dar fin al acto, el Comandante *Ernesto Guevara.*

Castro, ese 1 de Mayo, estaba en la Argentina, donde fue recibido por el Presidente *Arturo Frondici* el 2 de Mayo en su residencia de *Los Olivos*. La entrevista duró apenas 45 minutos y pareció ser de poco interés para el anfitrión; ni *Castro* ni *Frondici* ahondaron nunca en el contenido de la misma. En la *Conferencia Económica de Buenos Aires*, la verdadera razón por la cual había viajado tan lejos, Castro declaró:

> «*No hay sistema de gobierno mas corrompido que una dictadura. Es cierto que hay gobiernos constitucionales corrompidos también, pero los gobiernos constitucionales tienen que cuidarse por-*

que tienen que someterse a elecciones y pueden perder esas elecciones, si hay democracia verdadera, si realmente votan las personas; además, en esos casos, hay un freno en la denuncia pública, hay un freno en la libertad de expresión, hay un freno en ese proceso eleccionario que se repite cada dos años.

Nuestros técnicos de la Delegación Cubana han calculado que para el desarrollo económico mínimo de América Latina se necesita un financiamiento de 30 mil millones de dólares en los próximos 10 años si se quiere de verdad producir un desarrollo pleno de nuestra América...»

En una rueda de periodistas más tarde declaró...

«Los fusilamientos están ya terminando en Cuba. Creo en la esperanza de que el movimiento de Cuba será una lección para el presente y futuro de América. Comenzamos ahora la creación de cooperativas de producción... más de 70 mil desocupados tendrán trabajo. En el movimiento revolucionario Cubano no hay infiltración Comunista; nosotros poseemos una ideología propia. Yo, por ejemplo, voy a retirarme una vez que crea que he cumplido mi deber....»

Mientras estas declaraciones salían en la prensa mundial, la **Dra. Olga Herrera Marcos** era sentenciada a morir ante un pelotón de fusilamiento; fue la primera mujer condenada a muerte por *"apoyo desmedido"* al régimen anterior. **Martha Reyes Miranda**, sargento político en la zona de Manzanillo y sus alrededores, que había obtenido más de 7 mil cédulas electorales para Rafael Díaz-

Castro en Montevideo en 1959. Llegó a un Uruguay devastado por las inundaciones de Abril de 1959, apenas 5 meses desde que la revolución Cubana había triunfado en la isla. Fue acogido con sólo cierto entusiasmo y recibió las llaves de la ciudad de manos el intendente *Mariano Arana*. No fue atendido por ninguna figura importante del *Partido Nacional,* los Blancos, que habían ganado a los Rojos por primera vez en diez décadas.

Balart, fue condenada a 30 años de prisión por un Tribunal Revolucionario. Castro partió el 4 de Mayo a Montevideo, República del Uruguay, donde fue declarado Huésped de Honor por el gobierno de ese país. Allí declaró en una rueda de prensa:

> «... soy un hombre convencido de sus ideas y de la justicia de los actos que realizo. Las elecciones en Cuba se llevarán a cabo en cuatro o quizás menos años, siempre que las condiciones sean propicias, y se hayan suprimido los vicios políticos que desvirtúan la verdadera democracia...»

Uno de los periodistas, el Dr. **Alberto Gaínza Paz**, director del periódico *La Prensa* de Buenos Aires y Presidente de la *Sociedad Interamericana de Prensa (SIP)*, escribió más tarde ...

> «... el Comandante Fidel Castro, aparenta ser un joven de buenas intenciones y una fuerza potencial para el bien en las Américas, pero no engaña a nadie... aún debe demostrar que no es el líder de la infiltración Comunista en Cuba. Creo firmemente que **el gobierno del Comandante Castro es, sin lugar a dudas, un régimen Comunista**.»

En un largo e indudablemente elocuente discurso en Montevideo, Castro trató de refutar las palabras del Gaínza Paz diciendo:

> «Soy de los que creen sinceramente en las libertades, soy de los que creen que cada cual debe tener derecho a opinar y si no piensa como yo, le discuto sus razones, argumento contra sus ideas, pero no le quito el derecho a opinar de acuerdo con su conciencia. Y así los que tienen razones persuadirán, los que tienen argumentos convencerán, los que sean capaces de conquistar a los demás triunfaran. Pero jamás funcionará el sistema de privar a nadie de sus derechos, de enclaustrar la inteligencia, de amordazar el pensamiento por ninguna razón del mundo. Tal es nuestro ideal. Una sociedad donde todos tengan derecho a sus ideas políticas, sean cuales fueren. Sean mayoría o minoría. Ni el imperio de la minoría sobre la mayoría, ni el terror de una mayoría sobre la minoría. Hemos suprimido la dictadura no solo en lo político, sino en lo sindical; hemos restablecido el derecho de los obreros a elegir sus propios dirigentes. Tal es nuestro ideario... una sociedad donde todos tengan derecho a sus ideas religiosas, sean cuales fueren. Aspiramos a salvar al hombre con nuestra revolución no con métodos ajenos, sino con métodos propios.»

Otras medidas que desmentían esas declaraciones se estaban tomando en Cuba mientras Castro recorría las capitales de América en su viaje propagandístico. Se cesanteó al *Administrador de la Aduana* y fue sustituido por un simpatizante de la revolución; el Ministerio de Recuperación de Bienes intervino el *Motel Jagua*, propiedad de **José López Vilaboy**, dueño de *Cubana de Aviación* y co-propietario del *Banco Hispano Cubano;* las oficinas de *Revista de Occidente*, propiedad de **Salvador Díaz Versón**, fue asaltada y destrozada por *"desconocidos";* la *Asociación de Colonos* denunció las incursiones de elementos Comunistas en numerosas fincas azucareras, particularmente en el *Central Francisco* en Camagüey.

Al llegar Castro a Cuba de regreso de su viaje por el continente, se dirigió a la *Plaza de la Revolución*, antiguo *Centro Cívico* de La Habana, y declaró, esta vez con menos elocuencia que en Montevideo:

> « *Nuestra revolución tiene simpatizadores en todos los pueblos del continente... nuestra revolución no persigue a ninguna idea... nuestra revolución no teme a ninguna idea... nuestra revolución no ahoga ninguna idea y por eso nuestra revolución respeta lo mismo el derecho de hablar al más reaccionario como respeta el derecho de hablar al más radical. Todos los Cubanos de un partido o de otro, serán siempre respetados... nuestra revolución no es Comunista... ¿ por qué ese empeño de acusar a nuestra revolución de lo que no es? ... si nuestras ideas fuesen Comunistas lo diríamos aquí...* »

Castro, a su llegada de Montevideo, se dirigió a los Cubanos en un largo e inexpresivo discurso en la Plaza de la Revolución.

El 11 de Mayo se reanudaron las actividades en la *Universidad de La Habana;* habían sido canceladas casi tres años antes, el Jueves 29 de Noviembre de 1956. Al día siguiente, el 12 de Mayo, Ernesto

Guevara visitó la Universidad y habló a los estudiantes en unas palabras carentes de locuacidad o emoción:

> *« Jóvenes... solamente dos palabras. Primero para incitarlos a que hagan lo que yo nunca hice: estudiar. Y segundo, incitarlos a que hagan lo que creo que estoy haciendo: Revolución. Ustedes deben sentir y llevar el peso de esta revolución no sólo dentro de la Universidad sino también en todos los sectores de la vida nacional. En estos momentos de renovación debe imponerse el impulso de nuevas técnicas y la sangre joven no puede faltar; pero igualmente con las nuevas técnicas deben venir las nuevas ideas y a eso es a que los invito...»*

Ese día llegaron a Cuba una serie de dirigentes obreros Rusos, invitados por la CTC para mostrarles el adelanto de la legislación laboral Cubana. Fueron ellos *Timofei Eremeov* e *Ivan Arapov*, miembros del *Consejo Central de Sindicatos Soviéticos*. Nunca se llegó a saber qué otras cosas hicieron en Cuba además de conversar con **David Salvador Manso**, Secretario General de la CTC, que los hospedó por un tiempo. Salvador fue más tarde acusado de *"traidor a la revolución"* y condenado a 30 años de prisión.

El día 15, José Miró Cardona aceptó el puesto de Embajador de Cuba en Madrid. Miró regresó a Cuba en Enero de 1960; ya para esta fecha no podía tolerar más el giro radical que asumía el proceso revolucionario Cubano y, aunque fue designado Embajador en Washington, nunca llegó a ocupar el cargo, pues rompió en esos días con Castro.

Dos eventos de importancia ocurrieron el 16 de Mayo:

La *Auditoría General de las Fuerzas Armadas,* a petición el gobierno y tratando de forma alguna **dar final a la temporada de fusilamientos**, decidió *suspender todos los juicios pendientes* a personajes *civiles* del régimen anterior y pasarlos a los tribunales regulares del país. No así los casos de *"criminales de guerra"* cuyos sumarios ya estaban en tramitación y no fueron suspendidos.

En **La Plata**, un pequeño pueblo de la Sierra Maestra, en presencia de todo el *Consejo de Ministros,* con excepción de **Humberto Sorí Marín**, el autor de la ley, se firmó la **Ley de Reforma Agraria**. La ley proscribía el concepto de **latifundio** y reducía el tamaño máximo de las fincas a 30 caballerías, disponiendo que el tamaño mínimo vital para una familia campesina fuera 2 caballerías de tierra cultivable. Las tierras serían repartidas en este orden: campesinos sin tierras, obreros agrícolas, combatientes del ejército rebelde y víctimas de la guerra o sus familiares.

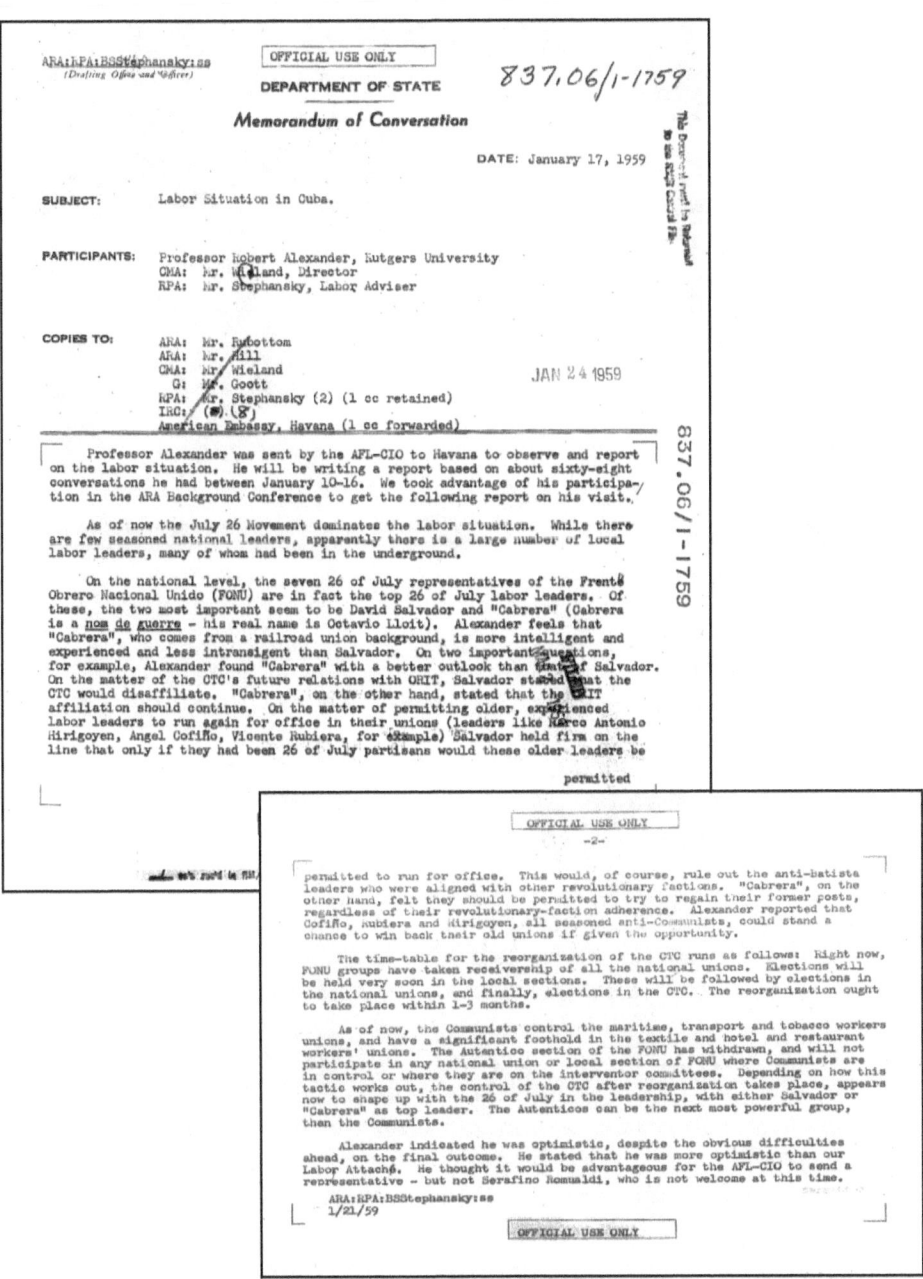

La **Embajada de los Estados Unidos** estaba al tanto de todo lo que estaba ocurriendo en Cuba y por órdenes del *Presidente Eisenhower* comenzó a tomar medidas para evitar una ocupación de Cuba por el *Comunismo Internacional*. El proceso tomó otros rumbos con la elección de *John F. Kennedy* en 1960. Debido a su inexperiencia, su inseguridad o su apatía y descuido, Kennedy dio al traste con los planes de la invasión de los exiliados en **Bahía de Cochinos** y cedió ante el chantaje premeditado de la **Crisis de los Cohetes**, firmando un pacto con *Khrushchev* de no tocar a Cuba, con el cual garantizó la pérdida total y permanente de libertad en Cuba.

La firma de la **Ley de Reforma Agraria**, el 16 de Mayo de 1959, en un poblado de la Sierra Maestra llamado *La Plata*. En las fotos, Castro firmando la Ley y la noticia según apareció en el periódico **Revolución**

El 20 de Mayo de 1959, en conmemoración del nacimiento de la República de Cuba en 1902, el Presidente Urrutia se dirigió a la nación:

«... Ningún otro 20 de Mayo como el de este año de la Liberación ha de celebrarse con mayor patriótico regocijo, cuando la República se orienta al fin por los rumbos de verdadera libertad e independencia, por la que tantos lucharon de aquellas generaciones Cubanas del pasado siglo... al entusiasmo del pueblo y del gobierno que me honro en presidir, han de sumarse nuestros votos por el más venturoso destino de la Nación, a la que exhortamos para que ponga en su tarea, fe en la colaboración con la obra revolucionaria, que es el mejor modo de celebrar este aniversario...»

Para el gobierno de Castro, sin embargo, el 20 de Mayo se convirtió en una fecha prohibida. Según la doctrina oficial del Castrismo...

«... la lucha por la libertad de la Isla duró hasta el 1ro de Enero de 1959, día en que el pueblo alcanzó la plena independencia.»

El 20 de Mayo comenzó oficialmente a celebrarse en 1960 como la fecha en que comenzó la construcción del tramo del malecón Habanero que iba desde Belascoaín hasta San Lázaro... y el día que se celebró en 1962, en La Habana, el *Primer Congreso Nacional de la Secta Abakuá*, donde se recordó el 27 de Noviembre, fecha luctuosa por la muerte de cientos de *ñáñigos* (seguidores del grupo secreto) en 1871.

Más aun, desde 1960 los relatos oficiales en las carpetas escolares de todas las escuelas públicas de Cuba comenzaron a decir:

«*El 20 de Mayo fue una fecha importante como momento de la historia. Pero es también el día en que se consumió la triple traición de Tomás Estrada Palma; a José Martí, al Partido Revolucionario Cubano y al Ejército Libertador, que es decir, al pueblo de Cuba. Por eso no hay que negar la fecha, sino recordarla, estudiarla, por todo lo que significó, pero no celebrarla.*»

Tres alegorías en celebración del **20 de Mayo** en Cuba, a lo largo de medio siglo de vida republicana, una tradición borrada de un plumazo por Castro en 1960.

Con relación a las tierras confiscadas por la Reforma Agraria, Castro declaró y aclaró el 21 de Mayo:

«No vamos a pagar inmediatamente pero vamos a pagar en 20 años con bonos... los poseedores de los bonos pueden negociarlos en el mercado de valores. No podemos pagar en efectivo porque no tenemos dinero y como tenemos que hacer la Reforma Agraria, es la única forma que podemos pagar... vuelvo a repetir que vamos a organizar más de mil cooperativas.... la revolución no es roja sino verde olivo... no es ni capitalista ni comunista. Nuestra revolución es única en el mundo...»

Ese día el alcalde de La Habana confiscó el *Mercado Único* y **Alfredo Guevara** fue designado como director del nuevo *Instituto Nacional del Arte e Industria Cinematográfica*. Guevara (no era pariente de Ernesto, el Ché) había conocido a Castro en la Universidad de La Habana y fue allí donde se integró a la juventud del Partido Comunista. Ambos participaron en numerosas actividades de protesta, la más notable de las cuales fue el *Bogotazo* que ocurrió tras la muerte del político Colombiano Jorge Eliezer Gaitán.

Fotos: *arriba izquierda,* **Alfredo Guevara**, *futuro director del Instituto Cubano del Cine en 1959; arriba, derecha,* **Castro** *con* **Enrique Ovares**, *Presidente de la FEU de Cuba y* **Alfredo Guevara** *durante el Bogotazo en Colombia. Debajo,* **Tomás Gutiérrez Alea, Juan Carlos Tabío** *y* **Jorge Perugorría** *durante la filmación de Fresa y Chocolate,*

El día 23 el gobierno confiscó el *Central Washington*, en Las Villas y el gobierno de Guatemala denunció haber interceptado cuatro goletas cargadas de armas que habían partido de la provincia de Pinar del Río en Cuba hacia Cayo Obispo, de donde siguieron hacia territorio Guatemalteco. En otra acción que contravino la decisión de suspender fusilamientos, se dictó sanción de pena de muerte en ausencia a los siguientes oficiales: **Irenaldo García Báez, Conrado Carratalá, Lutgardo Martin Pérez, Manuel Ugalde Carrillo** y **Juan Castellanos Martínez**.

Casi mil delegados se reunieron al día siguiente en el Décimo Congreso Nacional Azucarero, donde resulto electo **Conrado Bécquer,** como Secretario General de la *Federación Nacional de los Trabajadores Azucareros (FNTA)*. La asamblea, puesta de pie, votó una moción de *censura pública* contra el periódico **Hoy...**

«... *por su información aviesa, infundiosa, calumniosa y contrarrevolucionaria al desarrollo de las labores del evento...*»

Otros eventos de alguna importancia durante el resto del mes de Mayo de 1959 fueron...

Ernesto Guevara concurrió al Teatro de la Universidad de La Habana, invitado por la FEU declaró que *"muchos campesinos no acaban de acostumbrarse al sistema de cooperativas."* ... Castro fue denunciado por el envío de un transporte de la *Fuerza Aérea Cubana* a Punta Llorona, Costa Rica, con trece mil quinientas libras de armas y municiones aparentemente destinadas a **revolucionarios Nicaragüenses**.... El Consejo de Ministros aprobó una Ley, cerrando el centro de estudios privado denominado **Universidad Nacional José Martí**. Los títulos expedidos quedaban sujetos a la revisión de cada uno por el Ministerio de Educación, con el fin de poder determinar su validez... Una avioneta sin identificar arrojó **proclamas** firmadas por un sujeto de apellido Vázquez, a poca altura sobre el *Capitolio Nacional* y barrios de la Capital... El Consejo de Ministros aprobó una nueva **Ley Tributaria 447**, escrita por *Rufo López Fresquet*, la cual simplificaba notablemente el sistema tributario Cubano... Un numeroso grupo (más de 100 personas), fueron **sancionadas por tribunales revolucionarios.**

Junio del 1959

Comparecencia de Manuel Antonio de Varona. Invasión a la Republica Dominicana. Se despide de la política el Dr. Prío. Renuncia el Comandante Pedro Luis Díaz Lanz. Castro enfurece.

Junio comenzó con algunas noticias interesantes, entre ellas, una protesta de los cosecheros de tabaco de Pinar del Río, que se **opusieron a la Ley de Reforma Agraria**. En la finca expropiada de **Eusebio Mujal**, ex-líder de la CTC, se creó un nuevo *Centro de Experimentación para la Escuela de Agronomía* de la Universidad de La Habana. El Consejo de Ministros aprobó la **Ley número 360**, creando una **Junta de Fomento Turístico**. También aprobó la Ley estableciendo las normas para la depuración cívica, docente y administrativa en la *Universidad Marta Abreu*, de la provincia de Las Villas. La *Confederación de Trabajadores de Cuba (CTC)*, sometió al Consejo de Ministros un proyecto de Ley restableciendo la **Cuota Sindical Obligatoria**, para el sostenimiento del movimiento obrero Cubano.

Comenzando una nueva tradición que duraría por muchos años, llegaron a Cayo Hueso cuatro Cubanos que huyeron de Cuba en una pequeña embarcación: *Idebraun Domínguez, su esposa Sara María, Manuela Nila Rodríguez y Eduardo Rodríguez.*

A la izquierda, el emblema original de la **Confederación de Trabajadores de Cuba (CTC)**. La CTC Cubana fue creada en Enero de 1939, en un Congreso Constituyente al cual asistieron más de 1,500 delegados de 700 organizaciones obreras de toda Cuba. El Congreso fue auspiciado por la cervecería **La Polar**, que lo subsidió con un donativo de $50,000 y fue presidido por el líder portuario **Ramón León Rentería**, que no era de ideología Marxista. A pesar de esos comienzos, es difícil encontrar hoy en día una historia del movimiento obrero Cubano que no atribuya como fundadores a los Comunistas. *A la derecha*, el libro **Historial Obrero Cubano**, del eminente historiador Cubano **Mario Riera Hernández**, una de las pocas fuentes de fiel información histórica sobre las raíces no marxistas de la CTC Cubana.

El día 2 de Junio la *Asociación Nacional de Ganaderos de Cuba*, acordó en una nutrida Asamblea Nacional, rechazar la Ley de Reforma Agraria, por considerar que...

«... ahogaba el principio de libertad de las clases productoras para convertirlas en un régimen más de producción dirigida, esclavizante, contrario al sistema democrático de nuestra nación y que en definitiva a quien causaría más daño sería a las clases populares que dice beneficiar.»

Un Tribunal Revolucionario dictó sentencia contra los militares que ayudaron a Batista con el Golpe de Estado el 10 de Marzo de 1952. El Presidente del Tribunal al leer la sentencia expresó:

«Declaramos autores inmediatos y responsables criminalmente del delito contra la Constitución y forma de Gobierno, de acuerdo con la participación y circunstancias en que cada uno de los acusados se encuentra respecto al delito calificado y le imponemos a los acusados las sanciones que de inmediato se señalan: (Cinco de ellos) a veinticinco años de prisión, (siete de ellos) a veinte años, (otros siete) a quince años, entre ellos el periodista Ernesto de la Fe, (ocho de ellos) a diez años, entre ellos Eulogio Cantillo Porras y a (seis de ellos) a cinco años. Resultaron absueltos ocho de los acusados, entre ellos Carlos A. Salas Cañizares, hermano de José y Rafael, los cuales sirvieron en la policía en tiempos de Batista.»

En respuesta a unas declaraciones del Ministro de Relaciones de Nicaragua acusando a Cuba de enviar armas a Costa Rica para guerrilleros en Nicaragua, Castro expresó:

« Estoy tan atareado en la realización de la Reforma Agraria que no he tenido tiempo para ocuparme de los infundios propalados desde Nicaragua...»

Dos nombramientos de Consejo de Ministros fueron publicados el 4 de Junio: el Dr. **Roberto Agramonte Pichardo** como miembro del grupo Cubano del *Tribunal de Arbitraje de la Haya* y el **Dr. Raimundo Lazo** como embajador de Cuba en la *UNESCO* en París.

Ese día se intervino en La Habana la empresa aseguradora y bancaria *Godoy Sayán*, Castro fue nombrado Presidente del *Instituto Nacional de Reforma Agraria* y el Capitán **Antonio Núñez Jiménez** su Director Ejecutivo.

Entre las noticias del día estaba la del notable cantante Español **Pedrito Rico**, que donó $ 1,500 de su sueldo para la Reforma Agraria, evento que publicó la prensa con grandes titulares.

La prensa también reportó un incidente en el salón principal del *Banco de Reserva de Ciudad Trujillo*, entre los funcionarios Cu-

Fotos: *a la izquierda*, **Roberto Agramonte**, filósofo, sociólogo y político Cubano, que se desempeñó como el primer *Ministro de Relaciones Exteriores de la Revolución Cubana* entre el 6 de Enero y el 12 de Junio de 1959, fecha en la que se exilió. *A la derecha*, **Raimundo Lazo**, Camagüeyano, profesor de las *Universidades de Columbia y New York* y primer embajador y delegado permanente del Gobierno Revolucionario ante la *UNESCO*. Lazo se mantuvo fiel a la revolución hasta su muerte en 1976.

banos *Juan José del Real* y *Mario Rivas* y los exiliados Cubanos *Roberto Pérez Rodríguez, Juan Arias* y *Luis Pérez Villavicencio*, este último de los cuales resultó muerto. Herido durante el incidente fue el niño Ovidio Méndez, Dominicano, de siete años de edad, que pasaba accidentalmente por el lugar de los hechos.

El día 6 **Cubana de Aviación** reanudó los vuelos Habana-Madrid, suspendidos temporalmente por cuestiones de seguridad durante 1958.

Horas después de las 9:00 PM del día 7, se presentaron los funcionarios *Mario Merino, Jefe de la Policía Secreta, César Blanco* y *Mario Fernández, Fiscal del Tribunal Supremo de Justicia,* con más de cincuenta soldados armados, en la finca *"La Chata"*, residencia del ex-presidente de la Republica, Dr. **Carlos Prío Socarrás**, informándole que tenían orden de registrar la finca por tener noticias de que en la misma se ocultaban varios ciudadanos Norteamericanos dedicados a actividades ilícitas.

En La Habana, **Monseñor Evelio Díaz**, Obispo Auxiliar y Administrador Apostólico, difundió el día 8 un mensaje pastoral:

> *«Creemos que nuestra Reforma Agraria, en su noble propósito, entra de lleno dentro del espíritu y sentido de la justicia social Cristiana, tan claramente planteada y defendida por Pontífices Romanos, sobre todo desde León XIII, en su Encíclica* **"Rerum Novarum",** *que bien puede considerarse como el código de la justicia social Cristiana...»*

En la tarde de ese Domingo, con motivo de celebrarse el *Día de la Libertad de Prensa*, el Decano Provincial del *Colegio de Periodistas de La Habana*, **Jorge Quintana** brindó una comida en el restaurant *El Palacio de Cristal*, en honor al Primer Ministro Castro. Al día siguiente se creó en otro banquete en el *Hotel Nacional*, la agencia de información *Agencia de Noticias Latinoamericana* más conocida como **Prensa Latina**. Su principal impulsor y primer director fue el periodista argentino **Jorge Ricardo Masetti**, un conocido militante del partido Comunista y líder de guerrillas. Masetti participó en alzamientos en su nativa Argentina y nunca se supo su destino final... simplemente *"se disolvió en la jungla bajo una lluvia intensa y nunca más apareció,"* según despachos oficiales.

Días después, sospechando de la lealtad de **Pedro Luis Díaz Lanz**, el Comandante **Juan Almeida** organizó una red de agentes para investigar sus actividades. Almeida a los pocos días se autonombró *Jefe de la Fuerza Aérea Cubana*, con el consentimiento, por supuesto, del Primer Ministro Castro.

Fotos: *a la izquierda*, un artículo del Decano de los periodistas, **Jorge Quintana** en la **Revista Bohemia**; *a la derecha*, una biografía de **Jorge Masetti**, conocido como el *Comandante Segundo*, creador de **Prensa Latina**, la nueva agencia de noticias Cubana en 1959.

Igualmente sospechoso de desacuerdos con Castro, el Dr. **Manuel Urrutia Lleó**, Presidente de la Republica, solicitó del Consejo de Ministros una licencia por enfermedad, en la que también pedía su reingreso como Magistrado en el Tribunal Supremo de Justicia.

En lo que muchos oficiales del gobierno consideraron un desquite inapropiado, seis ex-Ministros de Salubridad, algunos de ellos eminentes y conocidos médicos Cubanos, fueron acusados de robos y latrocinio: *Carlos Ramírez Corría, Enrique Saladrigas y Zayas, José Olivella Lastra, Armando J. Coro, Carlos Salas Humara y Manuel Ampudia.*

El 12 de Junio, en una muy anticipada entrevista, compareció ante un programa de TV del Canal 12 el Dr. Manuel Antonio de Varona. El panel que lo entrevistó estaba integrado por **Mario Rodríguez Alemán**, **Nicolás Bravo**, **Eduardo Héctor Alonso** y **Jorge Mañach**.

*De izquierda a derecha, **Manuel Antonio de Varona**, **José Miró Cardona** y **Manuel Ray**, tres baluartes importantes de los primeros días de la revolución que muy pronto denunciaron la naturaleza marxista de los Castro y la disgregación de la revolución. Los tres terminaron en el exilio.*

A una pregunta sobre las elecciones, el Dr. Varona respondió:

> *«Creemos muy temprano para hablar de los comicios, quizás eso asuste un poco a los miembros del ejército rebelde y a la juventud Cubana. Aunque nosotros creemos que uno de los fundamentos de la revolución fue el regreso a la normalidad institucional y democrática del país. No creo que la Revolución deba estar en el poder sin el mandato del pueblo más del tiempo necesario para normalizar el país y convocar a elecciones libres y democráticas, para que el pueblo escoja los gobernantes que quiera.»*

A lo cual añadió el doctor Varona...

> *«... A pesar de eso, creo necesario previamente la normalidad y el sosiego público, para que entonces el gobierno empiece a dar los pasos conducentes a la convocatoria de elecciones, haciendo un censo electoral y la reorganización de los partidos políticos. Entonces, encauzada la vida democrática del país, cada cual ofrecerá sus criterios en cuanto a las transformaciones sociales y económicas que considere más conveniente para la patria. Entiendo que nadie debe oponerse a las elecciones y el que se oponga es que tiene mentalidad Fascista, Nazista o Comunista. Desde luego, creo que es hora ya de señalar la fecha de las elecciones y el término del mandato provisional.»*

Con respecto a la Reforma Agraria, Varona manifestó:

«Estimo que el Instituto Nacional de Reforma Agraria se ha ido por arriba del Estado, y manda más que el Presidente de la Republica y que el Consejo de Ministros.»

También manifestó que era falso que no pudiera hacerse una Reforma Agraria por medio del Congreso.

«La Reforma Agraria por sí sola no termina con el problema del desempleo en Cuba.»

Ninguna de esas aseveraciones, por supuesto, fueron del gusto de Castro o de los líderes revolucionarios del momento.

El día 13, del puerto de Nipe, salieron de Cuba 215 hombres armados en dos naves para invadir la Republica Dominicana. Los expedicionarios habían estado sometidos a un fuerte entrenamiento durante más de tres meses, en un lugar de Cuba conocido por *Cienaguilla*. Las embarcaciones invasoras estuvieron custodiadas durante su viaje por tres fragatas de la Marina de Guerra Revolucionaria, al mando de los oficiales *Isidro Contreras, Ramón Álvarez* y *Rodrigo Rises*. El día 15 se unieron al grupo 63 hombres que partieron de Manzanillo en un avión de transporte militar piloteado por *Orestes Acosta*.

En la foto, el avión **C46** que partiendo de Cuba con 63 Castristas aterrizó cerca de Puerto Plata para iniciar la invasión de Castro a la República Dominicana. Dos lanchas **Chris-Craft** con 150 hombres a bordo, desembarcaron a la misma hora en la isla de *Constanza*. El comentario del dictador **Rafael Leonidas Trujillo** fue: "Si esos agresores quieren ver sus barbas y cerebros volar como mariposas, deja que sigan acercándose a las costas de la República Dominicana."

Ese día partió de un puerto Español, el comandante *Ernesto Guevara* hacia el Medio Oriente. Lo acompañaban en una misión oficial desconocida, el Capitán **Omar Fernández**, el Teniente **Francisco García Argudín** y **Francisco Menéndez**. La prensa no reportó esa noticia. El primer evento fue una recepción a su llegada ofrecida por el Presidente de Egipto *Gamal Abdel Nasser*. Guevara declaro a los periodistas en el Cairo:

«.. *la revolución Cubana utilizará toda la fuerza necesaria en caso de que los dueños de fincas adoptaran una actitud contraria a la Reforma Agraria... consideramos que todas las leyes de nuestra revolución deben aplicarse en interés de nuestro pueblo y no podemos permitir ninguna oposición contra ellas.*»

En días siguientes el Presidente de la Republica, doctor Manuel Urrutia Lleó inauguró el túnel que unía la Calle Calzada en el Vedado con la Quinta Avenida de Miramar, construido durante el régimen de Batista derrocado el pasado 31 de Diciembre.

La prensa por fin dio a conocer en Cuba el fracaso de la aventura en República Dominicana. Prensa Libre reveló el día 16 que el Jefe de la invasión a República Dominicana era **Enrique Jiménez Moya**, Dominicano de nacimiento, compartiendo el mando con el comandante del ejército rebelde Cubano **Delio Gómez Ochoa**. La aeronave aterrizó en *Constanza*, en medio de un lomerío. El ejército Dominicano atacó por tierra, mar y aire la esperada invasión.

Fotos: *a la izquierda*, el **Túnel de Línea**, para cuya construcción (una excavación a 13 metros de profundidad bajo el río Almendares) fue necesario derribar el **Puente de Pote**, *a la derecha*. Las obras, a un costo de $5 millones de pesos, las comenzó el gobierno de Prío, las terminó el de Batista y las inauguró la revolución.

En medio del desenfreno de noticias sobre la invasión a República Dominicana, seis militares Cubanos, *Armando Varela, Antonio Varela, Osvaldo Varela, Cristino Vera, Rubén Vera* y *Maurillo Francisco Márquez López*, se apoderaron de un avión de pasajeros poco después de haber despegado de La Habana y a punta de pistola obligaron al piloto a trasladarlos a la ciudad de Miami.

Tampoco recibió mucha importancia en la prensa Cubana la noticia de que el Consejo de Ministros, había acordado sin discusión alguna, la confiscación de los bienes de la *Compañía de Fomento del Túnel de La Habana, SA*, que apenas unas semanas había terminado la construcción del túnel.

El 17 de Junio el Dr. **Carlos Prío**, ex-Presidente de la Republica, concurrió al programa *Telemundo Pregunta*, ante un cuerpo de periodistas integrado por *Alfredo Núñez Pascual, José L. Martí, Carlos Robreño* y *Manuel de J. Zamora*. Las respuestas de Prío fueron deliberadamente equívocas o excesivamente diplomáticas:

«No es comunista la revolución. No hay figuras marxistas en los puestos de mando. Los poderes que tiene Fidel Castro son para salvar a Cuba... proclamo mi respaldo a la Reforma Agraria y aseguro que las objeciones hechas por el doctor Antonio de Varona a la Ley de Reforma Agraria, no constituyen la opinión del Partido Revolucionario Cubano Auténtico, sino las de "Tony" Varona... los que pudieran ser errores o injusticias de la Ley pueden ser rectificados sobre la marcha, por el Instituto Nacional de Reforma Agraria... pido que termine la polémica entre el doctor Manuel Antonio de

En los primeros días de 1959, la revolución no había aun censurado ni expropiado la TV y la radio y el ex-Presidente **Carlos Prío** pudo presentar sus perspectivas en el *Canal 12*, que había sido inaugurado el 19 de Marzo de 1958, en los locales alquilados por *Gaspar Pumarejo* en el Hotel Habana Hilton.

Varona y el doctor Castro y he dirigido a todos una emotiva exhortación a la unidad, con el fin de preservar a la revolución de los peligros que la amenazan... ha llegado la hora de mi retirada... necesito apartarme de la política; creo que la Republica ha tornado un camino que la llevará a buen fin; por eso abandono las luchas políticas, después de 33 años... creo que tengo derecho a retirarme; si la soberanía peligra, volveré a la lucha... pido a los que hasta ahora me han seguido se mantengan unidos; a Fidel Castro mi amigo, que termine la polémica pública sobre la Reforma Agraria, con Varona y a Tony Varona le recomiendo lo mismo...»

Tras esas palabras Prío se despidió temporalmente del pueblo Cubano, anunciando su próximo viaje a Europa...

Como era de esperarse, el gobierno de la Republica Dominicana rompió relaciones diplomáticas y comerciales con el Gobierno de Castro, el día 18 de Junio, al comprobar su participación en la frustrada invasión a su territorio. Castro ripostó con mendaz arrogancia la decisión de los Dominicanos:

«El Gobierno Revolucionario de Cuba, aun a contrapelo de la opinión pública Cubana, ha realizado todos los esfuerzos a su alcance para mantener relaciones diplomáticas con la República Dominicana, no obstante las conocidas y reiteradas provocaciones y transgresiones de los más elementales requerimientos de la decencia internacional cometidos por el régimen imperante en dicha Republica, en atención a los vínculos históricos entre ambos pueblos y el firme propósito del Gobierno de contribuir lealmente a la preservación y robustecimiento de las relaciones jurídicas internacionales.»

En un primer incidente, que aparentemente iba a recurrir en el futuro, el día 19 de Junio, el comandante **Camilo Cienfuegos**, Jefe del Estado Mayor del Ejército Rebelde, sufrió un accidente aéreo al caer el helicóptero en que viajaba en las afueras de Bayamo.

Camilo Cienfuegos con Castro entrando en La Habana en Enero de 1959. Muchos rumores corrieron de los celos de Castro al sentirse opacado por la sencillez y carisma de Camilo. A penas unos meses después de esta foto, en Octubre de 1959, el régimen nunca supo explicar la desaparición de Cienfuegos en un viaje rutinario nocturno, en su Cessna habitual, desde Camagüey a La Habana.

El 20 de Junio el gobierno de Castro nulificó las licencias de los pilotos privados y ordenó que todos tenían que solicitar un permiso en la Jefatura Militar antes de salir en cualquier misión con un avión privado.

En la capital Dominicana, el dictador Rafael Trujillo dio por terminada la contienda con los invasores Cubanos. Siete prisioneros Cubanos fueron capturados y más de 200 de ellos resultaron muertos. Entre los fallecidos se encontró **Enrique Jiménez Moya**, el líder, y entre los apresados el Comandante **Delio Gómez Ochoa** del Ejército Cubano, que cargó con la culpa del fracaso al no poder apoderarse del aeropuerto, entregar las armas e iniciar la insurrección.

A la izquierda, con Castro, el Comandante **Delio Gómez Ochoa**, jefe de la fracasada invasión de Castro a la República Dominicana. Allí no lo recibieron con flores, sino con metralla. A duras penas se internaron en las montañas cercanas, pero fueron cazados y torturados por el sanguinario *Ranfis*, hijo mayor de Trujillo. Gómez Ochoa cayó en desgracia y desapareció de la vida política Cubana.

El día 21 de Junio, por **Resolución No. 2** del *Instituto Nacional de Reforma Agraria*, se dispuso la intervención de las fincas de más de cien caballerías de extensión destinadas a la ganadería en la provincia de Camagüey. Ese mismo día los Tribunales revolucionarios sancionaron más de un centenar de acusados por insubordinación a la revolución o colaboración con el régimen anterior.

En el *Diario de New York*, el Capitán del ejército rebelde **Francisco Rodríguez Tamayo**, alias *El Mexicano*, acusó a Castro de retener para uso personal $ 4 millones de dólares que se habían recaudado en esa ciudad durante la clandestinidad.

El 26 de Junio, en una concentración celebrada en Pinar del Río en defensa de la Reforma Agraria, *Faustino Pérez* y *Raúl Castro* lanzaron el lema *"**Reforma Agraria o Muerte,**"* señalando que la Ley no era ni Comunista ni Anti-Comunista y que estaba respaldada por el Obispo Pinareño Evelio Díaz. Por otra parte, en un acto inexplicable y enigmático, el Comandante **Pedro Luis Díaz Lanz**, en una conversación con el General Español **Alberto Bayo**, le notificó que había sido reintegrado a la Jefatura de la Fuerza Aérea Revolucionaria, lo cual fue negado frenéticamente por Castro en persona.

El Comandante Díaz Lanz fue *"destituido por segunda vez"* al día siguiente, lo que ocasionó su marcha inmediata al exilio. En una carta al Presidente Urrutia, Lanz le informó que...

> *«...mi salida de la Fuerza Aérea se debe única y exclusivamente a que siempre me he mantenido contrario a la actitud que permite a los Comunistas ocupar posiciones prominentes dentro del Ejército Rebelde y dentro de las dependencias del Gobierno. También han ejercido presiones los elementos Comunistas para llevar a cabo un plan determinado de adoctrinamiento en la "Escuela" que funciona en la finca "El Cortijo", ubicada en la intersección de la Autopista del Mediodía y la Carretera Central; además, todos sabemos bien señor Presidente, quiénes son, dónde están y que fin persiguen...»*

Julio del 1959

Carlos Franqui, fundador de Radio Martí y Aldo Vera, Jefe del DRI, comienzan a caer en desgracia. El periodista Conte Agüero entrevista al Dr. Urrutia. Díaz Lanz testifica en el Senado Americano. El Presidente Urrutia renuncia a su posición y se exilia.

Las primeras indicaciones de una alianza de la revolución Cubana con la Unión Soviética la ofreció Ernesto Guevara en una visita a Nueva Delhi a donde llegó procedente del Cairo:

> *«... por el momento Cuba no tiene el propósito de establecer relaciones con Rusia, pero, si se establecieran relaciones comerciales estas prepararán el terreno para las negociaciones diplomáticas. La política Cubana es de trabajar por la paz y establecer relaciones de amistad con todos los países. Cuba ha estado históricamente unida por tratados a los Estados Unidos de Norteamérica. Estos tratados obligaron a Cuba a entrar en guerras en las que nada tenía que ganar. Ahora Cuba desea trabajar por la paz... »*

Al comenzar Julio de 1959, el Comandante del Ejército Rebelde **Aldo Vera Serafines**, Jefe del *Departamento Revolucionario de Investigaciones (DRI)*, principal órgano de inteligencia de la Policía Cubana, que había sido un alto oficial de la Policía de La Habana y había servido como Jefe de Acción y Sabotaje del Movimiento 26 de Julio durante la guerra contra Batista, fue despedido de su cargo, dejó Cuba y comenzó a colaborar con la CIA. Vera fue asesinado en Rio Piedras, Puerto Rico en 1976, víctima de dos disparos.

*En la foto superior, izquierda a derecha, en los círculos, **Ramón Barquín, Aldo Vera** y **Armando Hart**. Vera fue asesinado en Río Piedras, Puerto Rico, aparentemente por Tony y Patricio de la Guardia en 1976; durante su exilio se convirtió en un revolucionario agresivo, acusado de terrorismo. A la derecha, uno de los autos en que Vera había colocado una bomba contra enemigos Castristas en Puerto Rico, que resultó en dos policías seriamente heridos cuando trataron de desarmarla.*

El día 1 de Julio, **Pedro Díaz Lanz** se fugó a la Florida en una lancha y con él escaparon de la prisión militar de la Fortaleza de La Cabaña el Capitán *Humberto Rodríguez Díaz*, y el Sargento de la policía revolucionaria *Roberto Pérez Cruzata*, todos los cuales pidieron asilo político en los Estados Unidos.

En Ante la Prensa, en CMQ TV, Castro declaró el 2 de Julio:

*«Considero poco honorable que para que no se nos acuse de Comunistas, empecemos a hacer campaña contra ellos y atacarlos; eso no es hacer un gobierno honorable; eso no lo hacen hombres que se respeten a sí mismos. Nosotros hemos proclamado el derecho que tiene todo el mundo a escribir lo que piensa, ya sea en el **Diario de la Marina** o en el periódico **Hoy**. Llamarnos Comunistas es una calumnia de todos esos intereses que no quieren perder sus tierras, que no quieren perder sus privilegios. Toda esa campaña contra el gobierno revolucionario, campaña falsa, campaña canallesca, no nos preocupa ni nos asusta. El pueblo de Cuba sabe que el gobierno **no es Comunista**. De ninguna manera podrán suprimirse las elecciones, porque tiene que haber un sistema de sustitución de los gobernantes; porque no puede ser hereditario el poder*

como en una monarquía; tiene que haber un sistema periódico. Cuando las elecciones se realicen no van a ser producto de la politiquería. Somos jóvenes y esto va para largo...»

El 4 de Julio, **Pedro Díaz Lanz** aceptó una invitación de la *Comisión de Seguridad Interior del Senado* de los Estados Unidos a dar una entrevista a puertas cerradas. Dos días después el Cónsul de Cuba en Miami, **Alonso Hidalgo Barrios** fue golpeado y herido en una alteración del orden en dicha ciudad, tras lo cual anunció su regreso a Cuba.

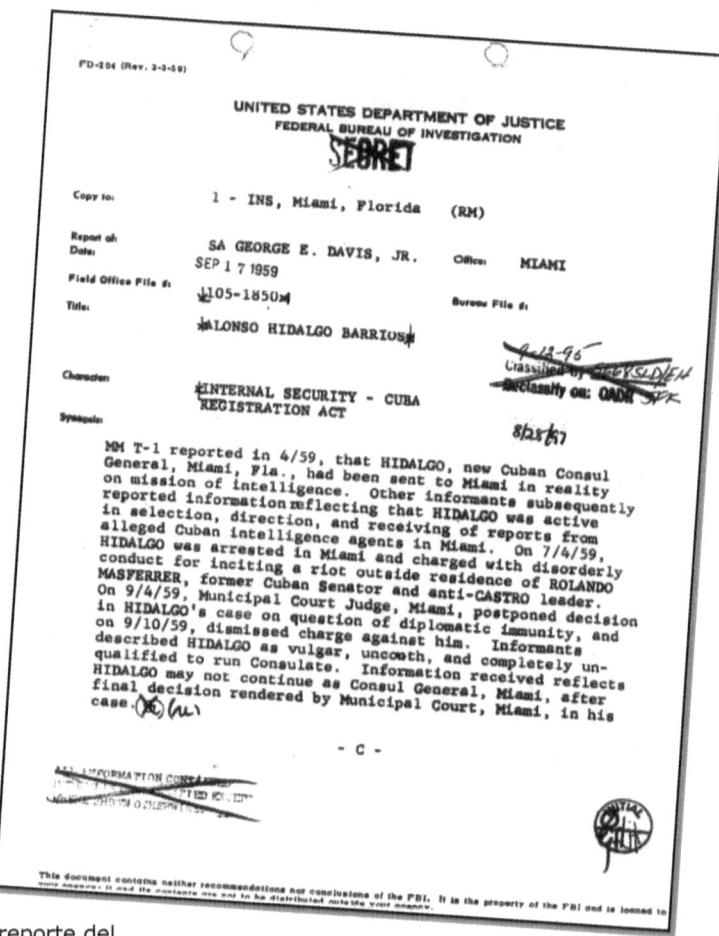

A la derecha, el reporte del FBI sobre el atentado al Cónsul de Cuba *Alonso Hidalgo.*

El 7 de Julio, el periódico **Revolución** dio a conocer los trabajos que se realizaban en la Ciénaga de Zapata y mostró la pequeña casa que Castro se fabricó allí sobre pontones, *"en medio de la vastedad de la Laguna del Tesoro."*

La primitiva y espectacular soledad y belleza de la **Laguna del Tesoro** en la Ciénaga de Zapata en la Cuba de 1959.

En la segunda semana de Julio, el Consejo de Ministros aprobó la *Ley número 425*, definiendo lo que se entendía por *"delito contrarrevolucionario."*

«Delito contrarrevolucionario es aquel que se ejecuta contra la integridad y la estabilidad de la nación y contra los poderes del Estado. La Ley 425 impone la pena de muerte a las personas que, para cometer algún delito político según configurado en el Código de Defensa Social, desembarquen en el territorio nacional formando parte de contingentes armados, y a los que sin formar parte de contingentes armados entraren clandestinamente en el territorio nacional para cometer alguno de esos delitos; a los que tripularen o viajaren a bordo de aeronaves que volaren sobre el territorio nacional con fines contrarrevolucionarios, para alarmar o confundir a la población, o para realizar cualquier agresión a la economía nacional que signifique riesgo para la vida humana. La Ley igualmente se aplica a los responsables de delitos de asesinatos, ya consumados o imperfectos, cuando sean perpetrados con propósitos contrarrevolucionarios.»

El día 9 de Julio, **Pedro Díaz Lanz** fue admitido en los Estados Unidos como residente permanente. Ese mismo día el *Instituto de la Reforma Agraria, INRA*, autorizó al comandante Castro, en una decisión sin precedentes en el mundo de la administración pública, para...

«... abrir, mantener, liquidar y cerrar cuentas corrientes o de cualquier naturaleza con cualquier banco o bancos, cobrar y percibir sumas de dinero, hacer depósitos y retirar fondos de dichas cuenta o cuentas; aprobar o desaprobar estados de cuentas, operaciones realizadas y saldos que resulten a favor o en contra de este Instituto, otorgar recibos y conformidades y obtener la entrega de los cheques pagados o cancelados y demás comprobantes relacionados con dichas cuentas. También se le autoriza a tomar dinero a préstamo en todas las formas permisibles y que pueda otorgar y suscribir todos los documentos que tenga a bien, pudiendo pactar libremente cualesquiera y todos los contratos...»

En preparación a los actos en celebración del 26 de Julio, Castro propuso a los dirigentes del M-26-7 lanzar una campaña para que los Habaneros alberguen campesinos que lleguen a La Habana para las festividades. La campaña, con un costo de $3 millones, se tituló *"Abre tu puerta a un campesino."*

El 13 de Julio el periodista **Luis Conte Agüero** entrevistó en Palacio al Presidente Urrutia ante las cámaras de la CMQ. En la entrevista Urrutia declaró:

«*Pedro Luis Díaz Lanz, es un traidor a la patria, pues si algo tuviera que decir sobre la política Cubana debía decirlo en Cuba y no ante el Senado Americano... las autoridades de los Estados Unidos, harían bien en extraditar al ex-Comandante para que sea juzgado por nuestros tribunales... el Gobierno de Cuba debía hacerle patente al Gobierno de los Estados Unidos su disgusto porque en el Senado se reciba a un traidor Cubano y desertor de nuestro ejército... La Reforma Agraria no perjudica a nadie, porque las expropiaciones serán indemnizadas con bonos. No dudo que unos bonos emitidos por el Gobierno Revolucionario, que se caracteriza por su honradez, no hayan de ser bien acogidos en los mercados... No sé a qué se debe el rumor de que yo estoy desavenido con el doctor Castro...*»

Finalmente, a preguntas sobre la censura del periódico *HOY* a ciertas declaraciones de Urrutia, este respondió:

«*... sé que el periódico HOY me llamó desleal. No he podido comprender todavía en qué consiste esa deslealtad. Si es deslealtad a*

El periodista **Luis Conte Agüero** (izquierda) y el Presidente de Cuba, **Manuel Urrutia**, en la época que ambos respaldaban el régimen Castrista en Cuba. Ambos se desilusionaron y exiliaron ante la creciente influencia Comunista en 1959.

Rusia, no tienen razón, porque nunca le he ofrecido lealtad a Rusia. Ahora, si es deslealtad a Cuba, veo difícil que ellos puedan demostrar eso. Lo que sí es cierto y de lo que quiero hablar es esto: Creo que los Comunistas le hacen un daño horrible a Cuba. La mayor parte del periódico HOY está dedicada exclusivamente a defender los intereses de Rusia. Yo declaro a plena responsabilidad, que los Comunistas en Cuba quieren crearle un segundo frente a la revolución...»

A mediados de Julio de 1959, en uno de los actos auspiciados por el *Conjunto de Instituciones Cívicas*, una organización derivada del *Frente Cívico Revolucionario* de la época de Batista, fue invitado Castro, el cual en su discurso declaró:

«Nosotros estamos haciendo leyes revolucionarias, pero a nadie le hemos quitado el derecho a escribir; a nadie le hemos quitado el derecho a desfilar por las calles en manifestación pacífica; a nadie le hemos quitado el derecho a reunirse, a criticar, a hablar y hasta a calumniar, porque hemos llegado a extremos tales en nuestro respeto a las libertades, que las agencias cablegráficas, cínicamente, descaradamente, han hecho desde Cuba, y sin que nadie las moleste, las peores campañas contra la Revolución Cubana... Frente a las ideologías que se disputan la hegemonía en el mundo, surge la Revolución Cubana con su ideología propia, con sus ideas nuevas, con su doctrina nueva, a convertirse en un acontecimiento importante en la historia de la humanidad...»

En la foto, de izquierda a derecha, **Raúl Chibás, Felipe Pazos, Julio Martínez Páez** y **Castro,** reunidos en la Sierra Maestra el 12 de Julio de 1957 para emitir el *Manifiesto de la Sierra Maestra* y lanzar el *Frente Cívico Revolucionario*, con una estrategia común de lucha contra Batista bajo el liderazgo de Manuel Urrutia. *El Frente*, después del 1 de Enero de 1959, se convirtió en el *Conjunto de Instituciones Cívicas*.

El 11 de Agosto de 1958, reunidos en Miami, los representantes de doce organizaciones antibatistianas (**Movimiento 26 de Julio, Movimiento 4 de Abril, Organización Auténtica, Partido Auténtico, Partido Ortodoxo, Partido Demócrata, Resistencia Cívica, Agrupación Montecristi, FEU, Instituciones Cívicas, Directorio Revolucionario** y **Unidad Obrera**), signatarias del **Pacto de Caracas**, aprobaron la candidatura del juez villareño **Manuel Urrutia Lleó** como Presidente provisional de la República y designaron al líder del Conjunto de Instituciones Cívicas, **José Miró Cardona**, coordinador del **Frente Cívico Revolucionario**.

«Nosotros vamos a llevar adelante un reajuste, un cambio en las actividades; que basta ya de pensar en ganar dinero, en hipotecas, en garrote, en solares, en alquileres. La Revolución tiende a convertir a cada ciudadano en propietario de su casa, para que no tenga que pagar más alquileres...

«Vamos a abaratar los solares, para que si valen 30 pesos valgan 3 pesos, y todo el que quiera construir su casa pueda encontrar tierra y pueda comprar un solar donde construirla. Y no solo eso, sino que le prestaremos el dinero para que la construya, sin entrada y a un bajo interés, y, además, eximiremos de impuesto por diez años al que construya su casa...

«Por eso yo digo que vamos a alcanzar un grado de progreso que ninguna gran potencia va a alcanzar, porque vamos a dedicar toda nuestra energía en producir bienes para el pueblo de Cuba; esa obra grande es a la que sin temor invito a las Instituciones Cívicas, a la que sin temor invito a estos sectores aquí representados, a las puertas de cuyo patriotismo tocamos antes, tocamos hoy y tocaremos siempre... »

Fue también a mediados de Julio que el periódico **HOY** acusó al **Presidente Urrutia** de haber adquirido una lujosa residencia en el Reparto Miramar. Urrutia acudió a los Tribunales de Justicia emplazándolos a que verificaran que él estaba comprando la residencia con sueldos dejados de percibir y un préstamo hipotecario.

Pedro Luis Díaz Lanz finalmente compareció en una audiencia pública ante una Comisión del Senado Americano el día 14 de Julio. Parte de sus declaraciones incluyeron...

> *«Fidel Castro trajo a Cuba una dictadura Comunista... hoy denuncio como miembros destacados de ese partido a **Fidel Castro, Raúl Castro, Ernesto Guevara, Augusto Martínez Sánchez, Armando Hart Dávalos, William Gálvez, Manuel Piñeiro, Herminio Escalona, Antonio Núñez Jiménez, Oscar Pino Santos, Universo Sánchez, Félix Torres, Alfredo Guevara, Flavio Bravo, Luis Mas Martin, Leonel Alonso** y **Eduardo Corona**...»*

En esos días de mediados de Julio, fueron confiscadas en la playa de Varadero 75 residencias, las cuales fueron caracterizadas como *"recuperadas."* En la provincia de Oriente, un Tribunal Revolucionario le impuso cuatro años de prisión al dueño y administrador del periódico *Libertad,* **José Octavio Muñoz**, por *"faltar en numerosas ocasiones a la verdad revolucionaria y dar abrigo a los enemigos de la revolución."* En Santa Clara, tropas de unas *"brigadas populares"* detuvieron al conocido líder tabacalero opositor **Aurelio Nazario Sargén**, militante del *Partido Ortodoxo*, que con su hermano menor **Andrés Nazario Sargén** se estaban enfrentando activamente a los Castro. Años después, en 1970, Andrés fundaría en Miami la organización anti-Comunista **Alpha-66**.

A la izquierda, **Pedro Luis Díaz Lanz** testificando frente al Senado Americano en Julio de 1959. Díaz Lanz fue el primer desertor que alertó al pueblo de Cuba sobre el peligro Comunista, arriesgando su alta posición en el nuevo gobierno revolucionario y hasta su propia vida. Había nacido en La Habana en Noviembre de 1926, en el seno de una familia de profunda tradición patriótica. Su abuelo combatió en las filas mambisas y su padre fue un alto oficial del Ejército Constitucional Cubano hasta 1930. Además, en su sangre llevaba la herencia martiana: era **sobrino-biznieto de José Martí**. Murió pobre y decepcionado, golpeado por trastornos emocionales, afectada su salud en los últimos de sus 81 años, hasta decidir arrancarse la vida un 26 de Junio del 2008.

Una foto notable, tomada en el *Campamento Militar de Columbia* en Enero de 1959, mostrando una reunión conciliatoria entre el *26 de Julio* y el *Segundo Frente del Escambray*. En la foto, de pie, de izquierda a derecha, **Lázaro Artola, Armando Fleites, Castro, Eloy Gutiérez Manoyo, Aurelio Nazario Sargén, su hermano Andrés** y **Lázaro Asencio**. De rodillas, **Roger Rodríguez, Genaro Arroyo** y **Miguel García Delgado**. El *Segundo Frente*, casi todos miembros del Partido Auténtico, quedó marginado cuando en el Escambray se unieron el *Directorio Revolucionario Estudiantil (DRE)* y el *Ejército Rebelde* bajo el mando de **Ché Guevara**. **Menoyo**, líder del *Segundo Frente,* tuvo siempre una gran animosidad con **Faure Chomón** del *DRE*. Inicialmente Menoyo había sido Jefe Nacional de Acción del DRE y su pelea con Chomón se debió a problemas con la disposición de las armas disponibles. Menoyo más tarde se exiló y comenzó a trabajar para la CIA. Cuando volvió a entrar en Cuba, lo tomaron preso y le dieron una severa condena.

Inesperadamente, el 17 de Julio, muy temprano en la mañana, el periódico **Revolución**, órgano del *Movimiento 26 de Julio,* publicó un alarmante titular: *¡RENUNCIA FIDEL!*

Todo fue una gran sorpresa. Nadie sabía qué estaba sucediendo. No se dio la causa de la renuncia. Había que esperar a que el propio Fidel Castro lo dijera en su comparecencia de esa noche. Al solo anuncio de la renuncia de Fidel Castro, el líder de la CTC David Salvador, lanzó la consigna de un paro de una hora durante la mañana, en todo el país, "con el fin de que el Dr. Castro se reintegre al cargo de Primer Ministro lo antes posible." En los ómnibus que circulaban por toda Cuba, en los comercios, en las fábricas, en todas partes, aparecieron carteles proclamando: *¡Con Fidel hasta el fin!; Renuncia, ¿para qué?; ¡Fidel, Cuba te necesita!; ¡Fidel o muerte!*

Todo el pueblo apoyaba a Fidel, pero no se conocía los motivos de su renuncia. En el periódico **Prensa Libre**, salió por la tarde un anticipo de los presuntos motivos de la renuncia de Fidel Castro.

«*Discrepancias entre el doctor Castro y el Presidente de la Republica, motivan la renuncia del Primer Ministro.*»

Castro se presentó a las 9:00 PM en los estudios de CMQ TV, para explicar al pueblo los motivos de su dimisión. El panel de periodistas estaba integrado por *Euclides Vázquez, Eduardo Héctor Alonso, Enrique Grau Esteban* y como moderador *Nicolás Bravo*. Castro comenzó diciendo:

«La razón de mi renuncia es una cosa de orden interior... soy enemigo de todos los teatralismos y de todos los dramatismos... mi renuncia obedece a la imposibilidad por mi parte de continuar ejerciendo el cargo en las actuales circunstancias, en vista de las dificultades surgidas con el Presidente de la República... las discrepancias son de tipo moral y de tipo cívico... son discrepancias de tipo ideológico. Además debo decir que son diferencias insalvables...»

En una emisión especial (Canal 6, 8.30 PM, hasta la una de la madrugada), difundida en cadena nacional con la mayoría de la radiodifusión nacional y provincial, Fidel Castro explicó las razones por las cuales renunciaba a su cargo de Primer Ministro; decisión que finalmente anuló por reclamo popular.

Después de una breve pausa Castro continuó con un largo discurso durante el cual no fue interrumpido...

«Muchos países latinoamericanos quieren romper relaciones con Cuba, por el problema del asilo político. Las embajadas están llenas de asilados y como de acuerdo con los tratados de asilo, son las misiones diplomáticas las que califican los casos, no queda otro remedio sino acceder a ese derecho; pero no se le ha buscado solución a ese problema... y es un problema grave... la actitud del Presidente se hace cada día más hostil, hasta el extremo... refrena las leyes revolucionarias y al Consejo de Ministros. Nunca pensamos que tendríamos diferencias con el doctor Urrutia. Cuando asumí el cargo de Primer Ministro, pedí más atribuciones para resolver los problemas, más poderes para resolver los problemas que son muchos. El Consejo de Ministros no quería estar presidido por el doc-

tor Urrutia, para poder marchar ágilmente y no burocráticamente... cuando accedí al cargo de Primer Ministro, la medida inicial que propuse fue la rebaja de sueldo para el Gabinete. El Presidente de la Republica estaba devengando un sueldo de cien mil pesos anuales y no se lo rebajó. Entonces compró una casa en el reparto Miramar que le costó 30 a 40 mil pesos. Efectivamente, fue comprada con su sueldo, no con malversación ni robo, pero estoy por decir que era un poco inmoral continuar percibiendo el mismo sueldo que recibía Batista...»

Todos miraban atentamente a Castro que cada vez se enfurecía más. Continuó...

«Mientras los Ministros se rebajaban el sueldo y los gastos, mientras yo le pedía a los obreros azucareros que fueran a trabajar, que renunciaran a todas las demandas; se le estaba pidiendo a todo el mundo que esperara, si estábamos pidiendo sacrificios a todo el mundo, nosotros no podíamos rebajarle el sueldo al Presidente de la Republica, pero era de elemental sentido político, que el Presidente de la Republica, acorde con el espíritu de sacrificio que estaba viviendo el País, debió rebajarse también el sueldo. Incidiendo en un error más, invierte el dinero que cobró de sus sueldos dejados de percibir en comprar una residencia... les voy a decir una cosa: esto ha estado bordeando en la traición, compañeros... y para colmo de males, el Presidente de modo sospechoso, se ha erigido en el campeón de la lucha contra el Comunismo...»

Nadie esperaba que Castro se refiriera a Urrutia en tonos tan negativos.

Los Ministros no podían creer las palabras que Castro estaba pronunciando... no las esperaban... no sabían qué hacer o qué decir... Castro continuó:

«... creo que el Presidente de la Republica, en un rapto de ceguera, quién sabe de qué pasión, aconsejado quién sabe por quién, comenzó a elaborar un plan, que era exactamente el mismo plan de Díaz Lanz, un plan de traición a la Patria... oigan sus declaraciones en una entrevista con Luis Conte Agüero:

"... Creo que los Comunistas le hacen un daño terrible a Cuba y declaro aquí, a plena responsabilidad, que quieren crearle un segundo frente a la revolución. Por eso rechazo al Comunismo y creo que todos los verdaderos revolucionarios Cubanos deben rechazarlo."

«Como Primer Ministro he hablado claro y he dicho en distintas ocasiones ¡**YO NO SOY COMUNISTA!**, ni tampoco lo es el Movimiento 26 de Julio. Nuestra revolución no es roja, sino verde olivo, que es el color del uniforme del ejército rebelde que salió de las entrañas de la Sierra Maestra...»

Como por arte de magia, durante una breve pausa de la reunión, el moderador del panel, Nicolás Bravo, tomó la palabra...

«Compañeros periodistas y público que nos escucha, acabo de recibir un mensaje que nos envían, el cual dice así:

"Reunidos el Comité Ejecutivo del **Conjunto de Instituciones Cubanas**, después de oír las manifestaciones del doctor Cas-

En cuestión de minutos, en plena transmisión por TV, comenzó a llegar un apoyo popular decidido a Castro, al cual dieron lectura los miembros el panel que lo entrevistaban. La impresión fue que todo había estado bien planeado.

tro, con la misma responsabilidad que en su oportunidad pidiera la renuncia del general Batista, solicita públicamente la renuncia del Presidente de la Republica y creyendo interpretar el sentir y el ansia del pueblo de Cuba, reclama que el doctor Castro, asuma a plenitud la función del gobierno, ocupando la Presidencia de la Republica."

«*Ese no es el único mensaje, compañeros... tengo el gusto de trasmitirles otros dos que acaban de llegar:*

*"El magistrado **Francisco Alabau Trelles** presidente del **Tribunal Supremo de Justicia**, solicita que sean citados los miembros de la Sala de Gobierno para someterles una petición de renuncia al Presidente."*

«*Doy paso ahora a otro mensaje,*» continuó Nicolás Bravo:

*"El **Frente Cívico de Mujeres Martianas**, apoya plenamente al máximo líder de la Revolución y lo exhorta a que asuma la Primera Magistratura de la Nación, como lo está reclamando todo el pueblo de Cuba."*

Antes de terminar de leerlo, llegaron también dos comunicados, a los cuales Bravo procedió a dar lectura:

*"... Interpretando el sentir del pueblo Cubano, el **Segundo Frente del Escambray** solicita la renuncia del Presidente Urrutia y que inmediatamente se reintegre al cargo el compañero Fidel Castro, porque así lo exige la revolución..."*

*"El Comité Ejecutivo de la **CTC**, en reunión urgente ha tornado el acuerdo de dirigirse esta noche a Palacio a pedirle al señor Presidente de la Republica que renuncie."*

Manuel Urrutia, al fin y al cabo, tuvo que renunciar en pocas horas. Tras presentar su renuncia se refugió en la embajada de Venezuela. Sus desavenencias con Castro y su oposición al rumbo Comunista de la revolución lo volvieron contra un régimen que ya se estaba consolidando. Fue el primer opositor desde el gobierno al Comunismo y el autor del primer intento notable de querer detener aquello.

En medio de esa "espontánea convulsión," Bravo recibió ante las cámaras de TV un telegrama del Ministro de Defensa **Augusto Martínez Sánchez**, que leyó de inmediato. :

> «Acaba de recibirse la renuncia del Dr. Urrutia como Presidente de la República. La renuncia fue presentada ante el Consejo de Ministros, la cual fue aceptada e inmediatamente se reunió de nuevo el Consejo y nombró al Dr. Osvaldo Dorticós Torrado, actual Ministro de Leyes Revolucionarias, como nuevo Presidente.»

Una vez leída la comunicación de Martínez Sáenz, el periodista **Euclides Vázquez Candela**, miembro del panel, sugirió que el Dr. Castro retirara su renuncia como Primer Ministro, a lo cual Castro accedió de inmediato.

Manuel Urrutia Lleó fue apodado *"cucharita"* (porque ni pincha, ni corta) por sus contrarios. El ex magistrado del tribunal de Santiago de Cuba había dado un voto particular a favor de libertar a los procesados expedicionarios del *Granma* y del alzamiento del 30 de Noviembre de 1956 en Santiago de Cuba. Sin embargo, una vez que tomó el poder, pasó un decreto desaforando a sus antiguos compañeros del magisterio, algunos de los cuales fueron encarcelados y un fiscal en Pinar del Río fue fusilado. Uno de los grandes errores de Urrutia como jurista, fue no denunciar la decisión personal de Castro en Marzo de 1959, de volver a juzgar a los 42 pilotos, artilleros y mecánicos de la *Fuerza Aérea* declarados inocentes de genocidio por un tribunal revolucionario. El cargo de genocidio nunca fue comprobado en el juicio ni tampoco existía en las leyes de la república ni en el código penal de la Sierra Maestra. La historia de esta travestía de la justicia, que no denunció *"cucharita,"* marcó el inicio de la pérdida de Cuba como república democrática.

El 19 de Julio, resuelta ya la nueva configuración del poder bajo la presidencia de **Osvaldo Dorticós**, comenzaron los preparativos para la celebración de 26 de Julio en La Habana. **Camilo Cienfuegos** se trasladó a Yaguajay, las Villas, el 26 de Julio, para encabezar una cabalgata de más de 2,000 guajiros que proyectaba llegar a la *Plaza Cívica* el día 26 de Julio. Desde *La Plata*, en Oriente, el Comandante **Crescencio Pérez**, partió hacia La Habana con más de 12,000 guajiros con el mismo propósito. **Osvaldo Dorticós**, que presidiría los actos conmemorativos, se rebajó su sueldo, decidió no vivir en Palacio y cortó radicalmente los gastos de la Presidencia; su esposa anunció que seguiría en su trabajo como profesora de Segunda Enseñanza.

Fotos: *de arriba a debajo*. Castro con el nuevo presidente de Cuba, **Osvaldo Dorticós Torrado**; en la prensa nacional, Castro continuó declarando que la revolución no era Comunista; eliminado el obstáculo que presentaba Urrutia, Castro comenzó a presentarse por toda la isla en preparación del aniversario del 26 de Julio.

Con motivo de las anticipadas celebraciones del aniversario del *26 de Julio* comenzaron a llegar a Cuba visitantes de fama izquierdista, como el Senador Comunista Chileno **Salvador Allende** y el ex-Presidente Mexicano **Lázaro Cárdenas**. Por otra parte, Osvaldo Dorticós, Comodoro del *Cienfuegos Yacht Club,* cuyas credenciales Comunistas eran impecables (Secretario personal del líder del PSP *Juan Marinello*), a pesar de ser descendiente de **Tomás Terry**, uno de los hombres más ricos del continente, comenzó a hacer declaraciones y presentaciones públicas en respaldo a la revolución.

« ... *todos los hombres de mi generación han sido por lo menos asiduos lectores de las obras Marxistas pero que de eso a la militancia Comunista hay un gran trecho... a las elecciones iremos cuando las circunstancias lo aconsejen. El momento es de la Reforma Agraria, que es un anhelo nacional... ahora estamos combatiendo la campaña de prensa que vienen haciendo contra Cuba los intereses imperialistas... yo siempre he sido partidario de contrarrestarla. Esas mentiras tenemos que combatirlas de acuerdo con las posibilidades Cubanas, pero no subvencionándolas sino científicamente organizadas... estas represalias económicas contra Cuba dependen del Gobierno de los Estados Unidos... el Gobierno de Cuba está decidido a pedir la extradición de Batista y sus colaboradores, pero desgraciadamente tenemos muy poca confianza en esas gestiones...*»

Foto de 1959. Vista de la presidencia del acto conmemorativo del **26 de Julio** en La Habana, en que Castro aceptó el *"reclamo del pueblo"* de reasumir el cargo de Primer Ministro del Gobierno Revolucionario.

Invitado a un panel de *Ante la Prensa* dirigido por **Jorge Mañach**, Dorticós añadió:

> «... El Primer Ministro acatará el mandato del pueblo y se reintegrará de nuevo al cargo. Yo creo que la ocasión del 26 de Julio será suprema prueba de cuánto ha calado el liderazgo del doctor Castro en nuestro pueblo y hasta qué punto es este un mandato popular que no puede desobedecer... es mi criterio personal que tan deplorable es el sistema bilateral de dos partidos, como el sistema de muchos partidos artificialmente creados... yo he decidido no vivir en Palacio porque no sabría vivir allí. Eso denotaría ausencia de austeridad y además mientras en Cuba exista miseria en el pueblo y hambre en nuestros campesinos y necesidades en muchos cubanos, luce bastante doloroso y terriblemente desconcertante que quienes dirigen un gobierno revolucionario vivan dentro del ambiente un tanto lujoso y fatuo de un Palacio...»

Llegó por fin el 26 de Julio. El gobierno de la revolución en pleno se trasladó a Santiago de Cuba. El *Consejo de Ministros* se reunió en el *Club de Oficiales del Moncada*. Dorticós tomó la palabra:

> «Compañeros: siendo exactamente las 5 y 15 de la mañana, hora histórica en que se realizaba el asalto al cuartel Moncada, y como homenaje a nuestros mártires caídos en aquella gloriosa acción, declaro abierta esta sesión extraordinaria que he convocado especialmente teniendo como sede el cuartel Moncada. Antes de comenzar el debate, ruego a todos que guardemos un minuto de silencio en recuerdo de nuestros mártires...

Tres acuerdos importantes fueron tomados allí:

- Se declaró el día 26 de Julio como **Día de la Rebeldía Nacional**.
- Se declaró el 30 de Noviembre, **Día de los Mártires de la Revolución**.
- Se transfirieron al **Instituto Nacional de Reforma Agraria**, propiedades por valor de 20 millones de pesos.

Mientras tanto, en La Habana, **Camilo Cienfuegos**, al frente de la columna Antonio Maceo, llegó con más de dos mil jinetes. A las 10 de la mañana, se escenificó un desfile ante el *Capitolio Nacional*, con la participación de unidades de los institutos armados y brigadas cívicas. Más tarde, frente al litoral, se realizaron simulacros de bombardeos con tanques y aviones. **Monseñor Evelio Díaz**, Obispo de La Habana, exhortó al pueblo Cubano a celebrar esa fecha, dando de nuevo un pleno respaldo Católico al *Movimiento 26 de Julio*. A las cuatro de la tarde, la *Plaza Cívica*, era un mar de cabezas; mas de cien mil cubanos se habían dado cita para escuchar a Castro. Los campesinos saludaron al Comandante chocando sus machetes. En el acto hablaron **Osvaldo Dorticós, David Salvador, Faustino Pérez, Crescencio Pérez, Raúl Castro,** el ex-presidente de México **Lázaro Cárdenas** y **Fidel Castro.**

La esperada declaración de Castro se produjo en los primeros minutos de su discurso:

«... Acato la voluntad mayoritaria del pueblo cuando me demanda reintegrarme de nuevo al cargo de Primer Ministro...»

Como colofón a las celebraciones, El *Ministro de Recuperación de Bienes Malversados,* traspasó al *Instituto Nacional de Reforma Agraria,* nueve mil caballerías de tierra, 38 mil cabezas de ganado, 443 caballos y tres mil puercos. Además, dos ingenios azucareros. En ese momento, ninguna de esas dádivas eran propiedad del gobierno revolucionario, detalle del cual todos los asistentes se olvidaron.

Un día después, el 27 de Julio, Castro sostuvo una charla en el *Hotel Habana Hilton* con la prensa extranjera. A una pregunta de un periodista de la *Revista Time* Castro respondió:

*«Con relación a quién era dueño de lo entregado ayer al Instituto Nacional de Reforma Agraria, debo indicarles que fueron bienes incautados por la revolución. Si hubiéramos tenido dólares, los hubiéramos pagado en dólares, pero como no tenemos dólares los hemos tenido que pagar en valores reales: en **bonos**...»*

Contrario a las repetidas afirmaciones de que la revolución Cubana no simpatizaba ni era parte del mundo Comunista, Castro contó siempre con un gran apoyo internacional por parte de conocidos marxistas como **Lázaro Cárdenas**, (foto a la *derecha*) el ex-Presidente Mexicano que confiscó el petróleo en su país y el Senador **Salvador Allende**, futuro presidente de Chile. Cárdenas murió de cáncer en México el 19 de Octubre de 1970 a los 75 años de edad. Allende fue ejecutado en 1973 por hombres al servicio de Castro en Santiago de Chile cuando estaba a punto de rendirse en el *Palacio de La Moneda* al General Pinochet, en un golpe de estado al que se opuso Castro violentamente.

Al terminar el mes de Julio, Ernesto (Ché) Guevara se encontraba en Jakarta, Indonesia, donde hizo unas declaraciones diciendo:

« En Cuba no hay problema de infiltración Comunista y sí de agresión Norteamericana contra la Reforma Agraria.... »

Agosto del 1959
Sabotajes a la Revolución, Informe de Fidel Castro sobre la invasión Trujillista. Declaración de Santiago de Chile. Lucha por la presidencia de la FEU.

El mes de Agosto comenzó con una serie de bombas de fabricación casera que ocasionaron considerables daños a varios aviones militares que se encontraban en el *Aeropuerto Internacional de Miami*, esperando ser trasladados para Cuba. El sabotaje fue realizado por personas pertenecientes al régimen derrocado el pasado 31 de Diciembre. Castro declaró al efecto:

«Elementos del pasado régimen se han dedicado a aplicar el terrorismo en la ciudad floridana de Miami, con el beneplácito del senador Eastland y las autoridades de esa localidad.»

El 4 de Agosto fue inaugurado el **Monumento a Calixto García** en la intersección de la calle G del Vedado con el Malecón Habanero. La colocación de la primera piedra había ocurrido el 29 de

El **Monumento a Calixto García Iñiguez** en la Calle G y el Malecón Habanero.

Abril de 1957; el 4 de Agosto de 1959 fue inaugurado, coincidiendo con el aniversario 120 del nacimiento del prócer Holguinero. La estatua se alza a diez metros sobre el nivel del mar, con un total de 40 metros de altura y refleja la figura del Mayor General Calixto García en su traje de campaña, con la cabeza descubierta y en actitud de arengar a los soldados a la lucha. El monumento fue develado por su hijo, el general Carlos García Vélez.

En la foto, **Jules Dubois,** autor del artículo **Castro al Desnudo**. La publicación dio lugar a una reunión de Castro, Bonsal y Raúl Roa en al apartamento de Roa, de 8:30 PM a 2:00 AM la noche del 7 de Agosto. En la reunión, Castro lamentó algunas de sus propias declaraciones en contra del gobierno de los Estados Unidos. El embajador Bonsal más tarde declararía: *"Creo que se ha hecho algún progreso en su pensamiento sobre este tema."* Nada sucedió en realidad.

El día 6, comenzó el *Instituto Nacional de Reforma Agraria* a operar el central *María Antonia*, en la provincia de las Villas, mientras cientos de fincas y numerosas empresas agrícolas eran expropiadas por el *Ministerio de Recuperación de Bienes Malversados*.

Al día siguiente, a las 10:00 PM, se dio a conocer una enorme conspiración inspirada y apoyada por el General Manuel Benítez y el Cónsul Dominicano en Miami. Más de 45 personas resultaron arrestadas y confinadas a la *Prisión del Príncipe*, en La Habana.

A las pocas horas de la mañana del día 7, el periódico *Diario de la Marina* publicó un artículo de **Jules Dubois**, uno de sus corresponsales, titulado *Castro al Desnudo*. El famoso comentarista Norteamericano reveló los nombres de los reconocidos miembros Comunistas dentro del gobierno de Castro e informó sobre sus principales simpatizantes y colaboradores, todos conocidos miembros del Comunismo Internacional. Castro se enardeció y dio órdenes a los miembros de la prensa afectos a su gobierno que no comentaran ni hicieran referencias al artículo de Dubois. En privado amenazó al *Diario de la Marina* diciendo:

«Voy a hacer desaparecer ese papelucho del ambiente noticioso de Cuba... no lo voy a censurar, lo voy a enterrar...»

El *Ministerio de Recuperación de Bienes Malversados* continuó con sus intervenciones en fincas e industrias agrícolas confiscando numerosas propiedades adicionales en Camagüey, entre ellas nueve propiedades de gran peso económico: los Centrales **Vertientes, Violeta, Tarafa, Francisco, Najasa, Patria, Rionda, San Pablo** y **Zorrilla**.

El 10 de Agosto, a la confiscación de centrales y fincas, siguió la captura y encarcelamiento de elementos contrarrevolucionarios vinculados con Batista o Trujillo. A las 11:00 PM ese día, la residencia de Castro en la playa de Cojímar fue tiroteada impunemente por elementos desconocidos. Castro en ese momento hablaba telefónicamente con Raúl Roa y Armando Hart Dávalos, que se encontraban en el aeropuerto José Martí en camino a la *Conferencia de Cancilleres* a celebrarse en Santiago de Chile.

En la foto, **la casa de Castro en Cojímar en 1959**. Era una mansión rodeada de árboles, dentro de la cual había grandes variedades de animales, incluyendo una pareja de osos. Miembros del *MININT*, el *Ministerio del Interior*, mantenían una vigilancia las 24 horas del día. Allí había además criaderos especiales de cerdos y aves para el consumo interno, además de una cocina habilitada con los mejores equipos. La propiedad incluía piscina y áreas de recreación, con acceso al mar por medio del *Río Cojímar*, el cual colinda con la mansión. Al lado de la residencia, Castro mandó a reconstruir la casa de sus abuelos en Galicia, España, la cual fue desmontada piedra a piedra y llevada a Cuba en barco, donde expertos realizaron la labor de volverla a construir. Esta operación costo miles de dólares. Al lado de la mansión principal se construyó una casa modesta, en la cual comían y tomaban su descanso los escoltas. La mansión había sido confiscada a **Alfredo Hornedo**, dueño de los periódicos *El País*, *Excelsior* y el *Teatro Blanquita*.

Castro anunció el día 11 que la Unión Soviética había firmado un contrato con Cuba para obtener a precio especial *ciento setenta mil toneladas de azúcar*. La URSS era en ese momento el mayor fabricante de azúcar del mundo, produciendo doce millones de toneladas anuales. La compra fue parte del plan soviético para establecer relaciones diplomáticas y comerciales con el régimen de los Castro. Rusia, con esa adquisición, introdujo en Cuba toda una serie de espías, misiones diplomáticas y técnicas que no le hubiera sido fácil establecer en tiempos normales

En esos días ***Philip Bonsal***, embajador Americano en Cuba y ***José Miró Cardona***, fueron las dos más importantes visitas recibidas en el *Ministerio de Relaciones Exteriores* por el Canciller ***Raúl Roa***. El primero le visitó para darle a conocer la inquietud de la prensa y la Cancillería Americana por la frecuencia de visitas a Cuba de personajes aliados al Comunismo; el segundo para aceptar el nombramiento de Embajador de Cuba ante el gobierno de Franco en Madrid.

Philip Wilson Bonsal, un diplomático de carrera de los Estados Unidos, especialista en asuntos Latino-Americanos, fue Embajador de los EEUU en Cuba desde Febrero de 1959 hasta Octubre de 1960, los primeros meses del régimen de Castro. El **New York Times** calificó su nombramiento de *"la elección espléndida de un diplomático distinguido de carrera, con todas las calificaciones que se le pueden pedir por la tarea difícil y gratificante que está asumiendo."* El antecesor de Bonsal, **Earl ET Smith**, había mantenido relaciones amistosas con Batista y fue retirado rápidamente después del derrocamiento.

En el aeropuerto de Trinidad, en las Villas, ocurrió un incidente inesperado y grotesco al desembarcar el día 13, a las 8:15 PM, un avión C-46 procedente de Ciudad Trujillo, con una *"invasión"* encaminada a *"salvar a Cuba de los Castristas."* Desembarcaron *Luis Pozo, Roberto Martín Pérez, Alfredo Malibrán Moreno, Raúl Alonso Arbajal, Raúl Prieto, Pedro Rivero Moreno, Alfredo Carela Delgado*, un Capitán de apellido *Betancourt*, un Teniente apellidado *Vals*, y el Teniente Coronel *Antonio Soto Rodríguez*. En una breve refriega fueron muertos Betancourt y Vals y hecho prisioneros el resto. Las fuerzas Castristas tuvieron dos bajas: Frank Hidalgo Gato y Felipe Paz y nueve heridos. El fracaso de la Invasión Trujillista a Trinidad dio por terminada la rivalidad entre Castro y Trujillo. El dictador Dominicano moriría poco después, en 1962, de manos de agentes de Castro en un atentado en Santo Domingo.

Mientras la revolución caminaba a marcha forzada en Cuba, en Europa, África y Asia, *Ernesto Guevara* continuaba estrechando lazos con el Comunismo Internacional. El 14 de Agosto lo recibió en Belgrado, en su residencia veraniega en la isla de Briono, el presidente y dictador vitalicio Comunista **Josip Broz (Tito)**. Guevara venía de regreso de Indonesia, la USSR, Egipto y Ceilán.

Raúl Castro no se quedó atrás. Sus planes de asistir en Santiago de Chile a la *Quinta Reunión de Emergencia de los Ministros de Relaciones Exteriores de la Organización de Estados Americanos (OEA),* fue momentáneamente frustrada por una legislación Chilena que prescribía un permiso del Congreso Chileno para visitas de Jefes de Ejército de otras naciones. En La Habana, Castro otorgó una licencia a su hermano para evadir ese obstáculo y Raúl aprovechó la ocasión para dar un discurso en la *Universidad de San Marcos* en Lima, en el que expresó:

« *La defensa hoy de Cuba, será mañana la defensa de la revolución de otros pueblos a medida que se sacudan el yugo del imperialismo Americano...*»

El gobierno Chileno había respondido con el anuncio de que Raúl Castro sólo sería recibido en Santiago si llegaba en un avión civil y no con una corte personal en un avión militar, a lo cual accedieron los Castro.

En horas de la madrugada del día 18, un automóvil tripulado por personas desconocidas, atacó la residencia del Comandante

En 1959, **Ernesto (Ché) Guevara**, que no era más que un simple motociclista aventurero Suramericano, se dio gusto visitando grandes personalidades del mundo político de la época. *En la foto,* Guevara en una entrevista con **Josip Broz (Tito),** dictador de Yugoslavia. Al centro de la foto, el intérprete muestra una cara que califica el carácter surrealista, inútil y barroco de esa entrevista, en la cual el Ché no tuvo nada de interés que contarle al Primer Ministro Tito.

Eloy Gutiérrez Menoyo. Los guardaespaldas ripostaron la agresión y los ocupantes del automóvil desaparecieron de aquellos contornos, no reportándose heridos en el encuentro.

En Santiago de Chile, el día 19, se clausuraron las sesiones de la *Quinta Reunión de Emergencia de los Ministros de Relaciones Exteriores* con unas declaraciones que no tuvo reparos en firmar el Ministro de Relaciones Cubano Raúl Roa:

> «*El principio del imperio de la Ley debe estar asegurado mediante la **separación de los poderes** del Estado y por el control de la legalidad de los actos gubernamentales por **órganos competentes** del Estado.*
>
> *El gobierno de las republicas Americanas debe estar derivado de **elecciones libres**. La perpetuación en el poder y el ejercicio del poder sin un periodo fijo y con el intento manifiesto de eternizarse, es **incompatible** con el ejercicio efectivo de la democracia.*
>
> *Los gobiernos de los Estados Americanos deberán asegurar un sistema de **libertad para el individuo**, y la justicia social basada en el **respeto a los derechos fundamentales**.*
>
> *Los Derechos Humanos incorporados a la legislación de los Estados Americanos, deberán ser protegidos por **procedimientos judiciales eficientes**.*
>
> *La **libertad de prensa, radio y televisión** y en general la libertad de información y expresión son condiciones esenciales para la existencia de un régimen democrático.*
>
> *Los Estados Americanos, a fin de **robustecer las instituciones democráticas** deberán cooperar entre sí dentro de los límites de sus recursos y del marco de sus leyes, de manera que vigoricen y desarrollen su estructura económica y logren **justas y humanas condiciones para sus pueblos**.*»

En el *Aeropuerto Internacional General Andrew*, en la capital de la República Dominicana, un numeroso grupo de familiares del exdictador Cubano **Fulgencio Batista**, tomaron un avión de *Transportes Aéreos Portugueses (TAP)* con rumbo a Lisboa, iniciando así el exilio político Europeo de los Batista. Al llegar a su destino, la comitiva se hospedó en el *Hotel Four Seasons Ritz* de esa ciudad, inaugurado en 1952 por el dictador **Antonio de Oliveira Salazar**. Un hotel que, en palabras de su diseñador *Queiroz Pereira*...

> «... *siempre será, una mansión que a lo largo de su existencia, proporcionará lujo y comodidad, dignificará a la ciudad y, sobre todo, honrará a la nación.*»

Una foto de *la familia de Fulgencio Batista* en el exilio en la isla de *Madeira* en Portugal. A la derecha, el pie de la foto según divulgada por la *Associated Press* en 1960.

Antes de concluir el mes de Agosto, el Consejo de Ministros aprobó la **Ley Número 502**, por la cual se rebajaron la tarifas eléctricas en un 31%, esto es, a $ 0.6 por kilowatt-hora. Independientemente del impacto que eso tendría en la operatividad de la *Compañía Cubana de Electricidad*, la empresa fue obligada a continuar sus planes de servicio y sus proyectos de ampliación de acuerdo a las necesidades de los usuarios.

Por otra parte, un grupo de Castristas que invadieron la Republica de Haití, fueron cercados por el ejército regular en las montanas *Caracausse* y aniquilados. El ejército Haitiano informó que los invasores habían sufrido más de veinte bajas y los que quedaron vivos se entregaron sin hacer resistencia. Entre los muertos se encontró al Capitán del Ejército Nacional Cubano **Riugal Guerrero**. La República de Haití inmediatamente retiró su embajador en La Habana y cerró la embajada.

Al sur del continente, el Ministro de Educación **Armando Hart**, participó el día 21 de Agosto en un acto organizado por los Comunistas en Santiago de Chile, exhortando a los obreros y campesinos

Chilenos a tomar las armas contra el gobierno democrático de ese país e instaurar un sistema Marxista con la ayuda de Cuba.

El desfile de la manifestación terminó frente al *Hotel Carrera*, dando gritos de ***"abajo el Imperialismo Yanqui..."*** Al terminar su discurso, Armando Hart presentó un sumario de orientación a los Chilenos y otros Marxistas de la América Latina, del cual se publicaron en Cuba cientos de ejemplares:

> « Es cierto que la Revolución Cubana ha provocado un deslumbramiento tal en los revolucionarios latinoamericanos que ha llegado a cegarlos. En todos los países de América Latina se ha hecho sentir la aspiración a seguir un camino con las armas en la mano. Surge así y se ha desarrollado un variado y extenso movimiento guerrillero que opera primero en el campo y después en las ciudades. Este movimiento se centra en una apoteosis de la voluntad revolucionaria reducida al foco guerrillero. Es así como se desarrolla

En la foto, **Armando Hart** dirigiéndose a los asistentes de una Convención Marxista en Santiago de Chile en 1959; a su izquierda, **Luis Vitale**, el cerebro Comunista de Chile. Hart, de familia adinerada, era menos doctrinario que algunos de sus colegas Comunistas. Aconsejó a Castro en su relación con la Unión Soviética, pero desde el principio expresó su apoyo, y logró el sostén de Castro, a las insurrecciones armadas contra las dictaduras latinoamericanas apoyadas por los Estados Unidos.

*un Marxismo bien enfocado. La exposición de la lucha armada, guerrillera, se define **1)** a la reducción de las diversas formas de lucha a la lucha armada y a una sola de ella: la guerra de guerrillas; **2)** la disociación de la lucha armada de la lucha política; **3)** la sustitución del Partido (en sentido Leninista) por el foco guerrillero, y **4)** la elevación de la dirección militar al rango de dirección única y exclusiva en la lucha, ya que absorbe en su seno, o subordina a ella, la dirección política... »*

En la Universidad de La Habana, la lucha por la presidencia de la FEU se tornó en el tema central de discusiones entre los estudiantes. El Subsecretario de Gobernación, **Rolando Cubela**, renunció a su puesto y aspiró a la Presidencia de la FEU. Cubela había iniciado su carrera como dirigente estudiantil en la FEU y tras el golpe militar que impuso la dictadura de Fulgencio Batista, se adhirió al *Directorio Revolucionario* fundado por *José Antonio Echeverría*. En Octubre de 1956 formó parte del grupo armado del Directorio que ajustició a *Antonio Blanco Rico*, jefe del Servicio de Inteligencia Militar en el *Cabaret Montmartre*. En Marzo de 1957, integró el grupo guerrillero que realizó el ataque al *Palacio Presidencial* de Cuba y en 1958 dirigió junto con *Faure Chomón* el grupo guerrillero que el Directorio estableció en el Escambray, coordinando sus acciones con las columnas guerrilleras del *Movimiento 26 de Julio*, que arribaron a la zona en Octubre de 1958 al mando del *Guevara* y *Camilo Cienfuegos*.

A pesar de esa trayectoria revolucionaria de primera, que le valió a Cubela en 1959 el grado de Comandante de las Fuerzas Armadas Cubanas, en la Universidad de La Habana salió electo presidente de la *Federación Estudiantil Universitaria (FEU)* gracias a la intervención directa de Castro, que no quiso tener una FEU dirigida por el candidato del ala derecha del *Movimiento 26 de Julio*, **Pedro Luis Boitel**.

Boitel había nacido en 1931 en Jovellanos, Matanzas, en el seno de una humilde familia originaria de *Picardía*, Francia. En 1959 fue electo presidente de la *Federación Estudiantil Universitaria (FEU)* en la facultad de Ingeniería y candidato potencial a la presidencia de la FEU. El día de las elecciones, la estación radial *CMQ* dio a conocer el triunfo de Boitel en tres de la más importantes facultades de la Universidad, lo cual daba por descontado su triunfo en las elecciones presidenciales de la FEU frente a su oponente Rolando Cubela. Con el tiempo, Boitel, como cristiano y anticomunista comenzó a decepcionarse de los eventos políticos en

Cuba y a oponerse al giro Marxista de la revolución. En 1961 fue detenido, acusado de conspiración contra el Estado y sentenciado a diez años de prisión. En 1972, después de 53 días en huelga de hambre y sin atención médica alguna, falleció, fue enterrado en una tumba sin nombre en el Cementerio de Colón.

Rolando Cubela no tuvo mejor suerte. Unos años después, Cubela, decepcionado con el régimen Castrista, comenzó a conspirar con la *CIA* para asesinar a Castro; a última hora se arrepintió y le contó toda la conspiración con lujo de detalles al propio Castro. Por conspirar fue a la cárcel. Por haberle confesado todo a Castro salvó su vida y pudo irse de Cuba y vivir exiliado.

Fotos: *de arriba a debajo, izquierda a derecha*: **Pedro Luis Boitel** en un grupo en la Universidad de La Habana el día de las elecciones para la presidencia de la *FEU*; **Boitel**, en una de sus últimas fotos en presidio; debajo, izquierda, **Rolando Cubela Secades** en los días de la Sierra Maestra.

El día 27 de Agosto en el *Hotel Havana Hilton*, por primera vez desde el 1 de Enero, las clases económicas Cubanas ofrecieron un banquete en homenaje a la revolución al cual asistieron *Rufo López Fresquet, Osvaldo Dorticós* y el propio *Castro*. Por las Corporaciones Cubanas habló *Emeterio T. Padrón*, distinguido hombre de negocios y presidente de la Revista *Canarias en Cuba*, órgano de la *Asociación Canaria*. Las palabras de Padrón fueron:

> «Para conocimiento del propio Gobierno, de toda la Nación y del mundo entero, las clases económicas del país expresan aquí su más decidida cooperación y exponen su condena a todo acto contrarrevolucionario, por considerarlo injustificado, perturbador y antipatriótico.»

Para asombro de la audiencia, Castro se mostró desinteresado y suspicaz... no agradeció ni hizo referencia a las palabras de respaldo de la comunidad empresarial de Cuba allí presente.

El mes de Agosto terminó con nuevas medidas por parte del gobierno para confiscar propiedades, arrestar disidentes y lanzar y vender a la ciudadanía los beneficios de una *Reforma Tributaria Revolucionaria*. Entre los nuevos confiscados se encontró el General *José Eleuterio Pedraza*, que perdió todas sus propiedades en Las Villas. Castro confió a *Osvaldo Dorticós* la tarea de explicar y popularizar las ventajas de la nueva Ley Tributaria.

Septiembre del 1959

Regresa el Dr. Carlos Prío de Europa. Se acomoda el General Batista en Funchal. Fidel Castro ante el programa *Comentarios Económicos*. Morgan prisionero.

El mes de Septiembre comenzó con la presencia de Osvaldo Dorticós en la apertura de los Tribunales Civiles para el nuevo año judicial 1959-1960. A los pocos días, la prensa reportó las palabras de **Pastorita Núñez**, directora del *Instituto de Ahorro y Viviendas*, anunciando que la revolución proyectaba construir 30,000 casas nuevas en la ciudad de La Habana para las clases populares...

> «... el pueblo tiene derecho a una vivienda cómoda e higiénica y la revolución lo hará posible financiándolo con un nuevo plan de bonos...»

En la primera página de los periódicos de toda la isla se publicó una larga lista de más de 200 personas sentenciadas a 30 años de trabajo forzoso por desacato y conspiración en contra de la revolución. Pocas figuras públicas eran conocidas en la lista. **Otto Meruelo**, el locutor Batistiano, fue uno de los pocos conocidos por el público general. A esa noticia la acompañaba otra un tanto intrigante. La revolución estaba considerando adoptar en Cuba el sistema ruso en los deportes. El relato señalaba el apoyo de los cronistas deportivos *Fausto Miranda* y *Jess Losada*. Pocos conocían los detalles del llamado *"sistema ruso."*

Arriba, **Carlos Prío** y su elegante esposa al llegar a Miami procedentes de Europa en 1959. Prío lamentó haber vendido en 1951, la famosa **Casa Reposada** que había comprado en Miami cuando era Presidente de Cuba a un tal Mr. Ray. La casa estaba situada en el lado oeste de la histórica *South Miami Avenue*, en un enorme terreno que abarcaba un bloque entero y que muchos lugareños consideraban muy esotérico. La dirección era *2100 South Miami Avenue*. Mr. Ray recibió noticias en 1951 sobre un dignatario misterioso que quería comprar *La Casa Reposada*. Al principio, no se interesó en vender, pero le hicieron una oferta que era lo suficientemente atractiva como para que reconsiderara su decisión. Fue así como Prío se convirtió en Miamense.

El día 3, regresó de Europa el ex-presidente de la Republica Dr. Carlos Prío Socarrás con toda su familia. Al pisar tierra Cubana expresó:

«Aquí no es necesario defender a la revolución Cubana. Los hechos demuestran la buena fe y la honestidad del gobierno. Donde he tenido que hacer declaraciones en defensa del gobierno fue en el extranjero... es necesario que la revolución triunfe y tiene que triunfar; en ese sentido los que la dirigen hacen los mayores esfuerzos.

La revolución Cubana es un ejemplo para el mundo, bajo el mando director del timonel Fidel Castro.»

El grupo de *Revolucionarios en México en 1956*, que luego desembarcaron en Oriente y se internaron en la Sierra Maestra. De izquierda a derecha, **Juan Almeida** (primero a la izquierda, en la obscuridad), **Justo Carrillo Hernández** (en un círculo), **Reinaldo Benítez, Universo Sánchez, Fidel Castro** (con espejuelos de sol), **Ciro Redondo** y **Ramiro Valdés**.

Por un error burocrático que el INRA compensaría días más tarde, en el barrio de Guisa, municipio de Bayamo, fue confiscada la finca *Manibón*, propiedad de la **Sra. Manuela García Iñiguez**, nieta del General de la Guerra de Independencia Calixto García, que había sido honrado semanas atrás con la inauguración de un monumento en su honor en la calle G del Vedado y el Malecón. Castro, furioso, arremetió con Guevara por el desorden conque funcionaba el INRA.

El gobierno comenzó una anunciada depuración de los magistrados judiciales con la designación de **Eloy Merino Brito** como presidente de la Audiencia de Pinar del Río. Otro famoso jurista, **Justo Carrillo Hernández**, donó a la revolución la finca *Jesús, María y José*, de su propiedad, situada en Santa Rita de Guanabo, en Batabanó. El siguiente depurado fue el magistrado del Tribunal Supremo **Dr. Luis Alberto Rubio y Rubio**, miembro de la Sala Segunda de lo Criminal, que fue acusado de conspirador y enviado a presidio.

La *International Commission of Jurists*, en Ginebra, con fecha Agosto de 1959, ya había expresado su preocupación y emitido una advertencia con relación a la precaria situación del estado de derecho en Cuba en ese momento. La diversidad de opiniones de los juristas Cubanos con relación a la revolución, había ya creado en Septiembre de 1959 una gran inquietud en los foros internacionales.

La prensa Cubana dio a conocer que el traslado de la familia de Batista de Lisboa a Madeira había sido llevado a cabo en el vapor *Patria*, un buque de carga, por falta de servicio aéreo. La familia, sin embargo, se preparaba para mudarse a una lujosa hacienda, *La Quinta Favilla*, una de las más lujosas propiedades en la isla de Madeira.

El Ministro de Transporte, **Comandante Julio Camacho Aguilera**, dio a conocer que había sido designado el **Capitán Juan Niury Sánchez,** como interventor de la *Cooperativa de Ómnibus Aliados* de La Habana *(COA)*, con amplias facultades para depurar o acusar a los revoltosos.

El día 7 de Septiembre, por Resolución del *Instituto Nacional de Reforma Agraria*, se autorizó la compra de las empresas *Fábrica de Implementos Agrícolas, SA*, por valor de $ 6 millones de pesos, la *Compañía Anglocubana de Tractores, SA*, por un valor de $ 5.6 millones de pesos y la Compañía *The Groven Trading Corporation*, todas sin previa subasta, con los pagos hechos en bonos.

El día 9, la *Federación de Trabajadores Gastronómicos de Cuba* solicitó al gobierno revolucionario que expulsara por indeseable al corresponsal Norteamericano del *Chicago Tribune*, **Jules Dubois**. La Federación también ordenó a sus miembros que a partir esa fecha, no se le sirviera nada, ya fuera en hoteles, restaurantes, cafeterías, bares, y todo tipo de establecimientos similares, en merecido castigo por su propaganda en contra del Comunismo Cubano. La única queja por estas dos decisiones fue planteada por el *Diario de la Marina*.

Fotos: *a la izquierda* **Universo Sánchez**; *a la derecha,* **Sergio del Valle**. Universo Sánchez, que con Faustino Pérez nunca se separó de Castro tras el desembarco del Granma, cayó en desgracia y murió en Cuba solo y abandonado. Sergio del Valle siguió fiel a la revolución hasta su muerte en el 2007.

El 11 de Septiembre tomó posesión de la jefatura del Regimiento Plácido, en la provincia de Matanzas, el Comandante **Universo Sánchez** en sustitución del Comandante **Sergio del Valle**, Capitán del Ejército Rebelde y tras el triunfo de la Revolución Cubana, General de División de las *Fuerzas Armadas Revolucionarias*. Años más tarde, Sergio del Valle sería designado vocal del Tribunal Revolucionario que juzgó a los prisioneros de la fracasada invasión por Playa Girón. Universo Sánchez murió en 2012 a la edad de 93 años, olvidado en todos los órganos oficiales de la revolución. Por 19 de sus últimos años Sánchez estuvo en el llamado **plan piyama** de la revolución. Según relatos extraoficiales...

> «... a Universo, uno de los tres primeros guardaespaldas de Castro desde el exilio Mexicano, le salió lo de gatillo fácil y asesinó de dos balazos al Capitán Emiliano Ávila, oficial del Ministerio del Interior (MININT) y compañero suyo del Comité del Partido en una zona del Este de La Habana, donde ambos vivían. El Capitán Ávila, quien estaba en comisión de servicios y paralelamente funcionaba como Director de Comercio y Gastronomía en el territorio mencionado de la provincia de La Habana, denunció repetidamente los abusos de poder y la corrupción en la que incurría Universo Sánchez... "... por muy Comandante de la Revolución y General de Brigada que fuera..." El colmo fue cuando Ávila acusó a Sánchez de robarse los productos lácteos de la zona, afectando la cuota destinada exclusivamente para niños menores de siete años.»

Sánchez, en efecto, no fue a dar con su humanidad al **Combinado del Este** o a la siniestra prisión de **100 y Aldabó**, *"donde hasta Supermán lloraba todas las noches."* Un tribunal de La Habana lo condenó a cumplir seis meses de reclusión en una granja especial llamada *La Campana*, ubicada cerca del Guatao, en la provincia de La Habana.

Ese día 11, falleció en La Habana, sin recibir honores militares de ningún tipo, el **Comandante Ramón Fonst Izquierdo**, gloria de Cuba, maestro de maestros en esgrima que dio pruebas de sus habilidades en numerosas competencias internacionales. Fonst alcanzó el honor de ser *Campeón Mundial de Florete* y *Campeón Internacional en el Manejo de la Espada*.

En la foto, **Ramón Fonst Izquierdo**, Cubano, Campeón Olímpico y Mundial, electo al Salón de la Fama de la *Federación Internacional de Esgrima (FIE)*.

El divisionismo dentro del pueblo de Cuba comenzó a ser crítico a finales de 1959. El 12 de Septiembre, el *Gremio de Estibadores y Braceros del Puerto de Santiago de Cuba*, acordó expulsar de sus filas e inhabilitar por quince años, con privación de empleo en los puertos de Cuba, al trabajador **Santiago Casacó** por sus manifestaciones contra el régimen revolucionario. La *CTC* desestimó tomar el caso en una apelación legal de la familia de Casacó.

A mediados de Septiembre de 1959, al inaugurarse el curso escolar 1959-60, el Comandante Castro, hizo entrega al *Ministerio de Educación* del *Campamento Militar de Columbia*, en un acto muy concurrido por niños, jóvenes y profesores.

Castro al micrófono en el acto de entregar el *Campamento Militar de Columbia* al *Ministerio de Educación* el 14 de Septiembre de 1959. El acto fue puramente simbólico e insincero. Todas las *Escuelas Católicas y Privadas de Cuba* estaban siendo confiscadas, cerradas y sus edificios mayormente abandonados. Por otra parte, se abrieron en Cuba dos docenas de *cárceles políticas* que nunca habían tenido razón de existir, donde se encarcelaron cientos de opositores al régimen por años.

El Presidente Dorticós manifestó en ese acto:

> *"el poderío militar de este polígono es hoy sustituido por el gran poder de la enseñanza y la cultura".*

El Ministro de Educación Hart, se expresó así:

> *"El pueblo conquistó con sangre el derecho de los niños a mandar en este territorio.».*

El Primer Ministro Castro preguntó, en una frase que parafraseaba sus palabras del 7 de Enero:

> « **Fortalezas, ¿para qué?** *De todos los actos y de todos los hechos que hemos visto desde que iniciamos esta lucha revolucionaria, ninguno más feliz que este. Ustedes no van a vivir como nosotros; ustedes no van a sufrir lo que nosotros sufrimos. El niño que no estudie no es un buen revolucionario. Si quieren ayudar a la revolu-*

ción, si quieren ayudar a su patria, tienen que estudiar. **Si en sus casas se habla mal de la revolución... ustedes tienen el deber de hablar bien...** Cuba es el único país de América que ha podido conquistar una fortaleza militar y convertirla en una escuela. En sus manos ponemos esta fortaleza y desde ella izamos nuestra bandera de la educación y de la cultura, como la más grande de América. Por ello arriamos nuestra bandera victoriosa en esta fortaleza, para entregarla a la educación de nuestros niños. Hoy, aquí presente, declaro el curso 1959-60, como el **Año de la Libertad**.»

El día 15, Castro clausuró el *XXIV Consejo Nacional de la Confederación de Trabajadores de Cuba (CTC)*, diciendo:

«La cuestión no está en aumentar los salarios sino en otras cuestiones más profundas... este es el primer gobierno que posee una idea definida del movimiento obrero. Tardaremos todavía algún tiempo en lograr arrancar de la mente de los trabajadores las ideas del pasado. La razón estará siempre de parte de los trabajadores. La lucha es entre las clases necesitadas del país y las clases poderosas en lo económico... el arroz y los alimentos no se producen por decreto sino arando la tierra y sembrando mucho para recoger una cosecha dos veces mayor... las causas de nuestros males estaban en la maldad del sistema. El Gobierno Revolucionario no retrocederá ante nada y ante nadie. Los trabajadores cuentan ahora con un gobierno pendiente de ellos en el cual hay que confiar y que no da lo que no puede dar...»

La **Planta Siderúrgica de la Nicaro** en pleno apogeo y, a la izquierda, el anuncio cuando el gobierno Americano la puso en venta.

Dos días después, en un esfuerzo por eliminar zonas de desacuerdo entre los gobiernos de Estados Unidos y Cuba, la Administración General de Servicios de los EEUU puso en venta la planta la *Nicaro Nickel Company*, propiedad del gobierno Federal. Se anunció que el día para presentar ofertas de compra sería el 1 de Diciembre de 1959. La inversión Norteamericana en la *Nicaro* fue dada a conocer como $85 millones de dólares.

En ese día el gobierno de Cuba estableció una comisión especial para regular las labores en los centros privados de enseñanza. El Subsecretario del Trabajo, **Dr. César Gómez**, fue nombrado a cargo de la misma. El gobierno de los EEUU llamó al embajador *Philip W. Bonsal* a una reunión en el Departamento de Estado en Washington.

Por primera vez desde el ascenso de la revolución en Enero, el presidente del Tribunal Supremo de Cuba, **Dr. Juan E. Casasús**, pronunció un voto particular objetando la pena de muerte que el Tribunal había decretado para el ex-Sargento del ejército **José Bacallao Rodríguez**. La pena se conmutó por una de 30 años de prisión. Años más tarde Casasús comentó:

> « En la dictadura de los Castros desapareció el concepto de la amistad: con el terror inhumano de los Castros, nadie se atrevía al riesgo de tener contacto con un disidente y mucho manos a ayudarle.»

Por otra parte, el Tribunal confirmó la pena de muerte para el ex-Comandante **Felipe Mirabal,** también conocido como *El Chino Mirabal*. Mirabal era jefe de la Guardia Rural de la zona en que vivían los Castro cerca de Banes y los rumores decían que él, debido a un desliz de Lina Ruz, era el verdadero padre de Raúl Castro. Preso durante la revolución, el *Chino Mirabal* llevaba mucho tiempo en *La Cabaña*, condenado a muerte, y tenía una de las pocas literas que habían en las celdas comunes, la cual ofreció a *Humberto Sorí Marín*, el juez que lo había condenado a muerte, cuando este cayó en desgracia y fue a parar a la prisión de *La Cabaña*. Interesantemente, en una especie de novela de Gabriel García Márquez, el **Chino Mirabal,** en la época que había sido un personaje de la Guardia Rural en los alrededores de Banes, había sido el padrino de una hija ilegítima de *Fulgencio Batista* llamada Elisa.

El *Chino Mirabal* nunca fue ajusticiado, gracias en parte por haber aconsejado a muchos de sus enemigos con un admonición que les había salvado la vida:

Tres personajes de los tiempos: *de izquierda a derecha*, **Felipe Mirabal** (el Chino Mirabal), **Justo Luis del Pozo** y **Pastorita Núñez**.

Si estas metido en algo, vete de aquí, haz contactos y pide asilo en una embajada. Y si no estás enredado en nada, te voy a dar la dirección y enviarte a la oficina de Mariano Faget. Sobre todo, ten cuidado con Ventura o Carratalá, que son los que te pueden coger preso...»

Las inhabilitaciones de disidentes, por supuesto, siguieron durante el resto de 1959. El 18 de Septiembre, el Secretario General de la *Federación Nacional del Ramo de la Construcción,* **Rafael Estrada**, informó que había sido inhabilitado por diez años el capataz **Antonio Collada**, por sus pronunciamientos contrarios al régimen de Castro. Al día siguiente **Haydee Santamaría**, hermana de Abel, el asesinado líder del 26 de Julio en Santiago de Cuba, fue nombrada Directora de *Casa de las Américas*, una institución dedicada a difundir la obra de la Revolución y propiciar la visita a Cuba de muchos intelectuales de izquierda y Marxistas, para que se pusieran en contacto con la nueva realidad Cubana.

También siguieron las confiscaciones, particularmente si eran propiedades de funcionarios de gobiernos anteriores. El día 21 de Septiembre, fue nacionalizada la empresa de los *ferris* que hacían el recorrido entre Batabanó e Isla de Pinos, los llamados *"Pineros,"* propiedad de *Justo Luis del Pozo*, ex-Alcalde de la Habana en el gobierno de Batista. El *Ministerio de Recuperación* intervino el *Balneario de Soroa*, en la provincia de Pinar del Río; la *Planta Eléctrica de Santa Fe*, en Isla de Pinos, propiedad de *Francisco Cajigas* y la *Arrocera Juan Martín*, propiedad del ex-coronel *Erasmo Delgado*. También fue intervenido un molino de piedra del general *Eulogio Cantillo Porras*.

El 22 de Septiembre, *José Miró Cardona*, en un esfuerzo final por seguir creyendo en las bondades de la revolución, produjo un informe impreso sobre la Reforma Agraria con opiniones favorables de los Obispos Cubanos *Evelio Díaz* (Pinar del Rio) y *Alberto Martín Villaverde* (Matanzas), así como el Presidente de la Asociación de Industriales *Emeterio Padrón* y el Padre *Ignacio Biaín*.

Tres importantes figuras del Clero Cubano que inicialmente apoyaron y respaldaron con Miró Cardona la *Reforma Agraria* revolucionaria. De izquierda a derecha, **Monseñor Evelio Díaz**, Obispo de Pinar del Río, el **Padre Ignacio Biaín**, director de la Revista *La Quincena* y **Monseñor Alberto Martín Villaverde**, Obispo de Matanzas.

Entusiasmado por la revolución Cubana, **William Morgan**, uno de las dos docenas de ciudadanos Americanos que se unieron a la revolución y uno de los tres extranjeros que alcanzaron el rango de Comandante, renunció a la ciudadanía Americana y se hizo legalmente Cubano. Para su desgracia, el 6 de Marzo de 1960, el carguero francés *La Courbet* explotó en el puerto de La Habana matando a unas 100 personas. Días después, en Miami, el *Miami Herald* sugirió que Morgan había estado involucrado en el sabotaje de la nave, lo que Morgan negó categóricamente. Cuando Castro comenzó a revelar sus inclinaciones Marxistas, Morgan se desencantó con el gobierno revolucionario. El 16 de Octubre de 1960, Castro ordenó su arresto por actividades contrarrevolucionarias. El 11 de Marzo de 1961, Morgan, con 32 años de edad, recibió un disparo de un pelotón de fusilamiento. Estuvieron presentes en su ejecución los hermanos Fidel y Raúl Castro.

En la foto, el Comandante **William Alexander Morgan** en el momento que fue hecho prisionero.

A finales de Septiembre continuaron, con asombrosa impunidad y desinterés por parte de los Cubanos, las depuraciones todos los que activamente se atrevían a cuestionar el enfoque Marxista de las filas revolucionarias. El fiscal de la Audiencia de Matanzas pidió pena de muerte para el Teniente de la Policía revolucionaria **Ambrosio Díaz** y los vigilantes **Carlos Calderín, José Ramón Aterrazagasti** y **Alfonso Avelino Álvarez**. Por otra parte, en un vuelo rutinario de Varadero a Santa Clara, una tormenta *"abatió"* la frágil avioneta en que viajaba el Comandante **Juan Abrahantes**, Jefe de la Fuerza Táctica de la provincia de Las Villas y el Teniente Piloto **Jorge Villa Yánez**. Ambos pasajeros resultaron muertos; por extrañas razones, los sepelios se celebraron en el Aula Magna de la Universidad de La Habana.

El Capitán **Omar Fernández Cañizares**, segundo jefe de la delegación presidida por el Ché que en 1959, a través de una docena de estados Europeos, Africanos y Asiáticos, actuó como una embajada circulante que ensancharía el apoyo de los llamados *"países no alineados,"* fue nombrado el 26 de Septiembre de 1959 como *Administrador de la Aduana de La Habana.*

Omar Fernández fue un caso curioso en Cuba. Médico de profesión y veterano guerrillero, su devoción a Guevara, uno de sus pacientes, no tuvo nunca límites. Cincuenta años después de su viaje con el Ché y estando al tanto de las cosas que pasaban en Cuba, en una entrevista en el 2009 en la revista Asturiana *La Nueva España,* hizo las siguientes declaraciones:
A la pregunta **¿Fue Guevara tan duro como dicen sus biógrafos? ¿Es cierto que nunca le temblaba la mano cuando firmaba una pena de muerte?**, Fernández respondió: **Esa es la imagen que tratan de pintar algunos periodistas. El Che nunca firmó las penas de muerte por la sencilla razón de que nunca estuvo en ningún tribunal. Era una persona muy recta.**

El 29 de Septiembre, Castro compareció ante el programa de televisión *Comentarios Económicos*, del Canal 4, donde hizo los siguientes pronunciamientos ante un panel de periodistas integrado por el **Dr. Oscar Gans, José Álvarez Díaz, Oscar Pino Santos** y **José Pardo Llada**, actuando como moderador **Orlando Naranjo Marlo**.

«*La tendencia nuestra debe ser la recuperación de la riqueza nacional, en el subsuelo, ya sea petróleo o minerales... con la Reforma*

*Agraria, con el recargo sobre las importaciones y con la Ley Arancelaria... todas estas leyes benefician a los industriales... Si el capital privado quiere trabajar que trabaje, pero con orden, con plan. No le pondremos cortapisas a la inversión privada, pero estamos dispuestos a cubrir toda deficiencia... los Cubanos viven con más lujo que los Norteamericanos... aquí se venden más Cadillacs por habitante que en los Estados Unidos... antes que automóviles hay que comprar tractores... debemos darnos a la tarea de implantar el mayor número de fábricas posibles... todo el que reciba un dólar aquí, debe llevarlo al Banco Nacional... vamos a intervenir la industria henequenal, para ponerla a trabajar en forma cooperativa... nosotros estamos haciendo algunas cosas a lo soviético... estas medidas tienen algo de Comunismo, es cierto... el pueblo puede colaborar con la revolución, ahorrando lo más que pueda de sus ingresos... el **Diario de la Marina** no representa la moral cristiana, sino la moral de sus intereses... **Avance** es hermano gemelo del Diario de la Marina...»*

Octubre del 1959

Carta renuncia de Hubert Matos. Respuesta de Castro y Mensaje de Huber Matos. Castro en Camagüey. Pedro Luis Díaz Lanz vuela sobre La Habana lanzando proclamas. Carta de María Luisa Aguiar de Matos. Concentración frente a Palacio. Se pierde Camilo Cienfuegos.

El mes de Octubre abrió con unas declaraciones del periodista **Jules Dubois**, señalando que...

«*...los Comunistas y algunos periodistas de Cuba, con la anuencia o quizás el ánimo del doctor Fidel Castro, tratan de difamarme como presidente de la Comisión sobre la Libertad de Prensa de la SIP...*»

El Banco Nacional de Cuba, siguiendo las instrucciones de Castro, anunció en los primeros días de Octubre que:

«*... hay un nuevo horario para cambiar dólares. Aquellas personas a quienes le resulte difícil acudir a esta institución en horas laborables, pueden hacerlo ahora de Lunes a Viernes, de ocho a diez de la noche y los Sábados de ocho a once y media de la mañana...*»

Ese mismo día, en Cienfuegos, el comerciante **José Alonso** fue arrestado por tener en su persona $1,123 dólares, los cuales ocultaba con perjuicio para la economía nacional Cubana...

La compra de azúcar Cubana por parte de la Unión Soviética fue un primer paso de la alianza **Castro-Khrushchev**. Las relaciones diplomáticas fueron establecidas en Mayo de 1960 y el primer Embajador Soviético, **Alexander Alexeyev** ocupó su cargo en Mayo de 1962. En la foto, *Castro* y *Khrushchev* en un poster de propaganda ampliamente divulgado en Cuba en 1960.

El gobierno de Cuba anunció con gran júbilo la adquisición de un nuevo cliente para el azúcar Cubana. La *Unión Soviética* accedió a comprar 330 mil toneladas de azúcar. Mil toneladas se embarcarían en 1959 y doscientas treinta mil toneladas en los meses de Enero y Febrero de 1960. El precio pactado fue de 2.905 centavos la libra. Los rusos pagarían sólo el 20% en efectivo, el otro 80% lo pagarían en productos elaborados. El precio de las ventas de azúcar a los Estados Unidos en ese momento era 4.5 centavos la libra, más de un 50% superior al precio pactado con los Rusos. El gobierno de Castro no insistió mucho en hablar de los precios y sólo lo hizo resaltando el volumen de compra.

Ya en los primeros días de Octubre comenzaron los atentados militares en contra del gobierno Cubano. En el central *Punta Alegre*, situado en la costa norte de Camagüey, una avioneta no identificada voló sobre el central y el poblado que lo rodea, dejando caer seis bombas de fabricación casera, una de las cuales estalló en la estera vieja del ingenio, produciendo daños menores; más tarde fue encontrada otra en el almacén de azúcar, esta vez sin explotar.

Comenzaron también los secuestros de aviones Cubanos. Del Aeropuerto de Rancho Boyeros despegó un *Viscount* de *Cubana de Aviación* con destino a Santiago de Cuba. A los quince minutos de vuelo, Daniel Betancourt y Osvaldo Enrique Hernández, que acompañaban una niña de 16 años, Gloria Betancourt, entraron en la cabina del piloto, encañonaron a Alberto Rodríguez Pérez, el Capitán de la nave y al copiloto Joaquín Miyares, obligándolos a cambiar el rumbo hacia la ciudad de Miami, donde aterrizaron. Más tarde, los tres pidieron asilo político en los Estados Unidos.

A pesar de la ya formulada y sellada alianza **Castro-Khrushchev,** el 5 de Octubre, a preguntas del periodista *Henry N. Taylor* de la Cadena de Diarios **Scripps Howard,** Castro respondió:

« A los eternos sembradores de dudas sobre la verticalidad de la doctrina humanista les digo: ni con Rusia ni con los Estados Unidos, solamente con Cuba... a los que pretenden abrir zanjas de odio entre nuestros dos pueblos hermanos queremos decirles que amamos a los Norteamericanos como pueblo... Ustedes los Norteamericanos deben estar seguros de que son bienvenidos en el suelo Cubano... a los que buscan una onerosa intervención alegando infiltración Comunista en Cuba les digo... yo no veo ninguna amenaza de Comunismo...

Nadie tiene el derecho de rotular a cualquiera de cualquier cosa... a los que atacan la revolución hablando de neutralidad exterior, tenemos que decirles que el neutralismo es una palabra cargada, como es también el término Comunismo... usted puede decir que yo quiero buenas relaciones con todos los países y que me opongo a la idea de bloques. A los fugitivos del Batistato y a los que, agazapados, le hacen el juego, tachando al régimen de Comunista, yo les digo que no soy Comunista....

Nada más porque Carlos Marx tenia barbas y yo también las tengo... los Norteamericanos no deben precipitarse a sacar conclusiones. Recuerden que el gran Abraham Lincoln tenía barbas. Yo soy partidario solamente de Cuba... no quiero que ninguna potencia extranjera domine a mi país...ni con Rusia ni con los Estados Unidos, solamente con Cuba...»

Después de la compra de azúcar Cubana por parte de la Unión Soviética, las relaciones de Cuba con la USSR avanzaron en forma decidida e irreversible.

Los Cubanos, en su mayor parte, no estaban tan al tanto de las estrategias Soviético-Cubanas como lo estaban otros estrategas políticos y periodistas fuera de Cuba. En la *Universidad de Stanford*, el 5 de Octubre de 1959, pronunciaron sendas conferencias los periodistas **Herbert L. Mathews** y **Jules Dubois**, sobre la discutida figura del comandante Castro Ruz. **Mathews**, el corresponsal del **New York Times,** afirmó que Fidel Castro era

«... *decente, honesto, valeroso, idealista, sincero y limpio...* »

Jules Dubois, el inteligente editorialista del **Chicago Tribune**, expresó:

«... *Castro lleva a cabo una de las campañas de adoctrinamiento Comunista más completa y metódica jamás emprendida en América Latina. Castro es comunista y anti-norteamericano...*»

El 6 de Octubre, en un mensaje firmado por **Juan Marinello** y **Blas Roca**, los dos grandes baluartes del Comunismo en Cuba, el *Partido Socialista Popular (PSP)* felicitó a la *República Popular China* en su décimo aniversario con las siguientes palabras:

«*Saludamos al pueblo Chino y a sus dirigentes encabezados por* **Mao Tse Tung** *por haber acabado con la humillación nacional, el feudalismo y el atraso, al haber ya dado el gran salto al régimen socialista, el desarrollo industrial, las comunas populares y el avance de la cultura. Saludamos a China, un gran baluarte de la Paz y del Anti-Imperialismo, cuya existencia y amistad es poderosa ayuda para nuestra Revolución Cubana.*»

El Comunismo Cubano se caracterizó siempre por su ***volatilidad doctrinal***, como en todos los demás países del mundo. En Cuba, apoyaron a Batista mientras les fue conveniente y en 1959 se arrimaron a Castro. A espaldas de los líderes tradicionales del Comunismo Cubano, Castro hizo sus propios arreglos con los Soviéticos.

Por la tarde, en ese día, el *Instituto Nacional de Reforma Agraria*, intervino a todo lo largo de Cuba, más de 100 fincas productoras que estaban en manos privadas: *San Martín, Santa Juana, San José, Las Vegas, Los Diez, Barreiro, Tres Palmas, La Siria, El Descanso, La Georgina, Agua Dulce, El Naranjal, Ceferino Sánchez, Jicotea, Agrícola Sánchez, San Agustín, Siervo, Redención, La Caridad, Labri, La Angelita, El Palmar, Herradura, Concepción de Camarones, Agrupación, Guanera, Mijailito, El Zapote, Las Mercedes, Cabezas, Punta Guillén, Valenzuela, El Bombón, Chaparra, Bocas Puchera, General Sarturio, Veinte Rosas, Yamagüeyes, La Chacanga, Tabor, Dagamal, Laura Blanca, Bayete y Barajay. También fueron intervenidas las fincas de Pedro Suárez, La Cuní y la Coronela; de Francisco Otero Cosslo, San Francisco y Arroyo Arenas y de la Compañía Becerra, S. A., las fincas San Martín, Becerra Capital, Becerra Rosalía, Sabanilla y Hato Arriba.*

A los dueños se les ofreció un pago eventual en *Bonos del Estado Cubano* que, por supuesto, nunca llegó.

El 1 de Enero de 1959, después de la victoria, **Blas Roca** hizo una contribución trascendente a la unidad revolucionaria al entregar a Castro las riendas del **PSP**, la ya veterana pero disfuncional organización política Marxista-Leninista. El análisis de aquella decisión fue comentado, en la oscura y borrosa dialéctica rimbombante y pomposa Comunista, por **Carlos Rafael Rodríguez** como sigue:

> "Los libros decían y las tesis de las conferencias internacionales del movimiento Comunista proclamaban, que el tránsito de la liberación nacional al socialismo sólo podría lograrse bajo la dirección y hegemonía de un Partido de la Clase Obrera, con la ideología del Marxismo-Leninismo. Era por ello muy fácil dejarse arrastrar por el mecanicismo sectario y dogmático, y no advertir a tiempo que el camino hacia el socialismo había quedado abierto en Cuba por vías excepcionales y que cualquier disputa por una hegemonía teórica resultaría antehistórica y absurda."

En medio de todas esas importantes declaraciones y eventos, nadie hubiera conocido, excepto por la propaganda gubernamental, que el popular pelotero Cubano **Conrado Marrero** se había presentado en el *Banco Nacional* para canjear su cheque del retiro de las Grandes Ligas por $9 mil dólares por igual cantidad de pesos Cubanos.

En las fotos, **Conrado Marrero**, el *guajiro de Laberinto*, gran pitcher del *Almendares* y los *Senadores de Washington*, en una foto de 1959 y otra, unos días antes de morir en Cuba en 2014, a la edad de 103 años.

Al llegar el *10 de Octubre en 1959*, después de 57 años de conmemorar religiosamente la fecha de los esfuerzos para el establecimiento de la Republica de Cuba, el Gobierno Revolucionario por primera vez y oficialmente, silenció todo tributo al padre de la nacionalidad Cubana, el inolvidable **Carlos Manuel de Céspedes**.

Años después, en el 2018, el gobierno Cubano, falsearía el significado del 10 de Octubre en los Artículos 3 y 5 del proyecto de una nueva constitución diciendo...

«... *inspirados en el heroísmo y patriotismo de los que lucharon por la Patria libre en 1868, hoy se prolonga el socialismo en un sistema político y social revolucionario irrevocable, bajo el impulso del Partido Comunista, la fuerza dirigente superior de la sociedad y el Estado...*»

El día 13 de Octubre, el presidente de México, **Adolfo López Mateos**, visitó Washington y asistió a un almuerzo homenaje en el *Club Nacional de Prensa de Washington*. A preguntas de los periodistas Norteamericanos, el presidente declaró:

«*El gobierno de México no cree que el régimen de Fidel Castro sea Comunista como ustedes sugieren...*»

En La Habana, Caimanera, Guanajay, el Central Niágara en Pinar del Río y en el Mariel, comenzaron a sentirse serias oposiciones al gobierno de Castro. Escapes al exterior, incendios, avionetas distribuyendo volantes, bombardeos caseros y conspiradores detenidos. La prensa, por lo general, no los reportó con gran entusiasmo.

Mientras tanto continuaron los esfuerzos de vincular la economía y la cultura Cubana a los países socialistas. *Jesús Soto Díaz*, líder obrero de la CTC revolucionaria bajo la dirección de David Salvador y organizador de un atentado infructuoso contra Batista en Bauta, en 1956, presidió una delegación comercial a Belgrado a mediados de Octubre.

En un esfuerzo por enaltecer a la nueva Cuba, el Ministro de Justicia, **Alfredo Yabur**, comenzó a organizar matrimonios de campesinos en masa, el primero de los cuales se celebró en Jagüey Grande, Matanzas, con 54 parejas y un gran número de sus hijos. El evento fue reportado ampliamente con el beneplácito de Castro.

Dos fotos de **matrimonios en masa** publicadas en Cuba por el periódico **Avance** en 1959. Los medios oficialistas nunca mencionaron que, en esa época, contraer matrimonio en Cuba, en un *Juzgado Municipal*, era un evento cotidiano desde que se fundó la Republica en 1902. Ese acto civil era gratuito y, debido a eso, el índice de concubinato era muy bajo en las ciudades y el campo de Cuba. Sólo se requería la aptitud para casarse y la voluntad de hacerlo. Por otra parte, el noble guajiro cubano era monógamo por excelencia; casarse era una decisión de la cual raramente se abjuraran los contrayentes.

Dos nombramientos importantes ocurrieron a medianos de Octubre: **Raúl Castro** como *Ministro de las Fuerzas Armadas Revolucionarias* y **Augusto Martínez Sánchez**, *Ministro del Trabajo*. Una reunión importante también tuvo lugar. En el Salón de Embajadores del hotel *Habana Hilton*, comenzó la *Convención Internacional de la American Society of Travel Agentes (ASTA)*, los hombres y mujeres que manipulan, orientan y conducen la corriente turística en todo el mundo. El orador principal en la apertura de la Convención fue Castro, que se expresó en los siguientes términos:

« *El Gobierno Revolucionario y el Movimiento 26 de Julio no respaldan ninguna tendencia en la lucha por la presidencia de la Federación Estudiantil Universitaria.... el poder revolucionario está por encima de las pugnas escenificadas últimamente en nuestro máximo Centro Docente... el Gobierno no necesita buscar apoyo ni el control de instituciones determinadas. Su fuerza está en la plaza pública y no en los recintos. En Cuba hoy no cabe otra dirección que la revolucionaria... todos los estudiantes deben darse un abra-*

zo universitario, proclamar unánimemente una presidencia, unirse todos en un verdadero plan de Reforma estudiantil...»

Por supuesto, días después, el estudiante **Pedro Luis Boitel** renunció a su aspiración a la presidencia de la *Federación Estudiantil Universitaria (FEU)*, en un discurso sereno y reposado en la *Plaza Cadenas* de la Universidad, en lo alto de la escalinata tantas veces utilizada por la FEU para sus protestas. Esta vez, el estudiantado se doblegaba a una presión política por primera vez, aunque la historia estaba llamada a repetirse muchas veces de ahí en adelante. En voz entrecortada Boitel declaró...

> *«... atendiendo a las palabras del Comandante Fidel Castro, respecto de que no debía haber más que un candidato aclamado revolucionariamente por el estudiantado, yo renuncio irrevocablemente y pido que proclamemos Presidente de la FEU a un héroe Nacional, el Comandante Rolando Cubela.»*

Unos días después, en el momento que resultó electo **Rolando Cubela Secades** como presidente de la *Federación Estudiantil Universitaria (FEU)*, se dio por terminada la sobrentendida misión de defensa de los valores cívicos de Cuba que el pueblo había asignado tradicionalmente a los estudiantes de la Universidad de La Habana. En años sucesivos, la FEU, mediatizada y controlada por los Marxistas, colaboraría una y mil veces a organizar al pueblo y a dar un sentido de legitimidad al absolutismo Marxista.

Fotos: *a la izquierda*, una de las manifestaciones de estudiantes de la *Universidad de La Habana*, que típicamente comenzaban bajando las escalinatas que daban a la Calle San Lázaro. *A la derecha*, **Rolando Cubela** en Octubre de 1959, dirigiéndose a los estudiantes en la *Plaza Cadenas* el día de su elección como Presidente de la FEU.

El golpe final al estudiantado universitario libre fueron estas palabras de Castro:

> *«Si en los primeros meses exigíamos intervenir en la dirección del proceso revolucionario reclamando la unidad revolucionaria, después de algunos avatares y de luchar contra las posturas sectarias que buscaban excluirlo, en Octubre y Noviembre de 1959 se dejó atrás esa exigencia y comenzamos a asumir como lograda la **unidad revolucionaria, que no es otra cosa que el Gobierno, en manos totalmente del M-26-7**, lo cual ha sido ahora reconocido como fundamental para el progreso de la revolución...».*

El 17 de Octubre, el gobierno de Venezuela envió una tersa nota a la Cancillería Cubana dirigida al Ministro **Raúl Roa García**, con la siguiente petición:

*«Esperamos sea posible por su parte evitar que en el futuro los personajes visitantes de su gobierno, como la bailarina **Alicia Alonso** y su director de Orquesta **Manuel Duchesne Guzmán**, entren a nuestro país y distribuyan propaganda subversiva, que es causa de prisión para cualquier ciudadano Venezolano...»*

Sorprendentemente, después de varios meses de deliberaciones personales, el Comandante **Huber Matos Benítez** envió una larga carta de renuncia al Comandante Castro el 19 de Octubre de 1959.

«Compañero Fidel:

Hoy he enviado al Estado Mayor, por la vía reglamentaria, un mensaje relativo a mi marcha del Ejercito Rebelde... Como estoy seguro de que este asunto será llevado a conocimiento tuyo y como estimo que es deber mío informarte de las razones que he tenido para solicitar mi retiro del ejército, quiero exponerte las conclusiones siguientes:

No deseo convertirme en obstáculo a la revolución, y creo que, debiendo escoger entre adaptarme o apartarme para no hacer daño, lo honesto y revolucionario es marcharme.

Huber Matos con Castro en la época de la Sierra Maestra.
Al centro, la carta renuncia de Matos.

Creo que después de la sustitución de Duque y otros cambios más, quienquiera que haya tenido la franqueza de hablar contigo del problema Comunista debe marcharse antes de que lo echen.

Sólo concibo el triunfo de la revolución con un pueblo unido, dispuesto a soportar los mayores sacrificios, porque se acercan mil dificultades económicas y políticas. ... Si se quiere que la revolución triunfe, que se diga adónde vamos y cómo vamos a ello. Que se oigan menos los enredos y las intrigas, y que no se trate de reaccionario o de conjurados a quienes, según criterio honesto, plantean esos problemas.

Una de las consecuencias de la carta de renuncia de **Huber Matos** de Octubre de 1959, fue la orden de Castro para que no incluyeran a Huber Matos en el grabado al dorso del nuevo billete de $ 1 peso que la revolución estaba en proceso de imprimir.

Por otra parte, recurrir a las insinuaciones para poner en entredicho a hombres pulcros y desinteresados, de esos que no salieron a escena el primero de Enero, pero que estaban presentes en las horas del sacrificio y tomaron sus responsabilidades en esta obra por puro idealismo, es desleal e injusto. Conviene recordarte que los grandes hombres empiezan a declinar cuando cesan de ser justos. Quiero precisar que nada de esto tiene por objeto lastimarte a ti o a otra persona. Digo lo que siento y lo pienso, como Cubano que se ha sacrificado por una Cuba mejor.

No organicé la expedición de Cienaguilla, tan útil para resistir la ofensiva de primavera, para que me lo agradezcas, sino por defender los derechos de mi patria. Estoy muy contento de haber llevado a cabo la misión que tú me encargaste... como estoy muy contento de haber organizado una provincia como tú me lo habías ordenado.

Si después de todo esto se me tiene por ambicioso o si se insinúa que conspiro, hay razones, no solo para irse, sino para lamentar no haber sido uno de los numerosos compañeros que cayeron en el empeño.

Quiero que comprendas que mi decisión, fruto de la reflexión, es irrevocable. Por lo que te pido, no ya como Comandante Matos, sino simplemente como uno cualquiera de tus compañeros de la Sierra, de aquellos que partían decididos a morir cumpliendo tus órdenes, que accedas a mi petición lo antes posible, permitiéndome volver a mi casa, como civil, sin que mis hijos tengan que enterarse después en la calle, de que su padre es un desertor o un traidor.

Deseándote toda suerte de éxito para ti en tus esfuerzos revolucionarios y para la patria, esperanza y deber de todos, quedo como siempre tu compañero,

COMANDANTE HUBER MATOS BENÍTEZ. »

Castro contestó la carta de Matos al día siguiente de recibirla:

« Acabo de recibir tu carta en la que comunicas la solicitud al Estado Mayor de tu renuncia irrevocable y el motivo que alegas tener para ello. El contenido de tu carta me obliga a hacerte estas líneas.

Dices que después de la sustitución de Duque Estrada y de otros cambios, el que haya hablado conmigo sobre problemas Comunistas debe irse antes de que lo quiten. Considero que una afirmación semejante estaría bien en la radio-emisora de Trujillo o en el libelo de Masferrer o en los editoriales de la prensa reaccionaria.

Lo rechazo por falsa y además por insidiosa. Ese es el argumento de Díaz Lanz y de Urrutia. En el fondo era un problema de inmoralidad y ambición. Aunque sólo fuese por respeto a ti mismo, no debiste haber hecho semejante afirmación.

A la izquierda, la verdadera escena de **Camilo Cienfuegos**, **Castro** y **Huber Matos** en lo alto de un tanque al llegar a La Habana el 1 de Enero de 1959 y no la versión falsa utilizada por Castro en el billete que se muestra en la página anterior. Matos utilizó la verdadera foto en la portada de todas las ediciones internacionales de su libro *Cómo llegó la Noche*.

Los cambios a que te refieres fueron hechos en virtud de consideraciones que no incluyen la obligación de darte cuenta a ti y tú no tienes que juzgarlos y prejuzgarlos sino simplemente limitarte a las funciones que te corresponden. De la lectura de ese y otro párrafo de tu carta creo tener motivos más que suficientes para pensar que eres incapaz de comprender lo tolerante y generoso que he sido contigo y que olvidas la parte considerable que debes a los demás.

Actúas como si te dejaras perder por la idea de que en un proceso como este se puede alcanzar las cumbres por otros medios que no sean el del mérito, el desinterés y el sacrificio. Debo decirte que paso por alto, primero, tus conversaciones con numerosos oficiales rebeldes, mientras que yo estaba en los Estados Unidos. Segundo, tus magníficas relaciones con Pedro Luis Díaz Lanz y tu visita la víspera de su traición. Tercero, tu conversación con Urrutia, que le sirvió de aliento en sus planes. Cuarto, una serie de circunstancias sobre tu conducta que he pasado por alto, evitando mencionar tu nombre cuando leía ciertos documentos. Que en cada una de esas ocasiones había motivos más que suficientes para retirarte la confianza o por lo menos someterte a una investigación.

Huber Matos camino a prisión en los días finales de Noviembre de 1959 y al lado de su familia cuando se reunió con ellos en Enero de 1959.

Creo que si alguien ha sido desleal, eres tú. Mi defecto no ha sido la deslealtad o la injusticia, sino la tolerancia; si no, no me habría visto precisado a escribir estas líneas, si al primer signo de insubordinación por tu parte, que fueron reiterados, te hubiera retirado el mando en la Sierra Maestra.

Vemos que estás haciendo un estimado falso de la situación y sólo me preocupa el daño a la revolución.

El Comandante Camilo Cienfuegos recibirá el mando puesto que tu decisión de renunciar es irrevocable. Después harás lo que creas pueda convenir o perjudicar más. Si es lo primero, siempre habrá oportunidad de que volvamos a encontrarnos en el camino del servicio al país, cuando hayas tenido tiempo de madurar los últimos dieciocho meses de tu vida.

El camino para ti ha sido demasiado fácil, y eso te ha hecho daño. De todos modos, te advierto que el plan que tienes sólo servirá en estos momentos para hacer averías y eso tú lo sabes perfectamente bien.

COMANDANTE FIDEL CASTRO RUZ. »

Por unos cuantos días las cosas continuaron sin referencia a esas dos cartas. **Faure Chomón**, al frente de una delegación Cubana, se entrevistó en Peiping con el Vicepresidente del Consejo de Ministros Chinos **Chen Yi**. El Canciller Yugoeslavo **Koca Popovic**, junto al embajador ante la ONU **Dobujojc Vidic**, visitaron La Habana. **Manuel Antonio de Varona**, presidente del *Partido Revolucionario Cubano (Auténtico)*, sufrió un accidente automovilístico en la provincia de Las Villas. **José M. Vara Martínez**, ex-Alcalde de Viñales, fue detenido en Pinar del Río. Llegó a La Habana el ex-presidente de la Republica de Guatemala **Juan José Arévalo**, invitado especialmente por el Primer Ministro, y se hospedó en el *Hotel Habana Riviera*. En la Universidad de La Habana los nuevos dirigentes de la FEU tomaron posesión de sus cargos, a nivel universitario y en cada una de las Facultades. **Pedro Luis Boitel** felicitó a **Rolando Cubela** por su elección unánime a la presidencia de la FEU en una nota que publicaron el *Diario de la Marina* y *Prensa Libre*.

En el teatro **Blanquita**, así nombrado en honor de *Blanca Maruri*, esposa de Alfredo *Hornedo*, propietario de los periódicos *El País* y *Excelsior*, por fin se inauguró la Convención de la *American Society of Travel Agents (ASTA)*, encontrándose allí el Presidente de la Republica, doctor **Osvaldo Dorticós**, el Comandante **Castro**, el Embajador de los Estados Unidos **P. W. Bonsal**, el Embajador del Canadá, **Allan Anderson**, y otras personalidades. Hicieron uso de la palabra el presidente Dorticós, el embajador Bonsal, el Embajador Anderson y Castro que pronunció las siguientes palabras:

«*No importa lo que ustedes hayan leído y oído acerca del pueblo, lo que importa es lo que ustedes mismos vean a través del pueblo Cubano. Ustedes van a estar bien impresionados con Cuba y no se detendrán en fijarse en lo que dicen las campañas interesadas contra nuestra Patria, que nos acusan de Comunistas. Todos los*

El **teatro Blanquita**, el de mayor capacidad entre los coliseos teatrales del mundo, con su gran pista de patinaje en hielo sobre su escenario, marcó la vida cultural de La Habana desde su fundación en 1948. Con 6,600 lunetas, pista de patinaje y cafetería para doscientos clientes superaba en 500 asientos al *Radio City Hall* de Nueva York. Debido a su gran capacidad y tamaño, la revolución no lo abandonó o destruyó como hizo con el *Campoamor* y otros grandes teatros de Cuba; lo transformó en el *Teatro Karl Marx* en 1975 y desde entonces se dedicó, más que a otra cosa, a fines políticos y propagandísticos. A la derecha, **Alfredo Hornedo**, el propietario, inauguró con el teatro un busto de su difunta esposa Blanca Maruri.

gobiernos afrontan dificultades, pero nosotros sabremos salvaguardarlas. La propaganda política no nos interesa; lo que queremos es que crean en los hechos no en las palabras. No hay comparación posible entre lo que ustedes ven y lo que verán dentro de dos, tres o cinco años porque nuestras mejores cosas están en proyectos y se convertirán en realidades muy pronto....»

Dos días después se celebró el *Día del Trabajador Bancario*, en el teatro de la *CTC*, donde Castro afirmó:

*«Nosotros podemos tener con el turismo una de nuestras grandes fuentes de empleo, de riqueza y de reserva. Hay una zona en Cuba donde el turismo será la industria más importante. Exhorto a los trabajadores a defender la revolución... contestaremos la violencia con la violencia... nosotros no tendremos a Dios, pero tenemos una infantería que es la mejor del mundo... la generación futura va a ser una generación distinta por completo, educada en la verdad... ahora escriben con valentía, los que fueron cobardes antes... les aseguro que muchos libelos sostienen campañas contrarrevolucionarias pagadas por los criminales de guerra... cuando los productos que se anuncian en los periódicos contrarrevolucionarios empiecen a caerles antipáticos al pueblo, cuando eso ocurra... ¿qué pasara con los periódicos contrarrevolucionarios?... esos periódicos son egoístas y contrarios a la revolución... por ejemplo, las revistas **LIFE** y **TIME** y otros periódicos que son enemigos decididos de las mejoras del pueblo...»*

Al terminar el acto, el secretario de la *Federación Bancaria*, **José M. de la Aguilera**, le hizo entrega a Castro de un cheque por $251,912 pesos, como contribución de los trabajadores bancarios al éxito de la Reforma Agraria.

En la foto, Dorticós con Guevara en una celebración del **Día del Trabajador Bancario** (13 de Octubre cada año). La revolución aprobó *La ley 891*, que declaró pública la función bancaria, estableciendo que era preciso transformar la vieja estructura de la banca para adecuarla a los propósitos de la Revolución triunfante. Con esta legislación se nacionalizaron cinco instituciones crediticias para-estatales y 44 bancos privados.

Finalmente, cuando el Comandante Huber Matos recibió la respuesta de Castro a su carta, durante la noche del 21 de Octubre, grabó en su casa unas palabras dirigidas a todos los Cubanos de *"buena voluntad y sentimientos cristianos, democráticos y patrióticos..."*

«El riesgo en que incurro no me importa. Creo que tengo el valor y la serenidad de afrontar todas las contingencias que el tiempo y los acontecimientos me reservan. Pero estimo que los hombres viven para defender algunos valores, y que es preferible morir antes que volver la espalda a esos valores que animan la causa de la verdad, de la razón y la justicia... hace unos días escribí una carta al doctor Castro, pidiéndole separarme de las fuerzas armadas, porque consideraba tener que irme. En respuesta a esa carta, me acusó de traición, de estar en connivencia con Díaz Lanz y Dios sabe con quién, intentando apuñalar la revolución Cubana y el pueblo Cubano... Que eso se haga en nombre de la revolución, y por hombres en quienes el pueblo cree, porque todavía se cree en Fidel, es muy doloroso. Hace lamentar estar vivo para ver todo esto ... Pues bien Fidel, espero impasible, lo que tú decidas... Sabes que tengo valor para pasar veinte años en una cárcel... Tendré ese valor como lo he

tenido hoy cuando has ordenado tomar aquí todas las emisoras de radio, la policía y el aeropuerto, fingiendo responder a un levantamiento. He tenido valor para quedarme en calma en mi casa, con mis cuatro hijos y mi esposa, esperando tranquilamente que las cosas ocurran como tú quieres que ocurran. Es el pago que merezco... Bendito sea ese pago. No quiero que mis soldados, que los compañeros soldados que vienen de la montaña y que no son mis soldados sino los de Cuba, de la patria y de la revolución, disparen un solo tiro contra quien sea, contra los esbirros que tú has enviado... No... Espero que la historia les dará su recompensa, que la historia los juzgara, como tu dijiste un día, que la historia te juzgará a ti también, Fidel. Porque recuérdalo, los hombres pasan, pero la historia registra los hechos, y a fin de cuenta pronuncia el veredicto final.

Si un día defendiste al pueblo, si un día hiciste levantar a ese pueblo en nombre de la razón y de la justicia, ahora, Fidel, destruyes tu obra y llevas la revolución a la tumba.

¿Tal vez queda alguna esperanza? Te llamo compañero, como viejo combatiente, apelo a la honradez que tenías no para que me saques de la prisión y me evites el piquete. ¡No! Sino para que ayudes a salvar esta revolución que es tu obra, la obra de todos, la del pueblo; para que esa tarea no fracase.

No, Fidel, nosotros hemos luchado por otra cosa, hemos luchado en nombre de la libertad, en nombre de la verdad y de todos los

Una de las últimas reuniones de **Camilo Cienfuegos** con **Huber Matos**. Los Castro tenían un plan diabólico; al enviar a Cienfuegos a arrestar a **Huber Matos**, esperaban una confrontación que llegara al derramamiento de sangre. Huber, sin embargo, conversó calmadamente con Camilo Cienfuegos, le explicó los planes de los Castro y le recomendó cuidarse. De esta forma el proyectado y sangriento complot falló. Cienfuegos lo pagó con su vida al perecer en un *"accidente de aviación"* a los pocos días, el 28 de Octubre.

principios sanos sobre los que se fundan la civilización y la humanidad.

¿Hemos luchado por esto?... Tú que eres el capitán, haz que ese esfuerzo no se pierda . Salva esta revolución de la cual depende no sólo el destino de Cuba, sino el de un continente que nos mira por ver si en nuestro esfuerzo, halla el camino de su salvación, la de tantas repúblicas iberoamericanas unidas a nosotros, por las mismas angustias, las mismas tradiciones, que tenían confianza en ti y que esperan de Cuba los medios de hallar el camino de sus propios destinos.

¡Por favor!, en nombre de tantos compañeros caídos, en nombre de nuestras madres, en nombre de este pueblo, Fidel no lleves la revolución a la tumba.

En cuanto a mí, te estoy agradecido por todo lo que has hecho. Como siento esta causa, como la defiendo, como esta revolución es la mía, tengo el derecho, por lo menos, de decirte estas cosas, y de soportar lo que ocurra. Fidel deseo el triunfo de la revolución y te digo, por todo lo que has hecho conmigo: .... Gracias, simplemente Gracias... ¡ Pero ya veremos si salvamos la revolución !...»

A penas unas horas más tarde, **Camilo Cienfuegos** llegó al aeropuerto de Camagüey, a las ocho de la mañana. Enseguida se dirigió al *Cuartel Agramonte* a conferenciar y recibir el mando de la provincia de manos del comandante **Huber Matos**. Castro llegó al aeropuerto de Camagüey a las 10 AM de ese día y se dirigió a las oficinas del *Instituto Nacional de Reforma Agraria*, donde se entrevistó con los capitanes Comunistas **Jorge Enrique Mendoza** y **Orestes Varela**, que corroboraron las aludidas acusaciones contra el Comandante Huber Matos.

La radio de Camagüey anunció la llegada de Castro y que hablaría sobre el caso del comandante Matos. Castro comenzó diciendo:

"En instantes como este se pueden experimentar los sentimientos más disímiles. Me siento alegre por un lado y triste por el otro... Más que alegre, agradecido del pueblo, reconocido al pueblo. Se experimenta esta sensación ante un pueblo revolucionario. Y frente a eso, la otra idea, la que nos entristece, porque no tenía razón de ser: la idea de los hombres desleales, de los ambiciosos, de los que ponen su persona por encima de los más sagrados intereses, y que por encumbrarse son capaces de hundir hasta a su patria.

A este traidor, lo primero que yo le llamaría es ingrato. Ingrato porque no supiste pagar con lealtad las simpatías espontáneas y los aplausos que te daba el pueblo de Camagüey. Ingrato, porque qui-

En la foto, **Camilo Cienfuegos** a su llegada a Camagüey para arrestar a Huber Matos. En la madrugada del 21 de Octubre de 1959, el capitán *Jorge Enrique Mendoza*, delegado provincial del *Instituto Nacional de Reforma Agraria (INRA)* en Camagüey, se comunicó telefónicamente con Castro y le explicó que la renuncia de Hubert Matos era del conocimiento público y que observaba unas *"excesivas muestras de amistad"* entre Matos y varios dirigentes estudiantiles y sindicales. Castro sospechó que estaba en curso una maniobra contrarrevolucionaria y decidió actuar enérgicamente. Ordenó ocupar la jefatura de la Policía Nacional Revolucionaria en Camagüey y establecer con sus efectivos y oficiales una base revolucionaria desde la cual contrarrestar cualquier maniobra de Hubert Matos y los complotados. A esa hora, se ignoraba cuáles eran los planes operativos de estos y si pensaban recurrir a medidas de fuerza. La resolución era no darles tiempo, ahogar la sedición en sus comienzos, si en efecto existía.

siste realizar una maniobra contrarrevolucionaria en la provincia más revolucionaria de Cuba. Ingrato, porque confundiste las simpatías del pueblo con la incondicionalidad. Ingrato, porque te endiosaste y te autosugestionaste con la misma propaganda que constantemente promovías en favor de tu persona.

Ingrato, porque creías que los pueblos pueden ser traidores. Y hombres puede haber traidores, pero no pueblos.

Confundiste lo que es simpatía por una causa, devoción por una causa, con simpatía y devoción a tu persona. Porque la gratitud del pueblo no debe ser principalmente con los que están vivos, sino con los que cayeron en la lucha y no oyen los aplausos.

Ingratos, torpes, vanidosos y fatuos los que creen que esa gratitud y ese aplauso y esa incondicionalidad son para ellos, porque hombres pueden haber traidores pero no los pueblos.

Huber Matos había sido ingrato con sus compañeros, que le otorgaron su amistad, no le regatearon honores, ni cargos, ni reconocimientos. Ingrato con la patria, que tanto necesita de hijos leales, hoy más que nunca. ¿Qué hiciste al llegar a Camagüey?

Aquí hay un comandante rebelde que había cruzado la frontera por la provincia de Oriente y se había mantenido valerosamente durante varios meses en esta provincia. Al finalizar la guerra era lógico que fuera él, el jefe de la provincia y sin embargo... ¿Por qué no lo nombramos?

Víctor Mora era mucho más antiguo que Huber Matos en la guerra. Víctor Mora participó en un número mayor de combates, más sin embargo, Víctor Mora no había tenido la suerte de ir a la escuela. Víctor Mora no había tenido la suerte de ostentar títulos profesionales. Víctor Mora no había recibido la cultura necesaria; era un campesino rudimentario que se ganó los galones a base de servicios y a base de valor.

Víctor Mora tenía méritos, pero era el campesino que apenas sabía leer y escribir; era el campesino que no había podido ir a la escuela; era el campesino que no tenía cultura y, aunque a él había correspondido el mando, no le dimos el mando... llamamos al inteligente, llamamos al culto, llamamos al que podía ostentar títulos profesionales, al que sabía leer y escribir... al que tenía alguna cultura...

En la foto, **Huber Matos** (en el círculo a la izquierda) camina detrás de **Camilo Cienfuegos** (en el círculo a la derecha) cuando éste lo toma preso por órdenes de Castro. Los dos Comandantes confiaban el uno en el otro y Camilo no necesitó ni esposar ni valerse de fuerza alguna para que Matos lo acompañara.

La versión oficial de los hechos fue muy distinta a lo ocurrido, según muestra claramente la foto. Según Castro...

«Cumpliendo orientaciones precisas y adelantándose a mí para evitar exponerme a graves peligros, Camilo llegó a tierras Agramontinas y, acompañado de un grupo de valiosos compañeros, subió hasta la oficina de Matos y lo conminó diciendo:

"¡Huber, yo como Jefe del Estado Mayor del Ejército Rebelde, asumo el mando de Camagüey y te detengo por alta traición."

Luego sobrevino una apoteosis de victoria cuando el pueblo de Camagüey se lanzó a las calles para manifestar su apoyo a mí y a Camilo, quien con su valentía, firmeza y autoridad moral echó por tierra la sedición militar.»

Desde que llegó a Camagüey, Huber Matos se había dedicado a fabricar incondicionales: uno en el periodismo, otro en la estación de radio, otro en el Movimiento 26 de Julio... y donde quiera que no había un incondicional no paraba hasta hacerlo saltar de su posición, porque no estaba preparando el camino de la patria, sino su propio camino, el de Huber Matos...

Poco antes, el Capitán Jorge Enrique Mendoza, había mencionado el caso de "Bebito" Martínez Izquierdo, designado Comisionado Provincial por mayoría de votos, y quien renunció porque después de la votación, el Comandante se opuso y logró que se situara en el cargo a Joaquín Agramonte. La reacción que es hábil y aguda y anda fijándose en las debilidades de los revolucionarios, conocía la posición de Huber Matos, sabía de su debilidad, que era el afán de publicidad y de encumbramiento, es decir, la ambición.

De ahí que mientras se hacía campaña en contra de Camilo, contra el "Che", contra Raúl, mientras se trataba de desprestigiar a los valores, a los más sólidos baluartes de esta revolución, endiosaban al vanidoso, para ver cómo podían contar con un Caballo de Troya dentro de la revolución y abrir brecha en ella.

¿Cuál era el pretexto?

El mismo pretexto que Díaz Lanz, el mismo pretexto que Urrutia... no sólo eso, en víspera de la traición de Díaz Lanz, Huber Matos lo había visitado en su casa y nosotros guardamos silencio y lo pasamos por alto. En vista de la traición de Urrutia, Huber Matos había estado alentando los proyectos a Urrutia y Urrutia los propósitos de Huber Matos.

¿Y a qué se dedicaba? Se dedicaba a acusarnos de Comunistas a nosotros. Siempre lo mismo que Díaz Lanz y Urrutia. ¿Para qué? Para ganarse el halago y el apoyo de la reacción... el apoyo de las cancillerías extranjeras.

Y así, cuando consideró que todo estaba listo, planeó su gran trama... me envió una carta renuncia, alegando una serie de razones... y yo también conteste esa carta... había una conjura en un cuartel y ¿Qué pasó?... ¿Qué hicimos? Nos trasladamos a Camagüey... Eso sí es tener confianza en el pueblo. Vengo solo a Camagüey y me apeo en mi cuartel, que es la plaza pública... me apeo en mi cuartel, que es la ciudad... me bajo en el pueblo, porque yo sí creo en el pueblo. No hubo que dar órdenes ni convocar a nadie. Lo demuestra el enorme gentío presente. Se equivocaron los traidores, porque no contaron con el pueblo. Lo creyeron tan ingrato como ellos y perdieron. Se confunden, creen al pueblo con ellos y por eso fracasaron y triunfamos nosotros...»

Dos noticias en Octubre que consumieron el interés de la prensa y la ciudadanía: **el arresto de Huber Matos** y la incursión del avión de **Díaz Lanz tirando proclamas por toda la capital**.

El Comandante *Camilo Cienfuegos* designó provisionalmente para el cargo de jefe del *Regimiento Número 2 Agramonte* al Capitán *Agustín Méndez Sierra*, dando temporalmente la apariencia de que la crisis estaba resuelta. Un grupo numeroso, excediendo 50 oficiales y militares rebeldes, fueron expulsados al día siguiente del ejército o renunciaron a sus posiciones al mismo tiempo que lo había hecho Matos. Ese día un avión pilotado por el comandante *Pedro Luis Díaz Lanz* voló sobre la ciudad de La Habana, lanzando proclamas. Todas las baterías de la ciudad abrieron fuego contra el avión, que marchó hacia el norte sin averías. Como consecuencia lógica de ese tiroteo, se produjeron varios heridos y un muerto.

El *Departamento de Prensa y Radio del Ejército* ofreció el siguiente parte oficial:

"Habiéndose propalado por distintos conductos la noticia de que el Quinto Distrito Militar y el Estado Mayor de la Marina de Guerra, habían sido bombardeados, este Departamento oficialmente des-

miente esa información por carecer de veracidad en lo absoluto, ya que en ambas dependencias militares reina la más completa normalidad, así como en los restantes mandos militares.

Con respecto a la aparición de un avión sobre nuestra capital, aproximadamente alrededor de las 6 PM, fue reportada rápidamente y se ordenó que tres aviones cazas levantaran vuelo para localizarlo. Al lanzar proclamas el avión pirata, le abrieron fuego con ametralladoras calibre 50 que portaban los aparatos de las Fuerzas Aéreas Revolucionarias. También dispararon contra el avión, los carros patrulleros, la artillería situada en las azoteas de los edificios del gobierno y los barcos de guerra que se encontraban en la bahía de La Habana. Algunas de las ráfagas de ametralladora fueron a dar en determinados lugares como en el edificio próximo al Café Manzanares, en la esquina de Carlos III e Infanta, donde pereció Reinerio González García, al ser alcanzado por los proyectiles.»

En la foto, **un bimotor B-26 piloteado por Díaz Lanz**, lanzando miles de panfletos sobre La Habana, en los que denunciaba el vuelco del régimen hacia el Marxismo y la amenaza que ello implicaba. Díaz Lanz, ex-Comandante de la Fuerza Aérea Revolucionaria, despegó desde la Florida el 21 de Octubre en la mañana y sobrevoló la capital Cubana a muy baja altura, arrojando un millón y medio de *volantes* con su *"Carta abierta al pueblo de Cuba,"* un fuerte alegato anti-totalitario para despertar a la ciudadanía y ponerla en estado de alerta. Cuando el B-26 penetró el espacio Habanero, *Guevara* se encontraba en su oficina. En cuanto sonaron las alarmas, se asomó a la ventana y con indignado asombro vio a *Díaz Lanz* lanzando su carga. Desde La Cabaña, cuatro baterías antiaéreas abrieron fuego y desde Columbia despegaron varios cazas. Los proyectiles causaron dos muertes y más de cuarenta heridos. Guevara se mantuvo en silencio, furioso ante lo que veía, pero aparentando calma. Finalizada su misión, *Díaz Lanz* cobró altura y escapó ileso en dirección a Miami. El incidente echó por tierra el acuerdo que Castro iba a firmar ese día con ejecutivos de ASTA para promover el turismo a gran escala. En medio de la confusión, los agentes del ASTA, sumamente asustados, abandonaron La Habana a la carrera.

La proclama lanzada por el comandante Díaz Lanz decía:

«Cada día que pasa aparece una nueva mentira para calumniar y vejar a quien por amor a la patria y a la libertad más que a su pro-

pia vida, renunció a todo. No creo que el pueblo jamás pueda olvidar a José Martí, ese gran Cubano que predicó siempre amor y benevolencia para con el prójimo, quien ni para sus propios enemigos albergaba en su corazón odios ni rencores.

Yo me honro en ser descendiente directo de José Martí. Debo puntualizar primero que jamás he atacado a nadie en particular sino que he señalado y repudiado la infiltración Comunista en el gobierno... por este hecho se me ha llamado traidor, desertor, cobarde, nepotista, etc., pero sin embargo, el propio Castro el día que me acusó públicamente reconoció que el 70% de las armas que se llevaron a la Sierra Maestra y al Segundo Frente Frank País las llevé yo. Esas armas no las llevé ni por Fidel ni por Raúl. Lo hice por Cuba, lo hice por devolver a mi patria la libertad perdida. Yo he escuchado de los propios labios de Castro sus intenciones de introducir en Cuba un sistema como el que existe en Rusia.

En mi presencia, en un vuelo de regreso de la Sierra Maestra, escuché como Castro, conversando con Núñez Jiménez, Alfredo Guevara y Celia Sánchez, les decía que él mantendría engañado al pueblo Cubano mientras ganaba tiempo para organizarse militarmente y entonces matar, si fuese necesario, no a un grupito sino a más de cuarenta mil personas para lograr su propósito. Castro se ha convertido en el nuevo dictador de Cuba, quiere introducir en nuestra patria un sistema político-social que se llama Comunismo, en el que todo pertenezca al Estado. Fidel no ataca de frente. Ataca como los Comunistas saben hacer, como buen Camarada utiliza el conocido sistema de destruir mediante la difamación de quienes se le oponen, aunque para ello tenga que descender y emplear la mentira y la calumnia pues según los comunistas: "el fin justifica los medios."

Para concluir, pido a Dios que Castro rectifique y que reconozca a tiempo el daño que le está haciendo a Cuba.

A ti Fidel... te digo que recapacites. Tienes aun la oportunidad de hacerlo y ser lo que en realidad nuestro pueblo cree ahora que eres. No crees mas odios entre Cubanos, respeta la sangre de nuestros mambises y la de nuestros compañeros que te dieron el poder y que no derramaron su sangre para que ahora introduzcas el Comunismo en Cuba, en combinación con Raúl, Núñez Jiménez y el "Ché"... si no te retractas y eliminas el Comunismo, te combatiremos como combatimos a Batista, Pedraza y demás camarillas enemigos de Cuba, porque Castro Ruz, al igual que ellos, te has virado contra los altos destinos de nuestra Patria y has demostrado, con tu actuación indigna e hipócrita, **ser el verdadero traidor a la legítima revolución Cubana.**

Firmado, COMANDANTE PEDRO LUIS DÍAZ LANZ. »

CARTA ABIERTA AL PUEBLO DE CUBA DEL COMANDANTE PEDRO LUIS DIAZ LANZ (EX-JEFE DE LA FAR)

Cada día que pasa aparece una nueva mentira para calumniar y vejar a quien por amor a la Patria y a la libertad, más que a su propia vida, una vez más renunció a todo. Creo que el pueblo de Cuba pueda jamás olvidar quienes fueron Martí, Maceo, Máximo Gómez y todos aquellos gloriosos mambises, especialmente José Martí, ese cubano grande y generoso que predicó siempre amor y benevolencia para con el prójimo, quien ni para sus propios enemigos albergaba en su corazón odios ni rencores, luchando contra estos en forma que lo enaltecía, con la frente enhiesta, con la verdad en los labios que brotaba de su corazón.
Pueblo de Cuba, este humilde cubano que jamás ha hecho otra cosa que defenderte, que luchar sin descanso, velando celosamente por tu libertad, sólo quiere hacer llegar a tí unas cuantas verdades que pueden ser puestas en la balanza de tu propio juicio y frente a las mentiras y calumnias de quien tanto esperas y tanto espera de yo.
Debo puntualizarte primero que jamás he atacado a nadie en particular sino que he señalado y repudiado la infiltración y presencia de comunistas en el gobierno. Sólo por este hecho se me ha llamado traidor, desertor, cobarde, nepotista y se ha llegado al increíble cinismo de hacerme responsable de los últimos y lamentables accidentes de aviación acontecidos en Cuba. Se me ha tildado de incapacitado, sin embargo, el propio Fidel, el día que me acusó públicamente, reconoció que el 70% de las armas que se llevaron a ambos frentes las lleve yo...y hay ciertas personas que se atreven a publicar que yo renuncié a la jefatura de la FAR porque quería más dinero y porque no tenía méritos revolucionarios. ¿Entonces a quién debemos creer, a Fidel o a esa persona lo desmiente?
Este [...] del pueblo de Cuba, comenzó a trabajar dando pico y pala a la [...] a los 18 años [...]
[...] de contrarrevolucionario y hasta de batistiano y trujillista.
Pueblo de Cuba, ¿quieres comprobar si eres tú quien manda realmente en Cuba? Pídele a Fidel que elimine a todos los comunistas que ocupan cargos importantes en el Gobierno y en las Fuerzas Armadas y que convoque a elecciones. ¿Por qué no hacerlo si el puede ganar através del VOTO casi todas las posiciones en el Gobierno? ¿Sabes por qué Fidel no te aconseja esto? Sencillamente porque él quiere introducir en Cuba un nuevo sistema político-social que se llama COMUNISMO. ¿Sabes por qué Fidel está destruyendo la Economía Nacional sin importarle un bledo el hambre y la miseria que el pueblo de Cuba pueda pasar? Porque pretende que todo pertenezca al Estado. En otras palabras, quiere implantar el sistema COMUNISTA en Cuba.
FIDEL MIENTE! Sí, miente vilmente y a mí me consta. Muchas veces lo oí en privado decir todo lo contrario de lo que decía al pueblo. Ejemplo: "ARMAS PARA QUE". A espaldas del pueblo mientras pregonaba: "ARMAS PARA QUE", compraba en Bélgica más de 50,000 fusiles, 22,000 Garands que llegaron de Italia, barcos de guerra en Alemania y aviones Hawker Hunters que está comprando en Inglaterra, todo lo cual importa más de TREINTA MILLONES DE DOLARES. Hay en Cuba actualmente más de 100,000 fusiles-ametralladoras, los tanques, barcos y cañones que tenía Batista y todavía se está comprando más. "ARMAS PARA QUE", Fidel? Esos TREINTA MILLONES DE DOLARES que son DIVISAS también, extraídos del Tesoro de un país lleno de niños hambrientos, bien pudieron invertirse en mejorar la Economía Nacional, abrir nuevas industrias, colegios, etc. Quizás diga para justificarse que esas armas son para defender la Revolución "verde olivo" y negará que con sólo un puñado de armas y hombres nosotros conquistamos la victoria. No le bastaba a Fidel las armas que tenía Batista para mantener su dictadura? Miente Fidel al decir que no hay comunistas en el Gobierno. Esto no lo puede admitir aún pues las milicias juveniles no han sido debidamente adoctrinadas y entrenadas... Fidel no ataca de frente. Ataca como sólo los comunistas saben hacerlo. Como "buen camarada" utiliza el conocido sistema de destruir mediante difamaciones la reputación de quienes se le oponen, aunque para ello tenga que descender a utilizar la vil mentira y la calumnia, pues según los comunistas: El fin justifica los medios.
Para concluir, sólo quiero decirle al pueblo de Cuba que le pida a Dios que Fidel rectifique y que reconozca a tiempo todo el daño que le está haciendo a Cuba. Que dé un paso definitivo hacia adelante, subsanando sus errores y cambiando su política.
A tí, Fidel, sólo te digo que recapacites. TIENES AUN LA OPORTUNIDAD de hacerlo y de ser lo que en realidad nuestro pueblo cree ahora que eres. Pon en práctica nuestra Constitución democrática, no te ciegues ni te endioses. No dejes que la adulonería y el servilismo de quienes te rodean te impida ver la verdad. Renuncia a ser un dictador más en Cuba y una nueva decepción en las páginas de nuestra historia. No crees más odios entre los cubanos, respeta la sangre de nuestros mambises y la de nuestros compañeros que se dieron el poder y que no la derramaron para que ahora introduzcas el COMUNISMO en Cuba, conjuntamente con Raúl, el Che, Núñez Jiménez, etc. Con toda la gravedad y responsabilidad del caso te digo que si no te retractas y eliminas el comunismo, comenzaré a combatirte como combatí a Batista, Pedraza, Masferrer y demás camarilla enemigos de Cuba, porque tú, Fidel Castro Ruz, al igual que ellos, te has virado contra los altos destinos de nuestra Patria y has demostrado, con tu actuación indigna e hipócrita, ser el verdadero TRAIDOR A LA LEGITIMA REVOLUCION.

21 Octubre de 1959

Fdo. COMANDANTE PEDRO LUIS DIAZ LANZ. EX-JEFE DE LA FAR.

La proclama distribuida por **Díaz Lanz** sobre La Habana en Octubre de 1959.

El 22 de Octubre Castro compareció en el programa *Ante la Prensa* de *CMQ TV*. Nada nuevo hubo en sus declaraciones:

«Cada traición se convierte en un ejemplo patriótico del pueblo... en horas de la tarde de ayer quedó ingresado en las prisiones militares de la Fortaleza de la Cabaña, en calidad de detenido el Comandante Huber Matos conjuntamente con un grupo de militares... sabemos que existían relaciones entre Díaz Lanz, Urrutia y Huber Matos. Los tres son individuos sin escrúpulos, llenos de ambiciones y con deseos de encumbrarse... la tesis de Huber Matos es la de los espadones: el Comunismo... Huber Matos pidió ser Comandante del ejército rebelde... su renuncia como oficial del ejército fue hecha de acuerdo a las reglas.... vamos a entrenar a los obreros militarmente por zonas de sindicatos y a los campesinos por zonas de desarrollo...»

Otras noticias de interés en esos días fueron el acuerdo del Comité Ejecutivo del *Colegio Medico Nacional*, adoptado por unanimidad, de declarar traidor al médico Cubano **Domingo Gómez Gimeránez**, por haber aceptado la presidencia de la **República en el Exilio**... el Capitán **Sebastián Arias**, procedió a intervenir la estación de *Radio CMHO*, propiedad del ex-Congresista **Juan Amador Rodríguez**... en unos cañaverales próximos a Sagua la Grande, provincia de Las Villas, una avioneta tuvo que realizar un aterrizaje forzoso siendo capturado por miembros de la Policía Rural, el piloto **Evelio Pedraza Chávez**.

La familia de **Huber Matos** en una foto tomada al salir de Cuba, cumplida su condena de 20 años hasta el último día.

El día 23, algunos periódicos de La Habana publicaron unas palabras de **María Luisa Araluce**, la esposa de Huber Matos:

> *« El único delito que ha cometido mi esposo ha sido presentar su renuncia; pedir que se le conceda su licenciamiento, para continuar su vida honesta de siempre en su hogar y en su escuela. Mi esposo hubiera querido seguir sirviendo a esta causa pero estaba muy bien enterado de que él no cabía ya en el Gobierno... el día 23 de Julio había pedido al doctor Castro que le concediera el licenciamiento, pero entonces se dio cuenta que se le estaba tejiendo una madeja para desmoralizarlo... su renuncia fue con carácter irrevocable... esto no le agradó al doctor Castro, que entonces llamó al Capitán Francisco Cabrera a las dos de la madrugada y le dijo: "hazte cargo del regimiento; dentro de unas horas iré yo personalmente a destituir a Huber Matos, porque es un traidor y está conspirando." todo se podía haber evitado, si se hubiera aceptado su renuncia... desconozco el motivo por el cual, mi esposo y otros oficiales se encuentran incomunicados y se les ha privado de su ropa con el fin de que ningún familiar pueda visitarlos...»*

Ya casi a finales de Octubre, fue expulsado de la presidencia de la *Asociación de Alumnos de la Escuela de Periodistas Manuel Márquez Sterling*, el conocido periodista **Pedro Leyva** y en su lugar fue designado **Manuel Pozo**. En La Habana, Marianao, Guanabacoa y el Cotorro, dos avionetas no identificadas realizaron nuevas incursiones arrojando proclamas contra el régimen de Castro.

La asamblea popular frente a Palacio **convocada por la FEU** el 27 de Octubre. La FEU ya había desistido de ser la garantía en defensa de la democracia en Cuba y estaba en camino de entregarse en manos de un gobierno Marxista y por consiguiente nada democrático.

En La Habana, frente a Palacio, ocurrió el 27 de Octubre la primera manifestación organizada por la FEU, que ya había abandonado su papel tradicional de defensor de la democracia Cubana y ahora estaba aliada y colaboradora del régimen Castrista.

El acto se inició a las 5:00 PM. Unas pancartas bien diseñadas e impresas decían:

FIDEL: REMOJA, EXPRIME Y TIENDE... YANKEES: LA REFORMA AGRARIA VÁ... FIDEL: FUSILA A LOS TRAIDORES... FIDEL: SACUDE LA MATA... NIQUERO PIDE PAREDÓN... PEDIMOS FUSILEN A LOS ESBIRROS PRESOS.

El primer orador fue **David Salvador Manso**. A continuación ocuparon la tribuna: **Osvaldo Dorticós, Rolando Cubela, Camilo Cienfuegos, Ernesto Guevara, Raúl Castro** y por último **Castro**, que comenzó diciendo:

«Vengo a razonar y conversar con el pueblo. No importan los desastres; sólo hay una fórmula de alcanzar la victoria y es el valor. El territorio Americano sirve de base a los aviones que arrojan proclamas y petardos sobre nuestro país. No se sabe si es cinismo, desvergüenza o es indefensión absoluta del pueblo de los Estados Unidos, el que las autoridades no puedan evitar esos vuelos, que salen de su territorio para agredir a Cuba.

¿Por qué nos atacan? ¿Por qué esa desfachatez? ¿Por qué esa tolerancia de las autoridades Norteamericanas?

Porque defendemos al pueblo de los grandes intereses, de los monopolios, del pasado criminal... Como no tienen nada de que acusar al Gobierno Revolucionario, como no tienen que decir del Gobierno Revolucionario, nos acusan de Comunistas.

*Los culpables no son sólo los que tiran las bombas, sino aquellos que los alientan, son los que como **Pepín Rivero** y el periódico **Avance**, han estado instigando al periodismo: los culpables son los traidores como **Huber Matos** y el grupito que lo siguen. El ataque es contra la Revolución, el ataque es contra las medidas revolucionarias; esas son las causas, ese es el por qué de las acusaciones de Comunistas contra nosotros.*

*La prensa contrarrevolucionaria recogió todos los argumentos de **Huber Matos** y de **Díaz Lanz**, acusándonos de Comunistas. Hacemos una revolución generosa, sin mano dura con los enemigos de la revolución. Es necesario defender la revolución y el pueblo tiene la palabra... Voy a consultar al pueblo sobre la reimplantación de los Tribunales Revolucionarios....*

Los que estén de acuerdo que se restablezcan los Tribunales Revolucionarios que levanten la mano... [miles de personas en la

El primer mitin revolucionario donde comenzó la tradición de responder a las instigaciones de Castro con gritos de **¡PAREDON!, ¡PAREDON!.** el 27 de Octubre de 1959

multitud levantaron la mano y gritaron... **¡*PAREDON!, ¡PAREDON!, ¡PAREDON!.*]**

Mañana mismo se reunirá el Consejo de Ministros, para discutir y decretar la Ley que restablezca los Tribunales Revolucionarios.

Que levanten la mano los que crean que los que invaden a nuestro país merecen la pena de fusilamiento ... .

Gritos de **¡*PAREDON!, ¡PAREDON!, ¡PAREDON!.***

Que levanten la mano los que crean que los que tripulan aviones sobre nuestro territorio, merecen la pena de muerte...

Más gritos de **¡*PAREDON!, ¡PAREDON!, ¡PAREDON!.***

Que levanten la mano los que opinan que los traidores como Huber Matos merecen la pena de muerte...

Nuevos gritos de **¡*PAREDON!, ¡PAREDON!, ¡PAREDON!.***

¡Los que no crean en el pueblo que se marchen !...

¡Los que no crean en la revolución, que se marchen !...

Cuba no se dará jamás por vencida, cada casa será una fortaleza... pelearemos en todos los frentes... utilizaremos todas las armas... quien intente apoderarse de Cuba sólo encontrará, como decía el general Maceo... **¡*El polvo de su suelo anegado en sangre!*...»**

Esa noche, a las 10:00 PM, desde un automóvil a alta velocidad, alguien lanzó una bomba contra la puerta de cristal del periódico ***Revolución***, que estalló e hirió en la pierna izquierda a *Francisco*

Muñoz, un periodista que hacia su entrada al edificio en esos momentos. Los atacantes escaparon sin ser reconocidos.

Unas horas más tarde, el día 28 de Octubre, a las 6:00 PM, salió del aeropuerto de Camagüey, un **Cessna 310** bimotor de la *Fuerza Aérea Revolucionaria*, número 53, de cinco plazas, rumbo a La Habana, conduciendo al Jefe del Estado Mayor del Ejército Rebelde, comandante **Camilo Cienfuegos**, quien iba acompañado del piloto Teniente **Luciano Fariñas Rodríguez** y el soldado **Félix Rodríguez**... Por razones desconocidas, se estaba demorando excesivamente en llegar a su destino.

El **Cessna 310** de la Fuerza Aérea Revolucionaria done viajaba Camilo Cienfuegos el 28 de Octubre.

La prensa oficial no dio señal alguna de ese suceso, que no era otra cosa que la desaparición del Comandante **Camilo Cienfuegos**, sino hasta dos días después, el viernes 30 de Octubre.

Por un buen rato los periódicos de Cuba se mostraron muy ocupados reportando noticias hasta cierto punto triviales dado lo misterioso e importante que había ocurrido con el **Cessna** que trasportaba a Camilo Cienfuegos.

Una multitud [que presagiaba frecuentes eventos futuros conocidos como *"las brigadas de acción rápida"*] rodeó las oficinas telegráficas de la Calle 33 entre 82 y 84 en Marianao, donde **Jules Dubois**, corresponsal del *Chicago Tribune*, enviaba discretamente un cable a su editor en Chicago. La multitud, obviamente organizada por el gobierno, pedía enardecidamente el fusilamiento del periodista. Se requirió una escolta para que pudiera salir del edificio...

El *Consejo de Ministros* modificó el Artículo 174 de la Ley Fundamental restableciendo los *Tribunales Revolucionarios*...

En el Reparto Zamora, Marianao, fueron halladas dos bombas de fabricación casera en el paradero de la Ruta No. 78...

El Consejo Universitario, con participación de la *Federación Estudiantil Universitaria*, auspició dos conferencias del ex-presidente de Guatemala, **Dr. Juan José Arévalo** en el Aula Magna de la Universidad...

El Capitán **Antonio Núñez Jiménez** y otros funcionarios, incluyendo a su esposa *Lupe Velis*, partieron a Roma para representar a Cuba en el Congreso Mundial de la FAO...

Por fin, tarde en la noche del 30 de Octubre, la *Sección de Prensa y Radio del Estado Mayor del Ejército Rebelde* informó:

«Se hace saber por este medio a la opinión pública que en el día 28 de Octubre salió del aeropuerto de Camagüey un avión bimotor de la Fuerza Aérea Revolucionaria rumbo a La Habana, conduciendo al Jefe del Estado Mayor del Ejército Rebelde, Comandante Camilo Cienfuegos, quien iba acompañado por el piloto del avión Teniente Luciano Fariñas Rodríguez y el soldado Félix Rodríguez, los que desgraciadamente no han llegado a su destino.

Las búsquedas efectuadas hasta ahora, han resultado infructuosas, pero se reanudarán hoy en toda el área comprendida entre La Habana y Camagüey. La existencia de turbonadas a esa hora entre Ciego de Ávila y Matanzas, pueden haber ocasionado algún accidente, estimándose que haya ocurrido en un punto al norte de la provincia de Camagüey, Las Villas o Matanzas. La Fuerza Aérea Revolucionaria, auxiliada por la aviación civil y unidades del Ejército Rebelde, realizarán un esfuerzo supremo en el día de hoy, por encontrar el avión desaparecido.»

A la izquierda, la página de **Revolución** presentando los resultados de la búsqueda del avión de Camilo. *A la derecha*, Castro muestra a la prensa internacional, el lugar donde *"desapareció"* el avión que transportaba a Camilo después de cumplir su misión de **arrestar por órdenes de Castro** a Huber Matos en Camagüey el 28 de Octubre.

En Washington, el Departamento de Defensa anunció la confiscación del avión utilizado por el Comandante **Pedro Díaz Lanz** para realizar incursiones con volantes sobre La Habana. Se informó que el avión, un B-26 modificado, había partido de *Pompano Beach* y no llevaba ningún tipo de armamento en su viaje a Cuba.

Noviembre del 1959

Asesinado el Comandante Cristino Naranjo Vázquez. Décimo Congreso de la Confederación de Trabajadores. Clausura del Décimo Congreso de la CTC. Un sorprendente Congreso Eucarístico Católico Nacional.

El mes de Noviembre comenzó con el nombramiento del Capitán del Ejército rebelde **Alfredo Ayala** como investigador de la causa contra el *Comandante Huber Matos Benítez*. Casi inmediatamente **María Luisa Aguiar**, la esposa de Matos, dirigió una carta a la opinión pública protestando del maltrato que estaba recibiendo su esposo. La misma fue rebatida públicamente, en forma irritada, inapropiada y un tanto grosera, por un grupo de mujeres Comunistas, entre las cuales estaban **Sonia Gamoneda de Rodríguez, Mary Ricart Madera, Virginia Alonso de Sánchez** e **Irene Relova Viuda de González Brito**.

En respuesta a la versión y propaganda de Castro sobre el vuelo de la avioneta de Díaz Lanz, el Subsecretario de Estado Norteamericano **Roy Rubottom**, entregó al embajador Cubano **Doctor Ernesto Dihigo**, una nota diplomática:

> «No han sido del gusto de esta Cancillería los informes falsos, inexactos, maliciosos y conducentes a conclusiones erróneas que han sido propagados por el gobierno Cubano por todo el mundo con respecto al alegado bombardeo y ametrallamiento de ciudadanos Cubanos en La Habana.»

El día 3, el periódico **Revolución**, publicó un artículo sobre las ventajas de establecer nuevamente relaciones diplomáticas y comerciales con Rusia.

> «De estas relaciones obtendremos más ventas de azúcar. El viaje a México del Ministro de Comercio de la Unión Soviética **Anastas Mikoyan**, no debe pasar inadvertido para Cuba. El Gobierno Revolucionario debe aprovechar la oportunidad e invitarlo a visitar a Cuba. Todo esfuerzo es poco para obtener compradores para nuestros productos y así librarnos de la penosa esclavitud de un solo mercado.»

En un esfuerzo que muchos caracterizaron como *"ser más papistas que el Papa,"* la *Federación Estudiantil Universitaria* abrió la ***"Operación Avión,"*** para cooperar a la conquista de la protección aérea de la Isla; la recaudación popular durante una quincena ascendió a la suma de $76 mil pesos. Los trabajadores de *Artes Gráficas*, para no quedare atrás, acordaron entregar a la FAR los $ 19 mil pesos recaudados para la construcción de su balneario. Los trabajadores y propietarios del Transporte Urbano [*COA* y *Autobuses Modernos*] donaron $200 mil pesos para la compra de armas y aviones. El periodista José Pardo Llada, obtuvo de la ciudadanía más de $300 mil pesos para la compra de armas y aviones. La *Asociación de Colonos*, donó $2 millones de pesos al *Ministerio de Bienestar Social* para erradicar la mendicidad y $500 mil pesos a la FAR para la compra de armas y aviones.

En la foto, **José Pardo Llada** con Castro, ambos viejos amigos desde los tiempos del *Partido Ortodoxo* de Eduardo Chibás. Pardo Llada inicialmente apoyó fuertemente a la revolución e inclusive recogió muchos fondos para su éxito, pero más temprano que tarde se desilusionó por el contenido y tendencia Marxista y se exilió en Colombia.

El día 4 de Noviembre, con el fin de organizar *Milicias Estudiantiles,* se llevó a cabo un acto de extraordinarias proporciones en el local de la *Escuela Profesional de Comercio* de Pinar del Rio, con la asistencia de estudiantes de todos los centros Pinareños de Segunda Enseñanza, asistiendo especialmente invitado el comandante de militancia Comunista **Derminio Escalona**, Jefe del *Sexto Distrito del Ejército Rebelde*. En su discurso, Escalona pidió adiestramiento militar para todos los miembros del *Colegio de Maestros*, al igual que fundar una "*Brigada Magisterial Revolucionaria*" y recabar del gobierno...

> «... *el adiestramiento militar e instrucción necesaria para la defensa de nuestra nación amenazada por criminales de guerra e intereses imperialistas en franco contubernio...*»

Ese día 4, comenzó un programa extraordinario del *Ministerio de Recuperación de Bienes Malversados,* ocupándose las residencias de más de 200 personas en toda la isla, entre ellas las de **Paco**

Batista, Joaquín Casillas Lumpuy, Elpidio García Tudurí, Marino López Blanco, Joaquín Martínez Sáenz, Genovevo Pérez Dámera, Manuel Pérez Benitoa, Facundo Pomar, Andrés Rivero Agüero y *Alberto Badía*.

Al día siguiente, desde una maleza cercana a la residencia del **Comandante William Morgan**, sita en la calle 146 entre 23 y 25 en el reparto Country Club, personas desconocidas tirotearon la casa y se dieron a la fuga sin ser identificados. El comentario de algunos periodistas de TV, y particularmente el de **Ernest Hemingway**, que acababa de llegar a Cuba, fue que tal vez habían sido los verdaderos dueños de la casa, ya que Morgan no tenía los recursos necesarios para adquirir tan lujosa residencia. El atacante resultó ser *Manuel Alfaga González*, un aventurero que evidentemente había sido contratado para esa faena. Fue puesto preso y llevado a la prisión del *Príncipe*.

En un arrojado esfuerzo por simplificar la recuperación de propiedades que alegadamente eran producto de malversaciones, el Ministerio de Recuperación comenzó a intervenir y incautar repartos completos. Un primer esfuerzo resultó en la confiscación de *Alturas de Nueva Gerona*, de **Capote Fiallo**; *Hogares Económicos* de **Ángel Pardo Jiménez**; las *Playas Marbella y Delmar*, de **José López Vilaboy**; el *Residencial Casanova*, de **Amadeo López Castro**; y las urbanizaciones *Calero, Ciudad Nueva, Capó* y *Residencial Oeste* de **Manuel Pérez Benitoa**.

*A la izquierda, anuncios públicos sobre **bienes recuperados**; a la derecha, Castro con el Ministro de Recuperación **Faustino Pérez**.*

El día 9 comenzó el *Forum de la Enseñanza* en el Hemiciclo de la Cámara de Representantes del Capitolio Nacional, con un discurso del Ministro de Educación **Armando Hart Dávalos**.

La prensa ofreció la noticia ese día de una próxima visita del *Ministro de Comercio de la Unión Soviética* **Anastas Mikoyan**, noticia que fue desmentida por el *Ministro Cubano de Relaciones Exteriores* **Raúl Roa**.

En franca competencia con las incautaciones del *Ministerio de Recuperación, de Bienes Malversados*, el *Ministro de Transporte* confiscó un grupo de más de 50 embarcaciones de placer a sus propietarios, entre los que figuraban ***Mario García Menocal, Gaspar Pumarejo, Luis de Armas, Alejandro Suero Falla, Jorge Berhart, Manuel Pardo Jiménez, Eduardo Zayas Bazán, Otto Sirgo y Enrique Santiesteban.*** La opinión pública, en forma casi unánime, reprochó esos embargos porque evidentemente los perjudicados no eran malversadores ni políticos corruptos sino simplemente personas de amplios recursos económicos.

El 11 de Noviembre, una vez más, el *Fondo de Estabilización de la Moneda*, reiteró su **Instrucción Número 11**, que era esencial para los compromisos de acceso a divisas de la revolución:

> *«Los exportadores de productos de todas clases y las personas o entidades radicadas en Cuba que perciban divisas por concepto de servicios prestados en este país, están obligados a entregar al Fondo de Estabilización de la Moneda, para su canje a la par, por moneda Nacional, los dólares representativos del precio de dicha exportación o de la retribución de los indicados servicios, dentro de los tres días siguientes a la fecha de su cobro.»*

Enrique Santiesteban, Otto Sirgo, German Pinelli, Gaspar Pumarejo, artistas aclamados en Cuba, fueron algunas de las personas cuyos yates fueron confiscados por Recuperación de Bienes, a pesar de no haber sido el resultado de robos o asaltos a la hacienda pública.

Ampliando el alcance y extensión de las incautaciones, el Ministerio de Recuperación expropió el día 11 las farmacias de la **Dra. Zoila Mulet Proenza** y la del **Dr. Ramón Rosavete**, así como el balneario *Santa Fe*, en la Isla de Pinos, propiedad de **Francisco Cajigas**. Esta vez no se alegó corrupción o malversación sino "necesidades del servicio público...".

Al tema de la desaparición del Comandante **Camilo Cienfuegos** no se le había dado aun punto final, por lo que Castro acudió a una entrevista en *Ante la Prensa*, para tratar de cerrar el tema. Sus declaraciones se redujeron a lo siguiente:

> *« Hemos llegado a la conclusión de que el piloto de Camilo, al encontrarse con la zona de mal tiempo, trató de bordear la tormenta, seguramente por el norte. Los hemos buscado por todas partes y sólo encontramos en Cayo Anguila dos aviones de procedencia Americana que posiblemente fueron los que se utilizaron para dejar caer las bombas sobre el central Punta Alegre.*
>
> *¿De dónde han sacado los contrarrevolucionarios esas mentiras sobre las diferencias entre Camilo y Raúl? La revolución ha sido magnánima; hemos suprimido los privilegios... la revolución ha sido benévola. Camilo seguirá viviendo en los hombres que se inspiren en él. Camilo salió del pueblo.* **Camilo** *era sastre. Los Comandantes rebeldes, todos, salieron del pueblo.* **Almeida** *era albañil;* **Escalona Sánchez**, *trabajaba en la agricultura;* **Pablo García**, *chofer;* **Calixto García**, *empleado de farmacia. ¿De dónde salieron? Salieron del pueblo. Camilo era un hombre más del pueblo...»*

Una nueva ronde de confiscaciones se presentó el 13 de Noviembre. El *Ministro de Transporte*, Comandante **Julio Camacho**, intervino las siguientes empresas: *La Oriental, Especiales de San Luis, Autobuses Modelo, Ómnibus del Cobre*, todas de **Andrés Leliu Savigne**. También fueron intervenidas las *Rutas de Ómnibus de la COA conocidas por los números 31, 43 y 76* de **Antonio Sánchez**

En la foto, **Julio Camacho Aguilera** (en un círculo), en la Sierra con Castro. En 1959, bajo su mando en la *Corporación Nacional de Transporte* fueron intervenidas y incautadas las Compañías **Cubana de Aviación SA, Carga por Avión SA, Aeropuertos Internacionales SA, Empresa Aérea Interamericana SA, Viajes a Plazos SA, Cuba Aeropostal SA** y **Aerovías Q SA**, lo cual, añadido a muchas otras empresas expropiadas le valió el sobrenombre de *"el campeón de las confiscaciones."*

Mena; las *Rutas 6 y 12* de **Miguel Agües**, las *Rutas 21 y 22* de **Julián Saud**; las *Rutas 14, 15, 36 y 27* de **Raúl Mérida** y las *Rutas 3, 4, 5, 13, 23, 24 y 25* de **Elpidio Núñez**. Además fue intervenida la *Compañía de Seguros de Ómnibus Aliados* de **Julia Saud**. No hubo ningún intento en esta ocasión de atribuir la confiscación a robos o malversaciones. Simplemente se presentó como *"una necesidad perentoria de servicio público."* La ley revolucionaria, por supuesto, desde hacía algún tiempo había deshabilitado la posibilidad de una apelación a aquellas expropiaciones que fueran *"una necesidad perentoria de servicio público."*

El día 14 de Noviembre, el comandante **Cristino Naranjo Vázquez**, infatigable compañero de aventuras del Comandante Camilo Cienfuegos en la Sierra Maestra, murió en un accidente en la calle 100, próximo a la posta número 3 del campamento de Columbia. El automóvil en que viajaban fue interceptado por un auto oficial al cual se hizo sospechoso por estar sus ocupantes vestidos de paisano pero portando armas. Cuando Naranjo iba a sacar su identificación, los oficiales del automóvil interceptor abrieron fuego con el desafortunado saldo de tres muertos. Por decreto del gobierno se declararon siete días de duelo oficial por la desaparición del Comandante Camilo Cienfuegos y la muerte de Naranjo Vázquez.

Dos nombramientos importantes a mediados de Noviembre de 1959 fueron los de **Juan Almeida Bosque** como Jefe del Estado Mayor del Ejército y **Sergio del Valle Jiménez** como Jefe de la Fuerza Aérea Rebelde. El primero en sustitución de *Camilo Cienfuegos* y el segundo en sustitución de *Díaz Lanz*.

Foto arriba, de izquierda a derecha, en la Sierra, Raúl Castro, **Juan Almeida**, Fidel Castro, Ramiro Valdés y Ciro Redondo. A la derecha, el libro de **Sergio del Valle** sobre Camilo.

Ese día 15, al mediodía, en el *Salón de Embajadores del Ministerio de Relaciones Exteriores*, el gobierno Cubano entregó al Embajador Norteamericano **Philip W. Bonsal** un documento de 20 pliegos en el cual Cuba rechazaba la *"presunción del gobierno Americano de que Cuba trataba de sustituir la tradicional amistad con Estados Unidos con desconfianza y hostilidad."* A la salida, ante las preguntas de un grupo de periodistas, el embajador no quiso hacer declaraciones.

Continuando con expropiaciones, el *Ministerio de Recuperación de Bienes Malversados* intervino un número de residencias en la *Playa de Tarará* pertenecientes a **Rafael Díaz Balart, Marino López Blanco, Ramón Mestre, Genovevo Pérez Dámera, José Pérez Domínguez, Roberto Fernández Miranda, Jorge Mecalling García, José Pardo Jiménez, Emilio Perche Rivas** y **Lutgardo Martín Pérez**.

En Roma, ese día, el Papa Juan XXIII recibió en audiencia especial al Capitán Comunista **Antonio Núñez Jiménez**.

Tres días más tarde, el 18 de Noviembre, se inauguró el *Décimo Congreso Nacional de la Confederación de Trabajadores de Cuba*, en el teatro del *Palacio de los Trabajadores* con la asistencia del Primer Ministro, miembros del gabinete y algunos líderes internacionales como **Lombardo Toledano**, dirigente Comunista Mexicano, invitado muy especialmente por Blas Roca. Cuando Toledano comenzó su discurso haciendo grandes elogios de Castro, varias voces se alzaron gritándole *"eso mismo decías de Batista."*

En ese acto, David Salvador, Secretario General de la *CTC*, propuso y logró un **Voto de Condenación** para los periódicos capitalinos, **Prensa Libre, Avance** y el **Diario de la Marina**, así como la condenación de la política del gobierno Americano con relación a Cuba.

El resumen del acto estuvo a cargo de Castro que dijo:

«*A mí no me importan las jerarquías, a mí no me importan los cargos, a mí me importa solo la revolución, que no es un juego de mesa; una revolución no es una fiesta, una revolución no es una obra teatral. La revolución es un proceso muy serio y muy trascendental en la vida de los pueblos.*

Los destinos de la patria y de la revolución están en mano de la clase trabajadora. De la claridad y firmeza en que sepa comprender ese papel dependerá el triunfo o el fracaso. Es de vital importancia que la clase obrera comprenda que tiene en sus manos el porvenir de la patria.»

Castro aprovechó el acto para anunciar que, a partir de esa fecha, el periódico **HOY**, órgano oficial del Partido Comunista, comenzaría a repartirse gratis en los principales centros de trabajo de toda la isla.

A la izquierda, Castro en la apertura del *X Congreso de la CTC* el 18 de Noviembre de 1959.

A la derecha, en un círculo, **David Salvador**, Secretario General de la CTC, marchando con Castro, Dorticós, Raúl Roa y Guevara, en la manifestación inicial del X Congreso.

A pesar de lo que abiertamente se decía en el X Congreso de la CTC, desde la apertura, una visible tensión se incrementaba por minutos. Los sindicalistas integrantes del *Movimiento 26 de Julio* temían ser desplazados por los cuadros del *Partido Socialista Popular*. De los 2,584 delegados acreditados, posiblemente no pasaban de 300 los militantes Comunistas del PSP. Había una amplia gama de *Auténticos, Ortodoxos, Directorio Revolucionario, Juventud Obrera Católica (JOC)* y una minoría insignificante de Comunistas.

Es más, las presiones, intimidaciones e inhabilitaciones, sin procedimiento legal alguno, a viejos sindicalistas opositores activos contra la dictadura de Batista que ostentaban prestigio sindical a nivel nacional se les había impedido que fueran candidatos a delegados al Congreso. La Secretaría de Organización de la CTC hacía toda clase de presiones para presentar una sola candidatura unitaria para la dirección de la central sindical.

Cuando le tocó a **Raúl Castro** el uso de la palabra, expresó repetidamente, refiriéndose a *Eusebio Mujal*:

«Recuerden que tenemos que sacudir la mata, incluso en las organizaciones obreras, porque por ahí pueden quedar vestigios del Batistato...»

A todo lo largo del Congreso, los gritos abundaron y ganaron intensidad día a día en el *Palacio de los Trabajadores*, impugnando la presencia de los Comunistas en la dirección de la CTC. Se oía:

«... unidad SI, Comunismo NO... »

y otros epítetos más agresivos. Era evidente que el primer Congreso se le iba de las manos a sus organizadores.

Eusebio Mujal Barniol, líder obrero por excelencia en los años que precedieron la revolución. Era un ex-Comunista convertido a la democracia, muy popular con la clase obrera pero adinerado y posiblemente demasiado interesado en sus múltiples negocios personales, los cuales le creaban conflictos de intereses.

El desenlace ocurrió cuando Castro le ordenó a David Salvador que preparara una candidatura unitaria de miembros del Movimiento 26 Julio y del PSP para la dirección de la CTC, con el objeto de evitar que en las directivas futuras aparecieran personas no confiables. Por supuesto, la tal candidatura de unidad requería de su aprobación. Paralelamente, el *Consejo de Ministros*, mediante la **Ley 647,** facultó al Ministro del Trabajo, **Augusto Martínez Sánchez** para intervenir cualquier sindicato o federación sindical que no actuara revolucionariamente. De ahí en adelante se impuso el sometimiento y no se permitieron iniciativas por parte de los dirigentes obreros.

Durante una de las sesiones del X Congreso, 26 Federaciones de Industrias se manifestaron decididas a no aceptar la tesis de unidad auspiciada por el Secretario General David Salvador. Después de un gran debate se llegó a la conclusión y acuerdo de que los Comunistas no serían aceptados como candidatos para integrar el nuevo Comité Ejecutivo que iba a elegir el Congreso. No por eso se resolvió el conflicto entre *Humanismo* (26 de Julio) y *Unidad* (PSP).

Unos meses más tarde, **David Salvador**, como Secretario General de la CTC, se enfrentó a Martínez Sáenz al crearse un conflicto con la **Ley 647**. Salvador se vio obligado a presentar su renuncia como dirigente obrero y poco después fue detenido y condenado a largos años de prisión.

Durante los últimos días de Noviembre se aprobaron una serie de disposiciones de carácter legal que iban a afectar a toda la ciudadanía.

El Consejo de Ministros aprobó la **Ley número 634** por la que se nulificó la competencia de los *Tribunales Ordinarios* para conocer y juzgar los delitos calificados como contrarrevolucionarios.

Se le confirió al **Ministro de las Fuerzas Armadas**, la facultad de designar libremente a los miembros de los Tribunales Revolucionarios, los cuales se integrarían por milicianos militares y no por miembros del Poder Judicial.

A los acusados de delitos contrarrevolucionarios se les privó del beneficio de libertad provisional, se autorizó el allanamiento de sus hogares aun en horas de la madrugada y se eliminó para ellos el derecho de *Habeas Corpus*.

El Consejo de Ministros en su **Resolución Número 94** creó el *Ministerio de Industrias* y designó al Comandante **Ernesto Guevara** para dirigirlo.

Ya tarde en Noviembre, Castro volvió a hacer acto de presencia en el X Congreso de la CTC. Esta vez sus palabras fueron:

«Hay que pensar por encima de todo como obrero, como campesino, como Cubano... por encima de todo... este Congreso tiene que ser un modelo de armonía... el espectáculo que más alegría produce a nuestros enemigos es cualquier división en este Congreso... los contrarrevolucionarios siembran, cosechan y consumen sus propias mentiras... fue la clase obrera la que dio el puntillazo a la dictadura, la que destruyó la última maniobra, la que nos dio el poder... cuando llegue la ocasión de defender la patria con las armas

El atrevido Comandante **Ernesto (Ché) Guevara** en su condición de *Ministro de Industrias* ofreciendo charlas en las que analizaba el comportamiento de la producción, la productividad y los problemas existentes en los centros de trabajo, áreas de gerencia de las cuales no tenía ni conocimientos ni experiencia.

*en la mano, nos dirigiremos a los trabajadores y campesinos... una asamblea dividida en grupos que gritan **Humanismo** unos y otros **Unidad**, no favorece a la revolución... lo que importa es que haya dirigentes verdaderamente revolucionarios... hay que escoger una dirigencia que apoyen todos los delegados al Congreso... creo que es bastante la responsabilidad de la persona que ustedes señalen, sea el compañero **David Salvador** o quien sea... se da al dirigente un amplio voto de confianza como se le da toda la responsabilidad de los resultados y se le da la responsabilidad de que ese ejecutivo cumpla o no el mandato del Congreso... »*

En la foto, Castro siendo homenajeado por la CTC en su X Congreso. Castro deliberadamente permitió que los militantes Comunistas (PSP) y no los líderes obreros del 26 de Julio **controlaran las conclusiones** del X Congreso Nacional de la CTC en Noviembre de 1959. En sus planes maquiavélicos estaba tomar posesión de las riendas del Comunismo en Cuba de manos de líderes anquilosados como *Blas Roca, Marinello* y *Lázaro Peña* y para ello necesitaba una plataforma **Marxista** y no **Humanista** como la que el mismo había diseñado para el Movimiento 26 de Julio.

El X Congreso Nacional de la Confederación de Trabajadores de Cuba, fue clausurado en el Palacio de la CTC dos días después de la fecha señalada. Los acuerdos tomados en ese X Congreso resultaron sorpresivos para todos, dadas las diferencias de opinión a todo lo largo de las reuniones. Resultaron ser compatibles con las ambiciones del *PSP*, pero no con las del *Movimiento 26 de Julio*:

- Luchar por la derrota del Imperialismo Norteamericano en todas sus manifestaciones.
- Plena solidaridad con la lucha anti-imperialista de la URSS.
- Creación de Escuelas para adoctrinamiento socialista.
- Apoyo al Tratado de Paz propuesto por la Unión Soviética.
- Un saludo para el XXII Congreso del Partido Comunista de la URSS.

- Apoyo total a la labor de estabilización (léase confiscación) de las grandes empresas industriales, comerciales y eléctricas de la nación.
- Llevar al cauce de la construcción socialista toda la economía y asegurar el triunfo del socialismo en todos sus aspectos.
- Apoyar con todo tipo de sacrificios la construcción de la sociedad socialista.
- Apoyo incondicional a las Organizaciones Revolucionarias Integradas.

Tras el triunfo de la Revolución Cubana en 1959 el **Diario de la Marina** se convirtió en uno de los principales críticos de los nuevos tiempos que corrían y fue etiquetado como "el máximo representante de la reacción."

- Vigilancia Revolucionaria.
- Erradicación del ausentismo.
- Renuncia al *"aguinaldo pascual"*.
- Renuncia al reintegro del 4% contribuido por los trabajadores para los planes de industrialización.
- Renuncia al pago de los 9 días por enfermedad al año que establecía la Constitución de 1940.
- Apoyo al Plan de Desarrollo Económico.
- Trabajar para la implantación de los embarques de azúcar a granel.
- Incremento de la cultura socialista de los trabajadores.

El X Congreso re-eligió **David Salvador Manso** como Secretario General del Comité Ejecutivo.

Ante los ataques que Castro hacía frecuentemente contra el *Diario de la Marina*, el periódico publicó un editorial el día 23 declarando:

« *Estamos con la Revolución si la Revolución significa libertad, democracia, justicia social y colaboración de clases, reguladas por el Estado en nombre del bien común. Estamos contra la Revolución si por Revolución se entiende la abolición de la propiedad privada y la colectivización de los medios de producción, la muerte de la libertad, la dictadura por la fuerza, el desdén absoluto por la libertad mayoritaria de la nación, el odio de clases, el hacer causa común con las fuerzas totalitarias rojas y la utilización de Cuba como una quinta columna encargada de socavar a las fuerzas de la democracia, los conflictos peores para dividir y debilitar la unión de los pueblos llamados a liberar al mundo de la noche roja.»*

El editorial fue abrumadoramente aplaudido por la mayoría de los Cubanos pero, por supuesto, puso al *Decano de la Prensa Cubana* en la mirilla de las confiscaciones.

En una estrategia llamada a repetirse con frecuencia en el futuro, una avioneta no identificada voló con las luces apagadas sobre el municipio de Bacuranao, con el propósito de recoger algún pasajero clandestino.

La SIP denunció en Noviembre de 1959 *"el aumento de la censura por terror, que parece ser el arma con la que el Primer Ministro de Cuba, Fidel Castro intenta silenciar toda la crítica de la prensa Cubana..."*

En New York, el 25 de Noviembre, se reunió el Comité Ejecutivo de la *Sociedad Internacional de Prensa (SIP)* para discutir el problema de la prensa en las Américas. **William H. Cowler**, presidente de la SIP, emitió la siguiente declaración :

«La SIP denuncia el aumento de la censura por terror, que parece ser el arma con la que el Primer Ministro de Cuba, Fidel Castro intenta silenciar toda la crítica de la prensa Cubana. La situación ha

*empeorado desde la reunión de la SIP en San Francisco de California, el mes pasado. Ha habido ataque directo por los más altos funcionarios del Gobierno Cubano contra los diarios, que inclusive han invitado a boicotear a los periódicos **Prensa Libre**, **Avance** y **Diario de la Marina**. El periódico **Revolución**, que es el órgano oficial del Gobierno, se halla empeñado en una campaña contra los diarios mencionados.»*

En la foto, el Comandante **Ernesto Che Guevara**, toma posesión de su cargo de Presidente del **Banco Nacional de Cuba**. De izquierda a derecha, **Pepín Naranjo, Osmaní Cienfuegos, Osvaldo Dorticós, Rolando Díaz Aztaraín, Felipe Pazos** (en un círculo), **Enrique Oltuski,** y **Faustino Pérez**. Guevara, por supuesto, no tenía la menor idea de cómo funcionaba un Banco, pero lo principal para la revolución era la lealtad y no la capacidad.

El Consejo de Ministros aprobó el día 24 de Noviembre la **Ley Número 647**, por la que se autoriza al *Ministro del Trabajo*, para que, en los casos que estime necesario, disponga la intervención y embargo de cualesquier empresa en la que se altere maliciosamente el desarrollo normal de la producción.

Al día siguiente por Resolución del *Ministro de Recuperación de Bienes Malversados*, **Faustino Pérez**, pasaron a poder del Estado Cubano todas las acciones de la estación de radio denominada ***Circuito Nacional Cubano (CNC)***, propiedad de Antonio Pérez Benítez. También fueron confiscadas las siguientes emisoras de radio: ***Radio Cuba***, de Ciego de Ávila, propiedad de Prudencio González; ***Radio Cuba*** de Morón, de J. López; ***Radio Legendario***, de Eliseo Guerra Romero; ***Radio Voz, Radio Banes, Radio Aeropuerto Internacional*** y ***Radioemisora Siboney***.

El día 26, el *Consejo de Ministros* aceptó la renuncia presentada por **Felipe Pazos** como presidente del *Banco Nacional de Cuba*, designando en su lugar al comandante **Ernesto Guevara**. Igualmente se aceptaron las renuncias de **Manuel Ray Rivero**, como *Ministro de Obras Públicas* y en su lugar fue nombrado el Capitán Comunista **Osmani Cienfuegos** y la renuncia de **Faustino Pérez** como *Ministro de Recuperación de Bienes Malversados*, el cual fue sustituido por el Comunista Capitán de Corbeta de la *Marina de Guerra Revolucionaria*, **Rolando Díaz Aztaraín**.

Ese día regresaron de Santiago de Chile **Vilma Espín**, esposa del comandante Raúl Castro; **Aleida March**, esposa del Comandante Ernesto Guevara y la esposa del conocido líder independentista y Comunista Puertorriqueño **Pedro Albizu Campos**, los cuales habían asistido al *Congreso Latinoamericano de Mujeres*, una organización decididamente Comunista.

En una conferencia televisada el día 27 por CMQ TV, el solitario líder estudiantil **Faure Chomón** elogió insistentemente a la *China Comunista* y a la *Unión Soviética*.

En contraposición, el día 28 de Noviembre ocurrió en La Habana un evento sin precedentes: el **Congreso Católico Nacional**. Sin lugar a dudas esa fue la más impresionante demostración multitudinaria que se recuerda en la historia de la República; contó con la presencia de la imagen de la **Virgen de la Caridad del Cobre** traída desde su Santuario en la provincia de Oriente.

Desde la mañana decenas de miles se reunieron en la *Plaza Cívica;* casi un millón de Cubanos se reunieron esperando a la Virgen; la plaza estuvo completamente abarrotada. Era en ese instante una firme demostración de la conciencia democrática de los casi seis millones doscientos mil habitantes que tenía Cuba en 1959.

En las fotos, el emblema del **Congreso Católico Nacional** y el fraile Dominico **Francisco Villaverde Lamadrid**, Consiliario de la Juventud Estudiantil Católica (JEC) durante una de las sesiones del Congreso.

En las fotos, la presidencia del ***Congreso Católico Nacional*** y una foto que recoge el millón de Católicos que asistieron a la ***Misa Nocturna*** del cierre, el más concurrido ***evento religioso*** de la historia de la Iglesia en Cuba.

Bajo una pertinaz lluvia se inició el Congreso en sí a las ocho de la noche con varios desfiles de antorchas dirigidos hacia la Plaza Cívica. Desde Prado y Malecón a través de Reina y Carlos III y desde la Avenida de Rancho Boyeros, millares de fieles marcharon en un espectáculo de singular belleza. La imagen de la Virgen de la Caridad, la misma que navegó las aguas de la bahía de Nipe en 1612, iba en una urna de cristal que acompañaba Monseñor Pérez Serantes, Arzobispo de Santiago de Cuba. La imagen arribó a la *Plaza Cívica* a las 2:00 AM, entonándose a su llegada el ***Himno Nacional Cubano***.

Momentos después comenzó una *Misa Nocturna*, con la asistencia de más de un millón de fieles Católicos bajo una tormenta de lluvia, brindando un gran acto de fe; hombres y mujeres de todas las condiciones sociales, de todas las razas, de todas las edades. El Arzobispo de La Habana, Monseñor Evelio Díaz, pronunció breves palabras al iniciarse la Misa y al concluir la Misa, Su Santidad el

Papa Juan XXIII, pronunció desde el Vaticano un mensaje al pueblo de Cuba.

El Domingo día 30, en el Estadio *La Tropical*, se clausuró el Congreso con la presencia de más de 40,000 miembros de la *Acción Católica Cubana*, con exclamaciones de **¡Caridad SI!**, **¡Comunismo NO!** Durante esa sesión de clausura del Congreso, los doctores **José Ignacio Lasaga, Mateo Jover Marimón** y **Clara Lucas Azcona,** expusieron los temas *Caridad y Justicia Social; Caridad y Amor a la Patria y Caridad y Fraternidad Humana*. Poco después de terminada la Asamblea, la imagen de la Virgen de la Caridad del Cobre, fue llevada en caravana al aeropuerto de Rancho Boyeros, de donde partió rumbo a su Ermita en la provincia de Oriente.

Luego de ese multitudinario acto de Fe contra el Comunismo, demás esta señalar que la represión se hizo implacable contra los religiosos y laicos Católicos; el gobierno deportó sacerdotes y monjas y no permitió más procesiones por las calles de los pueblos.

Castro, que discretamente había hecho acto de presencia en la *Plaza Cívica*, trató de recuperar la atención del pueblo organizando un acto conmemorativo de la muerte de Frank País, que sin lugar a dudas era también un joven de ideas y formación religiosa.

Ese 30 de Noviembre, en una explanada frente al *Instituto de Segunda Enseñanza* de Santiago de Cuba, se dirigió a un modesto grupo de asistentes en un discurso mucho menos entusiasta que los acostumbrados:

> «*A los mártires hay que recordarlos de una manera útil, combatiendo a los contrarrevolucionarios... La revolución estará en el poder hasta que el pueblo quiera que la revolución este en el poder... El pueblo está con la revolución. El pueblo no cree en los politiqueros. Lo que le van a ofrecer, es arrancarle la cabeza a los campesinos, a los obreros y a los hombres del pueblo... Aquí sobre este mar de machetes, sobre este mar de sombreros guajiros, reafirmo mis sentimientos y mi entusiasmo...*»

Castro a finales de Noviembre de 1959, en una visita a los estudiantes del Instituto de Segunda Enseñanza de Santiago de Cuba.

Diciembre del 1959

Juicio contra Huber Matos. Castro habla a los trabajadores del Comercio. Queman ejemplares de los periódicos *Diario de la Marina* y *Avance*. Siguen los fusilamientos. Se exilian varios Sacerdotes Católicos.

El mes de Diciembre comenzó en 1959 con varias noticias de importancia. El nombramiento de *Monseñor Evelio Díaz Cía*, Obispo de Pinar del Río, a la posición de *Arzobispo de La Habana*. La solicitud del presidente de Venezuela *Rómulo Betancourt* para que Cuba retirara su embajador *Francisco Pividal* por intervenir en los asuntos internos de Venezuela. La toma de posesión de la nueva Junta de Gobierno de la *Asociación de Reporteros de La Habana*, que incluía a *Baldomero Álvarez Ríos, Juan Emilio Friguls, Tirso Martínez, Ricardo Bonich del Pozo, Gabriel Molina Franchosi, Jorge Villar Guardia* y *Carlos M. Varela Navarro.*

Mientras tanto, en Miami, fueron arrestados *Osvaldo Piedra, Miguel Orozco, Manuel Revuelta, Manuel Blanco* y *José Antonio Hernández*, por el delito de cargar un avión *Cessna 310*, con bombas para arrojarlas en suelo Cubano.

En Las Villas, la Delegación Provincial del *Instituto Nacional de Reforma Agraria*, anunció la inauguración y funcionamiento de varias *Tiendas del Pueblo*, en Banao, Sancti Spíritus, Yaguajay, Manicaragua y Santa Clara.

Por primera vez, abiertamente, en el *Teatro Martí* de Santiago de Cuba, se presentó una función oficial y pública del Partido Comunista, bautizada como el *Congreso Nacional de la Juventud Socialista Popular*, con la presencia de *Antonio Losada, Ramón Calcines* y *Pedro G. Lupiañez*, que disertaron apoyando las medidas re-

La Ley Agraria, aprobada en 1959, fijó treinta caballerías (402 hectáreas) como límite máximo de posesión de la tierra en Cuba.

volucionarias y atacaron a los Estados Unidos.

En la provincia de Pinar del Rio, la *División Pesquera* del *Instituto Nacional de Reforma Agraria,* bajo el mando del Teniente de Navío *Cesar Valdés Almansa,* intervino la flota pesquera de varios empresarios e intermediarios del puerto de Arroyo de Mantua, procediendo de inmediato al establecimiento de una **Cooperativa de Pescadores**, sin compensación alguna a los legítimos dueños de las embarcaciones. Según palabras del Capitán Comunista y geólogo **Antonio Núñez Jiménez**...

> «En este momento hay ya en Cuba 485 Cooperativas de Producción y 400 Tiendas del Pueblo...»

En la *Taberna del Centro Asturiano,* la *Asociación de Antiguos Alumnos Escolapios* ofreció un banquete de simpatía a **Humberto Medrano**, subdirector del periódico *Prensa Libre*, el cual estaba siendo atacado constantemente por voceros del régimen de Castro. En el acto habló **Monseñor Eduardo Boza Masvidal**, Rector de la *Universidad de Villanueva,* que le otorgó una medalla conmemorativa al tiempo que expresaba...

> «...Ojala hubiera muchos periodistas como Medrano.»

Monseñor Eduardo Boza Masvidal, Rector de la *Universidad de Villanueva* y **Humberto Medrano**, subdirector del periódico *Prensa Libre*

En una información presentada en el periódico **Revolución**, Castro atribuyó a su gobierno varias obras que ya estaban en ejecución en 1958, diciendo:

> «... durante el año 1960 terminaremos las represas en los ríos Yara y Bayamo, desecaremos la Ciénaga de Zapata, construiremos la Vía Mulata, la Vía Azul y el Centro Escolar Camilo Cienfuegos, todas esas obras en la provincia de Oriente...»

El día 5 de Diciembre, el gobierno de Guatemala denunció ante la *OEA* que Cuba, con la anuencia de **Raúl Castro** y **Ernesto Guevara**, estaban interviniendo en los asuntos internos del país y preparaban una invasión a su territorio. El Presidente rechazó la acusación diciendo:

«*Nuestro gobierno conoce las actividades realizadas por elementos contrarrevolucionarios Cubanos en territorio de Guatemala sin la menor molestia por parte de las autoridades de aquel país, pero no por ello hemos llamado la atención de la OEA, porque a nadie apelaremos sino a nuestro propio pueblo para defender nuestra integridad territorial y nuestra obra revolucionaria...*»

La masonería Cubana festejó el día 5 de Diciembre el primer centenario de la constitución de la **Gran Logia de Cuba**, efectuando una concentración que marchó desde el recién inaugurado *Templo de Carlos III* hasta el *Monumento a Martí*, en el Parque Central de La Habana, donde depositaron una ofrenda floral.

Foto de la fundación de la *Gran Logia de Cuba* en 1859. Ser masón en la Cuba de 1959, no era un delito, pero sí un estigma que limitaba el acceso a puestos del Estado que, en definitiva, era el empleador del 90% de los Cubanos.

Ese día se inauguró el *V Congreso de Locutores Latinoamericanos* con la presencia del Presidente de la Republica, **Osvaldo Dorticós** y el Ministro de Comunicaciones, **Enrique Oltuski**. Oltuski había nacido en Polonia en el seno de una familia que emigró a Cuba en 1934. Era ex-alumno de la *Universidad de Miami*, ex-empleado de la *Shell* en Cuba y líder del *Movimiento 26 de Julio* en Las Villas, donde conoció a Guevara, del cual fue secretario y hombre de confianza durante varios años.

El 7 de Diciembre se conmemoró en Cuba, como tradicionalmente se había hecho por medio siglo, la caída del General **Antonio Maceo** y su ayudante **Panchito Gómez Toro**.

En la mañana, se llevó a cabo un desfile en honor de ambos, en el cual participaron varias milicias obreras y campesinas, miembros del ejército rebelde y un grupo numeroso de brigadas universitarias. Hizo uso de la palabra en ese acto, el Presidente de la Republica.

A las 9:00 PM, en el *Hemiciclo de la Cámara de Representantes* se celebró una velada solemne en honor a todos los caídos en las luchas independentistas de Cuba.

El panegírico al general Antonio Maceo, estuvo a cargo del Comandante **Raúl Castro**, *Ministro de las Fuerzas Armadas Revolucionarias*. En una presentación sin elocuencia alguna, Raúl Castro ofreció pocos datos sobre la vida del valeroso y aguerrido general Maceo; la mayor parte de su tiempo la dedicó a sus habituales ataques a la prensa y a los Estados Unidos. En una forma desagradable que inclusive molestó a su hermano Fidel, concluyó sus desafortunadas y mediocres palabras diciendo:

«*Oigan bien las agencias cablegráficas que nos calumnian, sirviendo a la prensa amarilla y que hasta ahora hemos tenido que soportar...*

¡Aquí puede venir el que quiera, pero nadie saldrá sin nuestro permiso !...»

A lo largo de las provincias de La Habana, Matanzas, Las Villas y Oriente, grupos de militantes Comunistas comenzaron la práctica de apoderarse de los paquetes del periódico *Diario de la Marina* que llegaban a los puntos de distribución para incautarlos y quemarlos públicamente. Las autoridades no se atrevieron a intervenir sin instrucciones expresas para hacerlo. Unas semanas después comenzó la misma práctica de quema de revistas y periódicos, esta vez con las Revistas **LIFE** y los periódicos **Prensa Libre** y **Avance**, bajo la dirección de milicianas pertenecientes a las *Unidades Femeninas Revolucionarias*.

Raúl Castro en su debut como orador de masas el 7 de Diciembre de 1959. Su hermano Fidel decidió que no estaba aun preparado para hablar en público y no volvió a ser invitado a presentar un panegírico sino hasta 1972.

Continuando los trabajos del *Ministerio de Recuperación*, un grupo de residencias en la *Playa de Varadero* fueron intervenidas e incautadas, propiedad de **Pablo Alonso Echevarría, Manuel Álvarez Díaz, Sergio Alzugaray, Fulgencio Batista Zaldívar, Manuel Camaraza Toledo, Valerio Chaviano Pérez, Pilar García, Juan González Tabernilla, Carlos Guas Decall, Luis Larrea González, Miguel Matamoros Valle, Andrés Domingo Morales del Castillo, "Colacho" Pérez, Bethavel Posada Delgado, José L. Pujol León, Santiago Rosell, Carlos Tabernilla Palmero, Fernando Vidal Méndez y Manuel Vidal Méndez**, todos ex-funcionarios del gobierno anterior.

El día 9, el Consejo de Ministros inhabilitó al presidente de la *Asociación Cubana de Artistas Teatrales* **Manolo Fernández**, con la anuencia de la dirigencia de la CTC. El anuncio de esta decisión se hizo durante la sesión de clausura del *V Congreso Internacional de Locutores* en el *Hemiciclo de la Cámara de Representantes* en el Capitolio Nacional, en un acto presidido por el Secretario General de la CTC **David Salvador** y cuyo orador principal fue el líder Comunista **Antonio Núñez Jiménez**.

Fue por esos días que comenzó a funcionar una *Escuela de Adoctrinamiento Marxista* en la finca *San Suspiro*, en la provincia de Camagüey, encargada principalmente del adoctrinamiento de soldados rebeldes.

El día 11 de Diciembre comenzó en el Teatro del Campamento Militar de Columbia, ahora bautizado como *Ciudad Libertad*, el juicio contra el Comandante Huber Matos y 38 de sus compañeros de armas. En la apertura, la causa fue designada como **Causa Número 340 de 1959**, radicada por el delito de traición, sedición y colaboración con el enemigo. El *Tribunal Revolucionario* estaba integrado por el Comandante Comunista **Sergio del Valle**, presidente; Comandante Comunista **Universo Sánchez**, Comandante

El *Hemiciclo de la Cámara de Representantes,* originalmente en la Calle Oficios No. 211, entre Callejón de Churruca y la calle Muralla, y finalmente en el *Capitolio Nacional*. Ya en 1959, la legislatura Cubana fue sustituida por un Consejo de Ministros nombrados de dedo por los Castro.

Comunista *Derminio Escalona*; Comandante Comunista *Guillermo García* y Comandante Comunista *Ángel Puertas*, como vocales. Actuó en esta causa como Fiscal el Comandante *Jorge Serguera*. Los abogados de la defensa fueron *Francisco Loriet Bertot, Luis Cairo* y *Ricardo Suárez*.

Al penetrar en calidad de detenido en el teatro de *Ciudad Libertad* el Comandante *Huber Matos*, fue muy aplaudido por los militares que se encontraban dentro del mismo. El Tribunal inmediatamente ordenó hacer silencio.

Comenzado el juicio, de pie, el Comandante Matos manifestó la infiltración del *Partido Comunista* dentro de las filas del ejército y expuso las discrepancias que había tenido con el Comandante Raúl Castro y otros Comandantes Comunistas.

Declararon en el juicio contra el comandante Huber Matos: *Fidel Castro, Raúl Castro, Calixto García, Samuel Rodiles Planas, René de los Santos, Juan Almeida, Jorge Enrique Mendoza, Orestes Varela, Juan Agustín Martínez, César Selema Almarales, Josefa Pena Vázquez, Silvia Meso Llada, Ángela Sierra Rodríguez, Ubalda Borrego Odio, Marra Martínez Izquierdo, el Comandante Duque y los Capitanes Gayo y H. Guash*. Las únicas personas que se presentaron ante el tribunal para atestiguar en defensa del Comandante Matos y sus compañeros fueron: *Dulce Torres Blanca, Herminia Martínez Delfín, Clara Porro Álvarez, Antonia García Ruiz, Olga Menéndez Aguiar* y *María Luisa Aguiar de Matos*.

A la izquierda, **Huber Matos** declarando en su Juicio por Traición. Sus palabras iniciales fueron:
"Fidel tiene el monopolio completo de este juicio. Me juzgará un tribunal militar seleccionado por él mismo, en el que todos sus miembros le son incondicionales. También ha escogido al fiscal, a los funcionarios a cargo de las tareas auxiliares, el Tribunal, los testigos, el lugar y el público. Pero él será el verdadero fiscal y también se reserva el papel de testigo acusador. Él ordenará la sentencia al tribunal para que la comunique públicamente.

La participación de Castro resultó, cuando menos, muy interesante:

FISCAL: «Comandante Castro, usted que es el líder de la Revolución y conoce mejor que nadie a los hombres que lucharon en la Sierra Maestra y en estos momentos se están juzgando a varios de esos hombres, pido a usted como testigo excepcional un esclarecimiento de la conducta de esos hombres y todo lo que sabe con relación a estos hechos...»

FIDEL CASTRO: «Señor Presidente del Tribunal; comprenderá usted la importancia de este juicio. Se trata de poner en duda la integridad de la revolución. Aquí se está debatiendo una cuestión de justicia, pero los enemigos de la revolución han venido a discutir cuestiones políticas... vamos a discutir ideas. La parte política es importante, pues son los hechos que motivaron este juicio. A mi entender había diferencia con el comandante Huber Matos sobre lo que es una revolución. Aun no estoy seguro de que el compañero Huber Matos haya tenido concepto de lo que es una revolución. No le voy a negar a Huber Matos los méritos que tiene como tampoco las acusaciones que tengo contra él...»

Acto seguido Castro relató la vida y milagros de todos los hechos ocurridos en la Sierra Maestra durante el tiempo de la guerra. Ese relato duró más de tres horas...

Después de un breve intermedio, Castro continuó en el uso de la palabra, para terminar diciendo:

«Si ustedes absuelven al Comandante Huber Matos... la historia los condenará...»

El doctor **Francisco Lorie Bertot**, abogado defensor de Matos ofreció una brillante defensa y tuvo que soportar insultos y vejámenes del Comandante Raúl Castro, cuando este último depuso en el juicio como testigo de cargos. En las primeras horas de la mañana el tribunal se retiro a deliberar.

Antes de leer la sentencia de los militares, el Comunista **Sergio del Valle** se dirigió a los acusados y les preguntó si tenían algo que decir. El comandante Huber Matos pidió hablar y dijo:

«Podrán condenarme a mí, pero mi nombre será rehabilitado algún día, así como el nombre de mis compañeros. Por encima de la justicia de los hombres está la justicia de Dios, a la que no pueden manchar la intriga ni la mala fe. Lo que hoy se haga conmigo, dentro de veinte años se dirá que fue hecho a un hombre por sus ideas y por su clara actitud...»

Después de una dramática pausa, Matos continuó:

*«Si este Tribunal cree que es necesario para que la revolución triunfe y Cuba progrese, que se me condene a la pena de muerte, lo aceptaré... en ese caso invito al Tribunal a que presencie cómo se sabe poner de pie un Comandante de la Sierra ante el paredón de fusilamiento y gritar ¡**Viva la Revolución Cubana!**... estoy convencido de que en el sacrificio de los hombres está el camino que conduce a los pueblos a la victoria...»*

Acto seguido el Comandante **Sergio del Valle** dio a conocer el fallo impuesto a los acusados. La sanción incluía la degradación pública como pena accesoria para los sancionados.

«**Huber Matos Benítez**, veinte años; **Roberto Cruz Zamora, Ángel Rosendo Lugo, Ángel Ruiz Maceira,** siete años; **Jesús N. Bécquer Cobas, Vicente Rodríguez Camejo, Miguel A. Crespo García, Rodobaldo Ramos, Eluvio Rivera Limonta, José A. Pérez Álamo, Manuel Nieto, William Lobrina Galdós, Jesús A. Torres Calunga, Manuel Esquivel Ramos, José López Legón, José Martí Ballester,** tres años y **Raúl Barandela, Eduardo Bonet Rosell, Dionisio Suárez Esquivel Mario Santana Basulto** y **Carlos Álvarez Ramírez,** fueron sancionados a dos años de prisión.

A la derecha, **Sergio del Valle**, Médico de profesión y alto dirigente del *Partido Comunista de Cuba (PCC)*. **Presidió** el tribunal que juzgó a **Huber Matos**, siendo uno de los cinco Comandantes del Tribunal. Fue un oficial a cargo de la Dirección de Operaciones del Estado Mayor, que según Huber Matos... *"nunca pasó de ser un hombre que no se destacó en la lucha ni después de ella, sino uno de esos personajes del régimen que Fidel coloca donde más le conviene."*

Ignorando el desajuste jurídico que se llevaba a cabo en el juicio contra Huber Matos, la *Asociación Nacional de Funcionarios del Poder Judicial*, eligió presidente al magistrado **Francisco Alabau Trelles**, inspirador del *Fórum sobre la Reforma Judicial* y autor del proyecto de la nueva *Ley Orgánica* de ese poder del Estado, apoyada firmemente por la mayoría de la judicatura Cubana.

Las confiscaciones continuaron durante Diciembre a paso acelerado. Por Resolución del Ministro **Rolando Díaz Aztarain**, fue confiscado el central *Andorra*, situado en Artemisa, provincia de Pinar del Río. Todas las acciones de dicho central azucarero estaban en poder del **Dr. Gastón Godoy y Loret de Mola**, ex-Ministro de Justicia y dueño del 54% de las acciones del *Banco de los Colonos*. La familia Loret de Mola, originaria del Perú, se había establecido en Santiago de Cuba a principios de siglo. De igual forma continuaron en todo Diciembre los volantes con exhortaciones al pueblo para que no comprara, e inclusive destruyera, los periódicos ***Diario de la Marina, Avance, Prensa Libre*** y, ahora uno nuevo, el ***Crisol***, además de las revistas ***LIFE, TIME*** y ***FORTUNE***.

En un proyecto comenzado por **Carlos Prío** y ahora atribuido a la iniciativa revolucionaria, nuevos estudios y perforaciones hechas por compañías Norteamericanas en *Jatibonico*, comenzaron a producir 1,600 barriles de petróleo al día, gracias a exploraciones a 1,370 pies de profundidad. Muy pronto, por primera vez en Cuba, comenzó la extracción del combustible; el *Ministerio de Recuperación de Bienes Malversados* decidió entonces intervenir los yacimientos en favor del Estado Cubano.

Ya en el año 1918, investigaciones realizadas por el ingeniero Cubano **Jorge Broderman** dieron cuenta de la existencia de ciertos materiales bituminosos y el vertimiento de gases con fuerte olor a azufre en lugares ubicados a unos 8 kilómetros al oeste del poblado de *Jarahueca*, Sancti Spíritus. Estos prometedores indicios no fueron aprovechados en aquel momento para una búsqueda muy activa de petróleo, y donde solo existían en la isla los yacimientos de **Motembo**, Las Villas, en 1881, y **Bacuranao**, Habana, (1917), pasarían otros 24 años hasta aparecer en 1941 el que sería el tercer *"campo petrolífero"* de Cuba, en **Minas Arriba**, Sancti Spíritus. Por último, en 1951, a una ancha franja en **Jatibonico** le cupo el honor de convertirse en el cuarta zona de explotación petrolera de Cuba. Las fotos muestran los yacimientos de *Jatibonico*, desarrollados durante la presidencia de Carlos Prío.

A mediados de Diciembre, el *Ministro de Comercio* envió las siguientes declaraciones a la prensa:

> «*Accediendo a la solicitud de los directores de la Exposición de Industrias, Arte y Cultura de la Unión de Republicas Socialistas Soviéticas (USSR), que recientemente tuvo lugar en New York y que actualmente se lleva a cabo en México, los Ministros de Comercio*

y *Economía* **Raúl Cepero Bonilla** y **Regino Boti**, *han expresado su conformidad para que dicha Exposición sea presentada en nuestra capital durante el mes de Febrero de 1960, por un período de 15 días.»*

El 16 de Diciembre se creó la primera **Milicia de Trabajadores Intelectuales**, integrada por **Alejo Carpentier, Raquel Revuelta, Roberto Estopiñan, Roberto Fernández Retamar, Fernando Villaverde, Manuel Villaverde, Walterio Carbonell, Nicolás Guillen, Marta Arjona, Marta Teresa Freyre, Fermín Borges** y **Enrique Labrador Ruiz**.

Las Fuerzas Armadas Revolucionarias asumieron la tarea de organizar en 1959 las *Milicias Nacionales Revolucionarias*, que fueron creadas oficialmente el 26 de Octubre. Eran fuerzas no regulares, cuyos efectivos se movilizaban en horario extra-laboral para cumplir misiones de vigilancia, defensa y protección de objetivos económicos y sociales. Unas semanas después fueron organizadas las **Milicias de Trabajadores Intelectuales**, compuestas por Artistas de la Radio y TV, Pintores, Escultores, Profesores, Estudiantes Universitarios y otros intelectuales, las que recibieron una preparación militar elemental, para proteger cualquier amenaza a la revolución.

El 16 de Diciembre embarcaron para los Estados Unidos los sacerdotes **Eduardo Aguirre** y **Juan Ramón O'Farril**. Ambos pidieron asilo político en dicho país. El Padre Aguirre declaró:

« *Fidel Castro sugirió que se forme una Iglesia Nacional Cubana, Independiente de Roma. Eso es lo que se hace en los países Comunistas para dividir a la Iglesia y debilitarla. Nosotros nos hemos opuesto a eso con todas nuestras fuerzas...»*

Ese día fue inaugurada la *Plenaria Nacional Azucarera* en el *Palacio de los Trabajadores de la CTC*, con la asistencia de las principales figuras del gobierno. El líder obrero Comunista **Conrado Bécquer**, Secretario General de la *Federación Nacional Azucarera*, dijo en su intervención de esa noche:

«... *si la cuota cubana se reduce, pediré la nacionalización de todas las industrias azucareras extranjeras que funcionan en Cuba...»*

A continuación le entregaron a Castro las Actas de los Sindicatos Azucareros ratificando su aporte de $ 30 millones de pesos para la industrialización. Al recibirlos, Castro expresó:

Tres de los diez o doce sacerdotes que subieron a la Sierra Maestra para auxiliar espiritualmente a las tropas revolucionarias; de izquierda a derecha, **Guillermo Sardiñas, Angel Rivas** y **Lucas Iruretagoyena.**

«*Los dueños de las casas de apartamentos dicen que esta Reforma Agraria es la más Comunista del mundo... Cuando la rebaja de los alquileres, los dueños comenzaron a decir que esto era Comunismo... aquí fue que empezaron a desertar... Los periódicos insultan a una Revolución tan generosa como esta... Da gracia ver algunos periódicos: que poca vergüenza tienen... Por eso, los que estaban con la revolución en Enero, no están con la revolución ahora en Diciembre... Mala suerte...*»

Cambiando de tema dijo:

«*¿Qué ganan con acusarnos de Comunistas esos Sacerdotes que se van? Ellos no pueden representar a Cristo, ni la verdad, sino al crimen. Aquí los campos están definidos. Nosotros estamos resolviendo los problemas sociales y raciales. Si sacudimos la mata bien sacudida, creo que desmantelamos la República...*»

Volvió a cambiar de tema para referirse a lo económico y afirmó:

«*El cuatro por ciento de sus ingresos que ahora contribuyen los obreros, no los perderán... Cada peso de ese cuatro por ciento, recibirá dos pesos de intereses en diez años y cuatro en veinte. Es un préstamo que hacen los obreros al gobierno... Daremos certificados de ahorro por ese dinero.*

Esta revolución es una revolución radical, una revolución social. Revolucionarios entre las clases adineradas hay pocos. Entre los hombres que tuvieron el privilegio de ir a la Universidad hay muchos reaccionarios... Cuando se designó al comandante Guevara para presidir el **Banco Nacional***, la gente de dinero se asustó y empezó a sacar sus fondos del Banco... Hubo quienes fueron a sacar sus papeles del Banco al otro día. Si se ponen a sacar dinero vamos a imprimir dinero nuevo. Nosotros los papeles no los vamos a tocar... Se han pasado el tiempo hablando de que el "Ché" es un radi-*

*cal, es un tremendo Comunista... Cierto, esta es la primera Nochebuena libre sin que los obreros reciban el diferencial azucarero... Este, sin embargo, será el último año de hambre en el campo... Aquí sólo tenemos un partido ¡**Cuba**! Una sola bandera ¡**Cuba**! y además, un solo ideal, ¡**el del pueblo Cubano**!»*

Al día siguiente, 17 de Diciembre, apenas unos días para las fiestas navideñas, el **Padre Biaín**, rector del *Seminario Franciscano de La Habana*, que unas semanas después iba a ser desterrado por Castro junto a 132 sacerdotes y dos Obispos Cubanos, hizo unas declaraciones con respecto a los sacerdotes **Eduardo Aguirre** y **Juan Ramón O'Farril**, que se habían exiliado unas horas antes:

«*La aventura infantil y descabellada del Padre O'Farrill y sus cómplices me ha producido un sentimiento de lástima... Están ciegos, despistados y carecen de espíritu de combate... Decir que la Iglesia de Cuba es una **Iglesia del Silencio** es un grave error. El exilio voluntario de estos Sacerdotes no tiene justificación alguna. Son víctimas de su propia ceguera o de la presión de ciertos ambientes. Es una evasión cobarde... para justificarse, apelan a pretextos, chismes, historias y cuentos...*»

Castro, ex-alumno Jesuita del célebre *Colegio de Belén* en La Habana, pidió ser invitado al programa *Ante la Prensa* de CMQ, donde hizo las siguientes declaraciones con relación a la fe Cristiana y la revolución:

«*No hay el caso de una sola revolución en la historia en que los perjudicados por ella dejen de intentar recuperar el poder y restablecer los privilegios que la revolución les arrebató... Es deber del gobierno respetar las creencias religiosas del pueblo... El espíritu revolucionario no está en contradicción con las creencias religiosas... Yo sé de latifundistas que nunca fueron a Misa y cuando el Congreso Nacional Católico eran más Católicos que nadie... Si son tan cristianos que respondan al llamado de Cristo:* "**Entrega todo lo que tienes y sígueme**". *El Diario de la Marina, se enorgullece de la tradición más vergonzosa que haya existido jamás. El ejército profesional de la tiranía parecía compuesto de inocentes al lado de los rebeldes, según algunos periódicos. Uno de los problemas que tiene la revolución es la falta de funcionarios preparados. ¡**Pero venceremos**!*»

El Consejo Universitario de la *Universidad Central de Las Villas*, por votación mayoritaria, acordó el día 18 de Diciembre otorgar al Comandante Guevara el título *Honoris Causa* de Doctor en Pedagogía. Enfatizando una vez más la "*conexión inquebrantable de la*

La inauguración del **Teatro Blanquita**, el de mayor capacidad entre los más importantes coliseos teatrales del mundo, marcó la vida cultural de La Habana en 1948. La revolución lo rebautizó como Teatro Karl Marx y *"lo puso a disposición del pueblo y no de los ricachos de Miramar y el Vedado,"* según un reportaje en el periódico **Revolución**.

revolución con el estudiantado," Castro se dirigió a los estudiantes de la *Universidad de La Habana* en una reunión relámpago en la *Plaza Cadenas:*

> «He podido comprobar, volando en avión, que los terrenos del central Toledo, están exactamente en el centro de La Habana y creo que es un buen sitio para la ubicación de una Ciudad Universitaria... El problema más urgente para el país es graduar especialistas en ingeniería, agronomía, veterinaria y otras carreras técnicas... La Reforma Agraria avanzará extraordinariamente en el próximo año y el nuevo plan de educación traerá muchas ventajas para los estudiantes...»

El año 1959 estaba cerrando con unas últimas ejecuciones en plenas fiestas Navideñas: los cabos **Luis Lara Crespo** y **José A. Vicente Morfi** en la provincia de Pinar del Río. Mientras tanto, el gobierno de la Argentina denunció al gobierno de Castro por estar patrocinando provocaciones e incursiones en su territorio a través del Rio Paraná. En Caibarién, el gobierno incautó una pequeña flota de barcos pesqueros para formar una cooperativa pesquera, por supuesto, sin amortizar a los propietarios por el costo de las embarcaciones.

En la esquina de las calles 25 y N en el Vedado, tres escoltas del Ministro del Trabajo **Augusto Martínez Sánchez** resultaron heridos en un ataque armado al Ministro. En San José de las Lajas estalló un polvorín hiriendo de gravedad a un empleado de la empresa *Hormigón Cubano*. En La Habana se celebraron elecciones en el *Colegio Médico* resultando triunfadores el Comandante del ejército rebelde **Oscar Fernández** y el Capitán **Calixto Masó**.

En el ya confiscado *Teatro Blanquita*, a las 3:00 PM del 21 de Diciembre se celebró un acto convocado por la *Federación de Obreros y Empleados del Comercio* para testimoniar su más absoluto respaldo al gobierno revolucionario y su plena identificación con las leyes dictadas. Hablaron **Vicente Valdés, Eduardo García, Humberto Escandón, David Salvador, Augusto Martínez Sánchez** y, como siempre, el resumen estuvo a cargo de Castro.

«Lo mismo que el traidor Pedro Luis Díaz Lanz se juntó con un par de buitres para juramentarse contra el pueblo... el pueblo de Cuba se ha unido y militarizado para defender la revolución... En la clase media hay dos tipos de personas, hay los que leen el Diario de la Marina y hay también los que sinceramente confían en la revolución... Pero los baluartes de la revolución son los obreros y los campesinos... No hay campesinos que se hayan exilado... Los que quieran irse, los que quieran volvernos las espaldas, pueden salir por la bahía de La Habana. Nadie se los impedirá, aquí a nadie se le prohíbe... Además, nosotros estamos dispuestos a facilitarles los medios para que se vayan cómodamente.

Contra la revolución están los que huyeron dejando aquí sus privilegios. Cuando empezaron a sacar dinero de los bancos, por ejemplo, nosotros dejamos que lo sacaran, que se lo llevaran, pues eran papeles y nosotros podíamos imprimir otros.

Ustedes empleados de Comercio, dependientes que están en contacto con el pueblo y que oyen a los elementos contrarrevolucionarios sembrando calumnias e inyectando veneno contra la revolución... tienen que salirles al paso e increparlos: **¡vayan a chismear al Club!**

Una ley draconiana, la **Número 664**, se aprobó a finales de 1959. Disponía que un *Tribunal Revolucionario* sancionaría con la confiscación total de bienes a cualquiera que cometa un delito contrarrevolucionario, o que escape del país para evadir la acción de los Tribunales Revolucionarios; también una confiscación total de bienes a personas que habiendo abandonado el territorio nacional, realicen actividades conspirativas en el extranjero contra el Gobierno Revolucionario.

Ahora ustedes hacen bien en tener como lema "el cliente siempre tiene la razón... menos cuando se ataca a la revolución."

Ahora nadie puede irse a comprar a Miami, porque cuando vayan al Banco Nacional a pedir dólares para hacer sus compras, el Banco Nacional no se los dará... a menos que paguen fuerte...

Hay que vigilar esas máquinas sospechosas. Hay que vigilar a los latifundistas. Hay que vigilar a los contrarrevolucionarios. Hay que ir a la Estación de Policía y denunciarlos...

El pueblo debe avisar enseguida de todo movimiento sospechoso. Los dueños de los bonos de industrialización se van a beneficiar en la misma medida que se beneficia el Estado general del País.»

A lo largo de todo el día 22 de Diciembre se celebró el último *Consejo de Ministros* del 1959, en el cual se aprobaron las siguientes medidas:

- La concesión de un crédito extraordinario de $3 millones de pesos para la adquisición de aparatos y equipos de vuelo para las *Fuerzas Aéreas Revolucionarias*;
- La impresión de $20 millones de pesos en moneda fraccionaria;
- La **Ley Número 664**, que dispone que en todos los casos de delitos contrarrevolucionarios, el Tribunal deberá acordar como sanción accesoria la confiscación total de bienes.
- La confiscación total de bienes a las personas que para evadir la acción de los Tribunales Revolucionarios abandonen en cualquier forma el territorio nacional.

A la derecha, **Miguel Ángel Quevedo**, director de la *Revista Bohemia*, paseando con Castro. Bohemia se convirtió en la principal voz de la oposición a la administración de **Carlos Prío** y apoyó la insurrección en contra del régimen de **Fulgencio Batista**. Con la revolución fue diferente. El 26 de Julio de 1958 la revista publicó el *Manifiesto de Sierra Maestra*, un documento de unificación de los grupos anti-Batistianos. Al darse cuenta del desvío hacia el Marxismo y los aterradores fusilamientos, Quevedo se arrepintió del papel que había jugado la *Revista Bohemia* y se suicidó.

- Los Tribunales Revolucionarios deberán acordar la confiscación total de bienes a personas que habiendo abandonado el territorio nacional, realicen actividades conspirativas en el extranjero contra el Gobierno Revolucionario.
- Se aprobaron los *Reglamentos sobre Solares Yermos*, la *Ley de Reforma Educacional* y la *Ley del Retiro Mínimo*, otorgando $40 pesos mensuales para todos los trabajadores Cubanos retirados.
- Se aprobó la confiscación de la residencia del **Dr. Andrés Rivero Agüero**, sita en la Calle 204 esquina a 17, en el *Reparto Biltmore*, Marianao.

El día 23 el Sacerdote Católico **Padre Maximiliano Pérez**, Párroco de la *Iglesia de Nuestra Señora de los Remedios*, de la localidad de Managua, provincia de La Habana, huyó de Cuba y comenzó a denunciar públicamente el régimen de Fidel Castro.

El día 26, cuatro jóvenes, **Paulino Pérez Figueredo, Pedro Figueredo Lobato, Juan José Zamora Fiallo** y **Diosdado Rivero Anaya**, trataron de hacerle un atentado al Director de la *Revista Bohemia*, **Miguel Ángel Quevedo**, pero fueron apresados antes de cometer la agresión. Ese día fueron confiscados los bienes del Coronel **Rafael Salas Cañizares**, entre los que se encontraban: la empresa de transporte de arena *Macasa*, que poseía numerosas embarcaciones, la finca *Villa Gloria*, los *Manantiales Virgen de Guadalupe,* la finca *Cuba*, varias residencias en el reparto Alturas de Belén y más de $500 mil pesos en acciones de la *Compañía Cyraca*.

En distintas partes de Cuba, el Ministro de Recuperación de Bienes Malversados, nacionalizó los siguientes hoteles: ***Oasis, Sevilla, Comodoro, Colina, Casa Granda, Saint John, Colony, Motel Jagua, Motel Green River*** y el ***Motel Santa Coloma***.

Al finalizar el 1959, una ola de confiscaciones sorprendió a la industria Hotelera. En las fotos, los hoteles **Oasis** de Varadero, **Sevilla**, **Comodoro** y **Colina** en La Habana.

Para cerrar el año, Castro calificó como un *buitre* al Sacerdote **O'Farrill** y como *Herodes* y *Judas* a otros, porque...

«...habiendo sido activos militantes de la acción contra el gobierno del ex-presidente Fulgencio Batista ahora, en lugar de respaldar incondicionalmente la revolución, la denunciaban como Comunista...»

Ya al borde del Año Nuevo, el 31 de Diciembre, una Resolución del *Instituto Nacional de la Reforma Agraria,* dispuso que los Notarios Públicos no tenían en lo sucesivo, sin previa autorización del *Instituto Nacional de Reforma Agraria,* la facultad de tramitar instrumentos legales en los que se donen, cedan, vendan, traspasen o en cualquier forma permitan la adquisición de fincas rústicas, así sea o no que se tratara de trasmisiones hereditarias de dichas fincas.

En la última confiscación del 1959, el *Ministerio de Recuperación de Bienes Malversados,* embargó la ferretería **Feito y Cabezón,** situada en la calle Reina, frente a **Sears,** ambas de las más importantes y rentables y convenientes operaciones comerciales de Cuba.

El año se dio formalmente como cerrado cuando Castro auspició un gran banquete en el *Campamento de Columbia,* ahora la *Ciudad Libertad,* para despedir el año.

Foto a la izquierda, la **Calle Reina** en La Habana, un importante centro comercial. Todas las tiendas, de izquierda a derecha comenzando con la **Ferretería Feito y Cabezón,** hasta la **Iglesia de Reina,** a la derecha de la foto, ya habían sido confiscadas antes de terminar el año 1959. *Foto a la derecha,* **SEARS,** la tienda preferida por la clase media Cubana, también situada en la calle Reina.

Epílogo

En los últimos meses de 1959 era evidente que Cuba iba por mal camino pero que Castro no podía aun declarar una rotunda victoria. En el antiguo edificio de la Jefatura Militar del Campamento de Columbia, los jefes de la revolución se reunían una vez cada 15 días para evaluar el progreso de la revolución y desarrollar estrategias. Nunca faltaban los hermanos Castro, Ernesto Guevara, el Comandante Juan Almeida, William Morgan, Humberto Sorí Marín y Faustino Pérez.

En la última reunión del mes de Noviembre de 1959 se había discutido ampliamente un escrito de Sergio Carbó, director de *Prensa Libre*, que abría ampliamente las puertas a los que no estaban de acuerdo con lo que pasaba en Cuba y querían combatirlo.

El articulo decía

«...Ciertos voceros y representativos han tomado el rábano revolucionario por las hojas del servilismo y lanzan improperios a todo aquel que se atreve a oponer un reparo o a dar una opinión respetuosa y sincera sobre las decisiones de la revolución. Y eso si que no. Entre los derechos que la revolución está obligada a restaurar se encuentra el derecho de todo ciudadano a expresar opiniones y a decir, dentro de un marco de respeto a los funcionarios y a las leyes, lo que crea conveniente. En una palabra, el sagrado derecho de discrepar...»

El que un periódico de la altura e importancia de *Prensa Libre* expresara esa opinión resultaba inquietante para la dirigencia de la revolución.

En la reunión de principios de Diciembre surgió un tema aún más escabroso y desmoralizante. El espectáculo de un millón de Cubanos, exitosamente convocados por los líderes Católicos, con un nivel de asistencia mucho mayor que los que la revolución había llevado a Columbia, a la Plaza Cívica o frente al Palacio Presidencial, era síntoma de un problema serio que afrontaba la revolución. Según palabras del embajador Americano Bonsal... *"la revolución ha recibido un aviso importante aunque silencioso..."*

Era imprescindible tomar cartas en el asunto. Hasta entonces ni la posible amenaza Yankee, ni el Directorio, ni Matos, ni Trujillo en persona, eran motivo de preocupación; pero un pueblo que respondía con esa disciplina al llamado de sus líderes Cristianos, no podría ignorarse. No solo eran los Católicos; los Bautistas, los Presbiterianos, los Metodistas, los Evangélicos y hasta los pocos Mormones de Cuba estaban opuestos activamente a lo que estaba sucediendo.

Varias ideas se presentaron en la reunión de Diciembre. Faustino Pérez sugirió formar una Iglesia Cubana Independiente y ponerla en manos de *Bez Chabebe*, el ayudante de Pérez Serantes, o de *Jiménez Rebollar*, el párroco de Guanabo, o el *Padre Fariñas*, el *Padre Llorente* u otro religioso de los que habían visto con simpatías la revolución. La idea no prosperó. Después de muchas deliberaciones y otras ideas poco prácticas, prevaleció la propuesta de Guevara: *enfrentarse a las iglesias sin consideraciones ni gentilezas.* El que desde entonces fue conocido como el *"Plan Guevara,"* incluía lo siguiente:

- Confiscar todos los colegios religiosos, fueran católicos, protestantes, hebreos o seglares.
- Prohibir las marchas, manifestaciones, procesiones o actos religiosos en las calles de Cuba.
- Cerrar los Seminarios, Casas de Formación, Noviciados, locales sociales de grupos de confesión religiosa y los Conventos.
- Eliminar la presencia religiosa en las noticias, la radio y la TV.
- No otorgar visas ni residencia en Cuba a religiosos procedentes de otros países.
- Deportar a todos los religiosos nacidos en otras tierras, sobre todo España y los EEUU.
- En última instancia, deportar a Sacerdotes y Religiosos que no se adapten a esas medidas.
- Simultáneamente, favorecer la presencia de religiones autóctonas africanas y nativas de América como más naturales y compatibles con la espiritualidad del Cubano.

El plan fue puesto en vigor en 1960. A partir de entonces la revolución descartó la pretensión de democracia participativa y lentamente comenzó a mostrar más clara y abiertamente sus raíces marxistas. Los fusilamientos siguieron. Las confiscaciones aumentaron hasta terminar con toda la propiedad privada en la isla. Para salir o entrar a la isla, inclusive para los nacidos en ella, se hizo necesario un permiso gubernamental. Se declaró ilegal la posesión de divisas y la circulación de otra moneda que no fuera la nueva moneda revolucionaria.

Por otra parte, la Iglesia Católica, especialmente el Arzobispo de Santiago Monseñor Pérez Serantes, ya había llegado a la conclusión de que la revolución y la Iglesia no podían andar juntas. En una célebre Carta Pastoral a sus fieles Pérez Serantes declaró:

«...los campos están ya deslindados entre la Iglesia y sus enemigos. No son ya simples rumores ni aventuradas afirmaciones más o menos interesadas o amañadas... no puede ya decirse que el enemigo está a las puertas... porque en realidad está dentro y hablando con fuerza... hay que denunciar el pesado yugo de la nueva esclavitud...»

En cuanto a la presencia religiosa en la isla, los nombres de sacerdotes indeseables encabezaron las listas de *deportables:* Antonio Maria Entralgo, Modesto Galofré y Pastor González, entre los Escolapios; Francisco Villaverde y Leonardo Vázquez, entre los Dominicos; Julián Bastarrica, Javier Arzuaga y Tomás Olazábal, entre los Franciscanos; Armando Lorente, Fernando Arango y Enrique Oslé entre los Jesuitas; Alfredo Joaquín, José Ramón Villalón y Marcelino Rodríguez entre los Hermanos De La Salle; Francisco Guerra (Hermano Hilario) entre los Maristas; Eduardo Boza Masvidal, Enrique Pérez Serantes, Jorge Bez Chabebe, Ismael Testé y Pedro Meurice entre los Obispos y sacerdotes del clero secular.

La depuración alcanzó también a figuras de convicciones religiosas en la vida política y cultural Cubana: Andrés Valdespino, Ángel de Cerro, Antonio Fernández Nuevo, José de Jesús Planas, Amalio Fiallo, Manuel Artime, Marcos Antonio Ramos, Martin Añorga y Aurelio Baldor, entre muchos otros.

Es interesante notar que en Diciembre 31 de 1959, una encuesta secreta del *Institute for International Social Research* de Princeton University (costeada por el Departamento de Estado Americano), había identificado como favorables a la revolución el 43% de los jóvenes (menores de 30 años), el 70% de los Cubanos con baja educación (solo primaria o menos), y el 76% de los residentes en el interior del país. Los Habaneros en general favorecían la revolución en un 22%, los Cubanos de clase media o alta de toda la isla en un 19% y los profesionales (graduados universitarios de todas las carreras) en un 22%.

Apéndice 1

Reporte Confidencial de la CIA al Departamento de Estado sobre la situación en Cuba, con fecha 25 de Febrero de 1959.

Resumen general:

Desde la caída de Batista y la instalación del gobierno provisional el 1 y 2 de Enero de 1959, no ha habido una oposición abierta a los nuevos gobernantes... Se ha desarrollado una dualidad de autoridad, con los funcionarios y empleados del gobierno provisional en autoridad nominal, y la autoridad real y la decisión frecuentemente ejercida por el jefe local del ***Movimiento 26 de Julio***... Se restringen ciertas libertades civiles. La prensa está ejerciendo censura voluntaria.... Hay confusión, falta de resolución de problemas de larga data, decepción posterior por promesas excesivas... pero sobre todo, hay apoyo público al movimiento 26 de julio... La autoridad del Movimiento nunca ha sido seriamente desafiada... Los líderes del Movimiento 26 de Julio reconocen la ***huelga general*** que se convocó el 1 de Enero como la causa principal de su éxito en derrocar al grupo representado por Cantillo y obtener su propio triunfo... La causa principal de el rápido y completo triunfo del Movimiento fue el tremendo apoyo popular que disfrutó... Es literalmente imposible encontrar a alguien que critique públicamente el Movimiento o exprese una preferencia por algún otro gobierno... La floración ya se está desvaneciendo en algunas de las flores, pero Fidel Castro y su Movimiento todavía disfrutan de una maravillosa ***Luna de Miel*** prolongada con el pueblo Cubano.

Dualidad de autoridad

Se ha establecido un gobierno provisional... Las principales figuras tienen reputación de honestidad y oposición al régimen de Batista... Algunos son de habilidad probada, otros son de habilidad dudosa y algunos son desconocidos... Hasta la fecha, el requisito básico para ocupar un puesto importante ha sido la ***oposición al régimen anterior***... La autoridad final real en todos los niveles reside en el ***oficial al mando del Movimiento 26 de Julio***... La lealtad final del pueblo cubano en este momento es hacia Fidel Castro, en lugar de hacia el presidente provisional Urrutia o su gobierno...

Todos hablan de la democracia, pero lo que ahora existe en Cuba es el *Gobierno de Castro, por Castro y para Castro* ...

Algunas libertades civiles recortadas; Censura

La Constitución de 1940, con su extensa lista y salvaguardias de las libertades civiles, ha sido **reemplazada por una Ley Fundamental**, bajo la cual el gobierno provisional opera ... Esta ley debilita algunas de las libertades tan fuertemente reclamadas bajo el régimen de Batista, principalmente el derecho de *habeas corpus*... Algunos presos ahora pueden ser y son *detenidos indefinidamente sin cargos* ... En Camagüey, el 11 de Febrero, se estima que hay alrededor de 1,000 personas en la cárcel, en condiciones extremadamente incómodas, la mayoría de las cuales estaban *detenidas sin cargos*... Esto más más del doble que la cifra más alta registrada durante Batista... Los Tribunales Revolucionarios, que operan bajo un Código de Justicia Rebelde, están llevando a cabo juicios de guerra sumarios de personas civiles y militares acusados de una amplia variedad de delitos cometidos bajo el régimen anterior... Los juicios, particularmente en las provincias, a menudo *son meras formalidades* ... En la Habana, las *apelaciones son escuchadas por el mismo juez y fiscal* que condujo el juicio original ... La prensa está ejerciendo la autocensura... No hay periódico que se atreva a aparecer criticando al gobierno o a las principales figuras del nuevo régimen... Fidel Castro ha mostrado una piel muy delgada y un profundo resentimiento por las críticas... Castro, por ejemplo, objetó públicamente un artículo en *Revolución*, el órgano oficial de su propio Movimiento, que enumeraba 20 puntos que los editores consideraron que Castro debería prestar especial atención... Cualquier expresión de opinión independiente o divergente también ha *desaparecido* de la prensa en las provincias ... los periódicos que aún se están publicando están obligados a hacer que su planta y personal *estén disponibles* en otros momentos del día para la publicación de los órganos oficiales.

Regionalismo

En Santiago, como en todas las provincias, hay un notable *aire de vengativo* hacia la capital y sus habitantes. En general, se sostiene que las personas de La Habana han tenido una parte desproporcionada de las cosas buenas de la vida en el pasado, y que no participaron en la revolución en la medida en que deberían haberlo hecho. En consecuencia, si ahora sufren en comparación con las provincias, solo están recibiendo sus justos merecidos.

Inquietud laboral

Esto ha llevado a demandas confusas y a menudo excesivas por parte de los trabajadores, huelgas locales, huelgas repentinas y cierres patronales ... un pensamiento común: que ***sólo Fidel Castro podría llevar al orden*** la confusa situación laboral y hacer que todos trabajen de nuevo.

Posibles fuentes de oposición

No existe una oposición abierta y activa al gobierno provisional o al Movimiento 26 de Julio... La principal fuente de oposición potencial dentro de los grupos revolucionarios es el complejo formado por los grupos más directamente asociados y apoyados por el ex Presidente. ***Carlos Prío***, incluyendo la ***Organización Auténtica***, el ***Directorio Revolucionario*** y la ***Federación Estudiantil Universitaria (FEU)...*** Estos grupos fueron en gran parte completamente ignorados por el 26 de Julio ... La ***Ley Once Revolucionaria***, ha negado la validez de los créditos de curso y títulos recibidos en Cuba durante los últimos dos años... fue aprobada recientemente y, hasta la fecha, es principalmente la acción más controvertida del gobierno provisional a los ojos de los Cubanos, a la cual se opone firmemente la Iglesia Católica, entre otras cosas y, al menos en parte, porque la Universidad Católica de Villanueva fue el centro privado de educación superior más prominente y destacado que permaneció abierto durante los últimos años del régimen de Batista... Otro grupo de oposición potencial se encuentra dentro de los intelectuales y las personas de clase media... organizaciones como el ***Movimiento de Resistencia Cívica*** y el ***Grupo de Instituciones Cívicas***, que tendieron durante los últimos meses de la lucha por perder su identidad en el marco del Movimiento 26 de Julio... Castro se ha movido desde el triunfo de la revolución tratando de establecer una amplia base popular de apoyo... apelando a la clase rural (campesinos o guajiros) con ***promesas de reforma agraria, escuelas y caminos***, y con las promesas a las clases trabajadoras de ***recompensas futuras...*** los intelectuales y los partidarios de la clase media han comenzado a tener en privado ***dudas y reservas sobre él y su Movimiento...*** Es más, si todo continúa como en la actualidad, los grupos que originalmente lo apoyaron con motivaciones idealistas y reformistas ***bien pueden buscar otro líder...*** En público, la Iglesia siempre ha sostenido que no puede haber dudas en la orientación esencialmente moderada, Católica y Anticomunista de Castro y del movimiento 26 de Julio... En privado, ***la Iglesia no ha estado tan*** *segura*, y ha hecho grandes esfuerzos, principalmente a través de la Acción Católica y principalmente la Juventud Católica para asegurar la influencia de la Iglesia y asegurar una actitud anticomunista... Los individuos del régimen anterior que formaron la membresía de la Coalición Gubernamental, fueron en muchos casos sinceros en su apoyo a Batista... sus líderes políticos tenían experiencia y capacidad ... Los grupos revolucionarios sostienen que las personas que buscaron o tuvieron un cargo electivo bajo Batista tienen prohibido votar o postularse para Oficina por un periodo de varios años. Esto es una posición poco realista ... Más de 300 personas han sido ejecutadas por sentencia de los Tribunales Revolucionarios, así como un número indeterminado ha sido condenado a largas prisiones, y los juicios continúan ...

Posición del partido comunista

Si bien el Movimiento 26 de Julio es profesamente anticomunista, no lo ha sido de manera que convenza y algunos de sus líderes posiblemente sean receptivos a la ideología Comunista... **Ernesto "Ché" Guevara**, que tiene mucha influencia en el Movimiento 26 de Julio, se considera un extremo-izquierdista y ha estado hablando y actuando como un Comunista desde la caída del régimen de Batista. Además, se cree que Raúl Castro, segundo a su hermano en el Movimiento y Jefe de las Fuerzas Armadas, tiene una orientación política muy izquierdista... la mayoría de los ex líderes laborales han perdido el poder o han desaparecido de la escena laboral, y las nuevas figuras son en gran parte desconocidas... Incluso una persona como **David Salvador**, líder del Movimiento 26 de Julio en el campo laboral, es un demócrata debatible. En general, se considera que anteriormente había tenido asociaciones Comunistas, y ahora dice ser anticomunista ... Todo lo que se puede decir con certeza es que en la Habana, la situación del trabajo organizado sigue siendo muy confusa y fluida... los Comunistas probablemente están teniendo algún éxito en obtener puestos de influencia, al menos temporalmente.

Apéndice 2

Los Juicios Revolucionarios a los Pilotos del Ejército Nacional celebrados en los primeros meses de 1959

El primer juicio celebrado a los pilotos de la Fuerza Aérea del Ejército de Cuba fue instituido por un Tribunal Revolucionario con oficiales del Segundo Frente "Frank País", **Félix Lugerio Pena, Antonio Michel Yabor Justi** y **Adalberto Parúas Toll**, en el cual se dictó la sentencia el 2 de Marzo de 1959, absolviendo a los encausados pilotos, artilleros y mecánicos que en número de cuarenta y tres fueron juzgados y a los que se mandó a poner en libertad por el tribunal actuante.

Hubo después un llamado Segundo Juicio, dispuesto por Fidel Castro. Este segundo juicio, no fue más que un engendro jurídico que arrasó con todos los principios legales y procesales, y condenó contra ley a fuertes penas de privación de libertad a los pilotos encausados por el primer tribunal que los absolvió y los puso en libertad. El tribunal del Segundo Juicio lo integraron: **Manuel Piñeiro (Barba Roja),** que lo presidio; **Carlos Iglesias Fonseca (Nicaragua); Demetrio Monseni (Villa); Belarmino Castilla (Aníbal)** y **Pedro Luis Díaz Lanz,** vocales.

Resumen del Primer Juicio:
- La causa es la número 127 de 1959
- Se inicia el día 13 de febrero de 1959
- Se termina el día 2 de Marzo de 1959
- Se celebra en la Sala de Justicia, tercer piso de la Audiencia de Santiago de Cuba
- La figura delictiva fue el delito de genocidio
- La sentencia fue la absolución de los pilotos encartados y su inmediata libertad.

Resumen del Segundo Juicio (Juicio de Revisión):
- Se anula la sentencia del 2 de Marzo de 1959
- Se dicta una nueva sentencia sancionando a los encartados a privación de libertad.

Encartados en los Juicios

Capitanes (PA) Jorge Alemany Peláez, Ramón Alonso Guillot Juan Brito García, Manuel Iglesias Ramírez, Agustín Piñera Machín

Primeros Tenientes (PA) Pedro Bacallao Fonte, Mario Bermúdez Esquivel, Eulalio Beruvides Ballesteros, Luis Burias Acosta, Francisco Chappi Yañes, Guillermo Estévez de Arcos, Roberto Pérez Valdés-Montiel, Ricardo Rodríguez de Castro, Gustavo C Somohano Álvarez, Edelso Rodríguez, Antonio Pieras Bustarviejo.

Segundos Tenientes (PE) Ramón Arguelles, Francisco B Campbell, Carlos Lazo Cubas, Antúnez González.

Sargentos Rafael Becerra, Armando Bergueiro, Alfredo Capote Oropesa, Benigno Cernada Valdés, Julio Concepción, Arístides Córdova Aguiar, Sandino Delgado Hernández, Diego Fernández Evena, Julio García Abreu, Nemesio Hernández, Pablo Hernández, Juan Mesa Yánez, Francisco Piloto González, Crescencio Liyin, Pablo de los Reyes Basulto, Pedro Vasallo Lima, Sixto Vasallo, Gilberto Yip Martínez, Emilio Díaz Aguilar, Silvio López Ballester, Luis Pinacho Fernández.

Los Abogados de la Defensa del Primer Juicio

JORGE PAGLIERY, Decano de los abogados orientales, CARLOS PEÑA JUSTIZ; RECAREDO GARCÍA FERNÁNDEZ, LUIS AGUIAR POVEDA, SIGFRIDO SOLIS de LEÓN, JUAN MIGUEL PORTUONDO BELLO, Capitán ARISTIDES D'ACOSTA CALHEIROS.

La Sentencia

A los dos días del mes de marzo de mil novecientos cincuenta y nueve, se constituye el Tribunal Revolucionario bajo la presidencia del Comandante Félix Lugerio Pena Díaz e integrado por el magistrado Dr. Adalberto Paruas Toll y el Comandante Antonio Michel Yabor Jústiz, en el local que ocupa el Palacio de Justicia para conocer de la causa 127 de 1959.

FALLAMOS: Que debemos absolver y absolvemos a todos y cada uno de los acusados en este proceso, disponiendo al propio tiempo la libertad de los mismos, solo por esta causa, debiendo dictar al efecto todos los despachos que fueren necesarios para el cumplimiento de esta resolución de la misma a toda y cada una de las partes. Así, por nuestra sentencia, lo pronunciamos, mandamos y firmamos ante mí que certifican,

Comandante Félix Lugerio Pena, Presidente; Comandante (Piloto) **Antonio Michel Yabor Jústiz;** Teniente (Abogado) Dr. **Adalberto Paruas Toll**, Vocales; Procurador **Nicolás Bello Chávez**, Secretario.

La Reacción de Fidel Castro:

«A mí no me obliga ley alguna, aquí no hay más justicia que la justicia revolucionaria; aquí no hay más Constitución que la voluntad de la Revolución, yo soy primero Jefe de la Revolución, que Primer Ministro.»

Fidel Castro, nombró <u>fiscal</u> al Ministro de Defensa, Comandante **AUGUSTO MARTINEZ SANCHEZ** como <u>Presidente del nuevo Tribunal Revolucionario</u> al Comandante **MANUEL PIÑEIRO LOZADA** (Barba Roja) y <u>vocales del Tribunal</u> a los comandantes **PEDRO LUIS DIAZ LANZ** Jefe de la Fuerza Aérea Rebelde, **CARLOS IGLESIA FONSECA** (alias Nicaragua), **DEMETRIO MONTZENI** (alias Villa) y **BELARMINO CASTILLA** (alias Aníbal), el mismo que había atacado, sitiado e incendiado con los cocteles Molotov a Sagua de Tánamo.

Este Segundo Juicio tuvo relevancia mundial y fue considerado por muchos autores en materia Jurídica y por juristas como una monstruosidad jurídica. Castro pasó por encima de una sentencia dictada en tiempo y forma por un Tribunal nombrado por él. **El doble juicio de los aviadores** como se le conoció en aquella oportunidad fue el primer descalabro político de la revolución que llegó al poder en Enero de 1959. Marcó, sin lugar a dudas, el comienzo de la dictadura Castro-Comunista en Cuba.

Desgraciadamente nadie oyó aquel alerta que la anulación de aquella sentencia dio, no solo al pueblo de Cuba, sino al mundo entero. Hoy son evidentes los resultados de aquel abuso de poder al contemplar una Cuba destruida, sus mejores hijos, unos bajo la tierra, otros en el exilio como judíos errantes y los más en la brutal esclavitud que el mundo haya conocido.

Más tarde, por varios meses, continuaron nuevos Juicios Revolucionarios, entre ellos:

Causa 127 A/59. Radicada en el Tribunal Superior de Guerra en la cuidad de La Habana, el día 9 de Abril de 1959.

Causa 127 B/59. Radicada en la Sala Correccional del Palacio de Justicia en la ciudad de Santa Clara, Provincia de Las Villas, el día 29 de Mayo 1959.

Causa 127 C/59. Radicada en la ciudad de Camagüey, Provincia de Camagüey, 19 de Junio de 1959.

Apéndice 3

Memorándum de una Conferencia en la Oficina del Secretario de Estado, Departamento de Estado, Washington, 31 de Diciembre de 1958, 4:00 PM.

TEMA:
Cuba[1]

ASISTENTES:
• *Departamento de Estado: Subsecretario Christian Herter, Robert Murphy y Roy R. Rubottom*
• *Asistente del Presidente —Gordon Grey*
• *Departamento de Defensa —John Irwin y Robert H. Knight*
• *Jefes de Estado Mayor Conjunto: Almirante Arleigh Burke*
• *CIA — General Cabell y J.C. King*
• *Departamento de la Marina — Contralmirante A.S. Hayward*

MINUTAS:
La Conferencia comenzó con una exposición informativa del Sr. Rubottom sobre el interrogatorio al que había sido sometido en la reunión con los senadores Mansfield, Morse, Sparkman, Humphrey, Aiken y Smith.[2]

El tema de esta reunión también había sido Cuba y las preguntas habían sido bien formuladas (la mayoría de ellas de memorandos preparados previamente), y las preguntas claramente indicaban una gran tendencia a favor de derrocar a Batista y las implicaciones de que los Comunistas respaldaban a Castro.

En general, querían saber qué hacía Estados Unidos con respecto a la situación de Cuba. El Sr. Rubottom, entre otras cosas, les explicó el plan por el cual el Departamento de Estado envió una circular[3] al embajador de los Estados Unidos en cada uno de los estados miembros de la *Organización de los Estados Americanos (OEA)* para determinar el interés de esos países en intervenir en Cuba de una manera pacífica, para evitar derramamiento de sangre. Todos los miembros de la OEA, excepto México, indicaron que estaban a favor de dicho enfoque y varias personas destacadas, como el ex Presidente de Panamá, Sr. Arias, están trabajando en este enfoque con la OEA. El Departamento de Estado espera que pueda haber algún resultado beneficioso de esto. Todavía no hay planes concretos para ese enfoque, pero el propósito es obtener el respaldo general de los *Organización de los Estados Americanos* para la intervención pacífica en Cuba para prevenir el derramamiento de sangre.

El grupo del Congreso también preguntó acerca de las armas que se habían suministrado a Cuba, y el Sr. Rubottom les informó sobre la decisión del 29 de Marzo de **no** enviar más armas al gobierno de Batista.

Al parecer, la República Dominicana está trabajando para enviar armas a Batista y se informa que un gran envío está contemplado en la actualidad. El senador Humphrey y el senador Mansfield cuestionaron que un envío de este tipo no pudiera crear una situación en Cuba, que no podría considerarse puramente interna. El Sr. Rubottom les explicó que pensaba que ese no sería el caso, pero que ese envío generaría al menos más interés en la situación de Cuba.

Se discutieron los antecedentes de Raúl Castro y el Ché Guevara. Ché es un médico Argentino que es un buen luchador y es un organizador Comunista. Gran parte de este movimiento está dominado por los Comunistas.

El senador Mansfield siguió haciendo preguntas para saber si los hombres de Castro eran Comunistas; Rubottom explicó que ese no era el caso. El senador Aiken dijo que los verdaderos partidarios de Castro son empresarios e industriales en la provincia de Oriente. Por ejemplo, el Sr. Bosch, de la Bacardí, que ha brindado apoyo financiero al movimiento del 26 de Julio. Esto concluyó la discusión del Sr. Rubottom sobre la Conferencia Senatorial.

El Sr. Rubottom no cree que sea posible ponerle una etiqueta Comunista al movimiento de Castro.

El almirante Burke señaló que un mensaje del Departamento de Estado de hoy (31 de Diciembre) [4] indica que además del Ché Guevara, un Comunista Cubano ***Juan Marinello*** también es informado como Comunista y está identificado con las fuerzas de Castro, y es posible que en realidad los dirige.

El Sr. Rubottom estuvo de acuerdo en que esto podría ser cierto, pero que no podía confirmarlo.

El Sr. Gray declaró que en la última reunión del Consejo de Seguridad Nacional[5], el Presidente dijo que esta es la primera vez que él, el Presidente, oía que nuestro gobierno está unido contra Fidel Castro. Había mencionado lo mismo al Sr. Murphy y al Sr. Dulles de la CIA el viernes pasado por la mañana.[6] El Sr. Gray preguntó si esta es realmente nuestra posición de gobierno.

El Sr. Rubottom declaró que los Estados Unidos han estado tratando de que Batista reconozca que él, Batista, no puede derrotar a Castro como tal, pero que se necesita una tercera fuerza para derrotar a Castro políticamente.

El Sr. Irwin preguntó que si no es cierto que, aunque no hayamos ayudado a Castro como gobierno, hemos logrado derrotar a Batista.

El Almirante Burke estuvo de acuerdo en que muchas personas en el ejército Cubano aparentemente piensan que ya que no estamos ayudando a Batista, debemos estar ayudando a Castro. El Sr. Rubottom explicó que esto no es tan simple. Hasta hace quince meses, Batista había estado recibiendo apoyo con equipo militar, y no había tenido éxito en expulsar a las fuerzas de Castro, las cuales en un momento, se habían reducido a doce personas. El Departamento de Estado consideró que Batista y sus fuerzas habían realizado una vergonzosa actuación con las armas que les habían dado, y de hecho, los rebeldes habían conseguido armas al comprarlas al Ejército Cubano.

Rubottom dijo que el Departamento de Estado había considerado el problema de conseguir armas para ayudar a otro grupo rebelde en el área de Las Villas.

Esta es una fuerza principalmente bajo el ex presidente Prío, aunque no solo bajo su control. Prío no había sido un personaje muy admirable cuando era Presidente y cuando había salido del país había podido llevar consigo unos cinco millones de dólares a los Estados Unidos. Con este dinero, él y su ex primer ministro Varona habían financiado el movimiento.

Además del grupo Prío / Varona, hay un gran grupo de apoyo formado por profesionales, como médicos y abogados. Estos han organizado y enviado a un hombre para ayudar a Varona a organizar el movimiento. El nombre de este hombre es José Miró Cardona y en la actualidad está operando en Miami. El Departamento de Estado había pensado que sería posible que un representante de ese grupo pudiera llegar a una reunión con representantes de otros grupos de Cuba, de lo que podría surgir algo bueno.

Siguió una discusión general sobre Varona, que se considera un corazón robusto y patriótico, y que había comprado un avión propio para volar de regreso a Cuba. Aunque todavía es un hombre de

Prío, hay una sensación general de que el grupo con el que está trabajando incluye otras influencias, particularmente en vista de la asistencia que Miró Cardona está prestando. Miró Cardona ha sido Juez de la Corte Suprema.

Una estación de radio rebelde Cubana dijo ayer que Prío está regresando al área de Las Villas para liderar a su gente. Todavía no se ha informado que haya salido de los Estados Unidos. Sin embargo, se ha informado que Varona ha llegado a la zona de Las Villas hoy. Su hermano [7] está conferenciando en Miami con Prío y Varona.

El general Cabell dijo que lo más probable es que Prío, Varona y Miró Cardona tengan relaciones con Castro o con otros movimientos rebeldes, pero que todavía no son una Fuerza Unida.

El Almirante Burke preguntó si esto no es sólo lo que les gustaría a los Comunistas. Que a pesar de que concedemos que Castro no es Comunista, la situación parece ser muy buena para una toma Comunista.

El Sr. Rubottom dijo que Batista está tratando de resistir hasta el 24 de Febrero a más tardar, cuando se supone que el nuevo Presidente asumirá el cargo. ¿Qué preocupa al Departamento de Estado, qué pasa entonces?

El Sr. Gray preguntó si no era significativo que se haya informado que Batista se haya mudado con su familia a Nueva York hoy, a lo que todos los representantes del Departamento de Estado respondieron: "Sí".

El Sr. Herter preguntó si tenemos posibilidades de conseguir a un hombre fuerte o un movimiento fuerte si lo identificamos. Hubo una discusión general sobre el problema de identificar primero a un hombre fuerte que aún no se conoce, y de si era posible en verdad obtener armas para él.

El general Cabell declaró [*2 líneas no desclasificadas*].

El Sr. Gray preguntó si era correcto decir que el Departamento de Estado intentaría evitar que Fidel Castro llegara al poder.

El Sr. Herter respondió que no, que ese no era el caso.

El Almirante Burke declaró que Castro está tan avanzado ahora que tiene el control suficiente y el poder suficiente para ganar; él tomará el poder y continuará subiendo hacia la parte superior, después de lo cual probablemente habrá un gran baño de sangre. Él siente que los Cubanos apoyan a los individuos de Castro indirectamente ahora, porque son anti-Batista y que eso es cierto para muchos grupos en Cuba. Pero si Castro llegara a la cima, este apoyo desaparecerá; que la gente hablará y gastará dinero, pero que no lucharán. Castro peleará, tiene la organización y será capaz de asumir el control por completo.

El Sr. Gray sintió que si eso era cierto o no depende de lo que hará el gobierno de los Estados Unidos para evitar que Castro tome el poder total.

El general Cabell enfatizó nuevamente que el problema al que se enfrentan los EE. UU. Es identificar una tercera fuerza, porque una vez identificada serviría como punto de reunión y que debe haber cierta capacidad para mantener a Castro bajo control mientras crece la pujanza de esa tercera fuerza.

El Almirante Burke hizo hincapié en que cualquier revolución para tener éxito debe tener un núcleo pequeño y fuerte de personas que estén dedicadas y tengan confianza mutua.

El señor Herter preguntó por la tercera fuerza en Santa Clara-Las Villas.

El Sr. Rubottom dijo que, según los informes de la prensa de hoy, esta fuerza no está funcionando bien y que el Ejército Cubano está avanzando considerablemente contra ellos.

El Sr. Irwin dijo que compartía la opinión del Sr. Gray de que el Presidente pensaba que no apoyaríamos a Castro, pero expresó su preocupación de que, si lo hiciéramos con una tercera fuerza, no podríamos alienar demasiado a Castro. No importa cuán anti-Castro seamos, ¿no deberíamos tener cuidado de no alienarlo completamente?

Luego siguió una discusión general sobre Batista y por qué se le odia en la forma que se hace. El Sr. Rubottom señaló que había dos razones principales: primero, porque le quitó a los Cubanos los procesos Constitucionales, y segundo, debido a la reciente represión y el trato brutal de la gente. Debido a estas dos razones, ha perdido mucho apoyo que antes tenía en las clases más bajas. El Almirante Burke sintió que los intereses privados de Batista habían entorpecido sus intereses públicos y que, por lo tanto, había perdido gran parte de su apoyo anterior. Rubottom sintió que Batista podría haber rescatado la situación hasta Noviembre, con una elección relativamente libre (pero aún controlada) en lugar de la totalmente controlada que realmente tuvo y que resultó en la elección de uno de los títeres de Batista.

El Sr. Gray preguntó sobre la posibilidad de detener el flujo de armas de los Estados Unidos a los rebeldes.

El Sr. Herter declaró que nuestros propios agentes fiscales y la Guardia Costera son los que más han hecho para frenar este flujo de armas.

El Sr. Gray dijo que tal vez no queramos detener este envío a Prío y su fuerza.

El Sr. Rubottom habló sobre el apoyo a Castro dentro de América del Sur, que se vio durante el viaje del Sr. Milton Eisenhower y el viaje del Vicepresidente Nixon. Existe una oposición evidente y creciente al apoyo de dictadores en toda América del Sur. En ambos viajes, los estudiantes preguntaron repetidamente por qué Estados Unidos apoya a los dictadores. Rubottom siente que es debido al crecimiento de este sentimiento anti-dictador que América Latina apoya a Castro.

El Almirante Burke declaró que si Castro llega al poder siendo cauteloso, tal vez quiera reducir bajar la velocidad de los acontecimientos, pero luego puede convertirse en un prisionero, por así decirlo, y entonces los Comunistas podrían entrar.

El Sr. Rubottom dijo que aunque respetaba los puntos de vista del Almirante Burke, había varios oficiales en el Departamento de Estado que dicen que Castro no podía sostenerse si intentaba asumir el control y que la amenaza Comunista podía ser azotada. Cuba es solo uno de muchos países en los que el Estado está teniendo dificultades con los Comunistas, léase Argentina, Perú, Venezuela y Uruguay entre otros.

Siguió una discusión sobre los pasos que la Marina podría tomar en lo que respecta al Departamento de Defensa. El Almirante Burke mencionó las fuerzas que se enviarán al área del Caribe a principios de Enero para entrenamientos de rutina. Afirmó que los Marines se embarcarán un poco antes de lo previsto, solo para tenerlos listos en caso de que sean necesarios.

El Sr. Herter preguntó acerca de la situación en La Habana anticipando las necesidades de evacuación. En La Habana, la "etapa de advertencia" de una evacuación está en vigencia (que simplemente es un "consejo" requerido para que los ciudadanos Estadounidenses estén al tanto de la situación). No hay ninguna emergencia en esa área en este momento. En Santiago, la "Fase Uno" de la evacuación está en vigencia (lo que requiere que se "aconseje" a los dependientes que regresen a los Estados Unidos a su propio costo).

El almirante Burke presentó un borrador de mensaje para enviarlo a CINCLANT (Commander-In-Chief, Latin-America Non-Treaty)[8] informándole de una situación en Cuba, que podría requerir la evacuación de los ciudadanos de los EE. UU., y pedirle que considere lo que debe hacer, pero que no existe ningún requisito en este momento para ningún problema inmediato. *(Movimiento de fuerzas. El borrador original del mensaje indicaba que CINCLANT debería estar preparado para intervenir para proteger a los nacionales de los EE. UU. y la propiedad de los EE. UU., si esto fuera necesario. El Sr. Herter pidió que se eliminara del mensaje toda mención de intervención).*

Todos estuvieron de acuerdo en que el mensaje modificado fue satisfactorio para enviar a CINCLANT.

El Sr. Herter luego resumió el propósito de la reunión que había sido discutir la situación Cubana en general; intercambiar ideas; y para asegurar que todos estuvieran trabajando en la misma línea y que todos supieran lo que estaba haciendo cada Departamento. Hizo hincapié en que todos debemos mantenernos en contacto cercano para asegurarnos de que este intercambio de información continuará. También enfatizó que el problema al discutir estas cosas es evitar que ocurran fugas (leaks) y que todos los miembros presentes deben tener cuidado de que esto no haya o esté ocurriendo.

A medida que la reunión se estaba concluyendo, se recibió más información del Embajador Smith en Cuba[9] en el sentido de que Batista declaró que estaría dispuesto a renunciar y permitir que el Presidente del Senado tome el control del país y llame a una junta para gobernar Cuba hasta que pueda realizarse una elección.

El embajador Smith preguntó qué quisieran los altos jefes del Departamento de Estado en cuanto a los posibles miembros de esa junta.

El sentimiento del Almirante Burke es que el gobierno de los Estados Unidos no debería tratar de designar quiénes deberían ser esas personas, ya que esto probablemente conduciría a atentados que causarían su muerte.

Hubo cierta discusión sobre si Castro debería ser miembro de la junta y la conclusión general fue que, debido a su poder real en estos momentos, debía ser miembro de la misma.

Se dice que Batista tiene un avión listo para salir del país y que probablemente irá a la República Dominicana.

El Almirante Burke estimó que Batista abandonaría el país dentro de las próximas 48 horas, con lo que el general Cabell estuvo de acuerdo.

REFERENCIAS:

1. Centro Histórico Naval, Papeles Burke, Archivo del creador. Ultra secreto. El oficial de redacción no está indicado en el texto de origen, pero aparentemente fue el Contralmirante Hayward. El texto de la fuente se adjunta a un resumen de la conferencia preparada por Hayward que se remitió a los Jefes Conjuntos al amparo de un breve memorando del Almirante Dennison, el 8 de enero.

2. Rubottom, junto con Little y Macomber, habían comparecido en sesión ejecutiva ante el Comité de Relaciones Exteriores del Senado de 10 am a 12:15 pm ese día. Para una transcripción del testimonio, vea Sesiones Ejecutivas del Comité de Relaciones Exteriores del Senado (Serie Histórica) (Washington: Oficina de Impresión del Gobierno de los Estados Unidos, 1980), vol. X, pp. 767–800.

3. Documento 172.

4. Aparentemente una referencia al telegrama 399, supra.

5. Ver Documento 188.

6. 26 de diciembre. Esto puede ser una referencia a la reunión descrita en el Documento 191.

7. La referencia no está clara.

8. No se ha encontrado ni el borrador ni el mensaje final.

9. La forma en que se recibió esta información no se ha determinado.

Apéndice 4

Extractos de El Presidio Político en Cuba, escritos por José Martí cuando ingresó en la cárcel de La Habana el 4 de Abril de 1870 como Prisionero Número 113.

Dolor infinito debía ser el único nombre de estas páginas. Dolor infinito, porque el dolor del presidio es el más rudo, el más devastador de los dolores, el que mata la inteligencia, y seca el alma, y deja huellas que no se borraran jamás.

Dante no estuvo en presidio. Si hubiera sentido desplomarse sobre su cerebro las bóvedas oscuras de aquel tormento de la vida, hubiera desistido de pintar su infierno. Las hubiera copiado y lo hubiera hecho mejor.

Si existiera el Dios providente, y lo hubiera visto, con la una mano se habría cubierto el rostro, y con la otra habría hecho rodar al abismo aquella negación de Dios.

Dios existe, sin embargo, en la idea del bien, que vela por el nacimiento de cada ser, y deja en el alma que se encarna en él una lágrima pura. El bien es Dios. La lágrima es la fuente de sentimiento eterno.

Dios existe, y yo vengo en su nombre a romper en las almas Españolas el vaso frío que encierra en ella la lágrima.

Dios existe, y si me hacéis alejar de aquí sin arrancar de vosotros la cobarde, la malaventurada indiferencia, dejadme que os desprecie, ya que ya no puedo odiar a nadie; dejadme que os compadezca en nombre de Dios.

No os odiaré, no os maldeciré. Si yo odiara a alguien, me odiaría por ello a mí mismo. Si mi Dios maldijera, yo negaría por ello a mi Dios.

El pueblo es ignorante, y está dormido. El que llega primero a su puerta canta hermosos versos y lo enardece. Y el pueblo enardecido clama. ¡Cantemos, pues!

La noción del bien flota sobre todo, y no naufraga jamás.

Índice Onomástico

A

José Abrahantes, 154
Acción Rápida, 87
Adolfo López Mateos, 160
Aerovías Q, 51
Agramonte, 40, 53, 107, 171, 174, 175
Agustín Acosta, 59
Francisco Alabau Trelles, 128, 209
Alberto Badía, 187
Alberto Bayo, 115
Aleida March, 199
ALERTA, 46
Alfredo Guevara, 104, 123, 177
Alicia Alonso, 163
Juan Almeida, 95, 109, 189, 190, 207, 219
Efigenio Almeijeiras, 40
Ana María Simó, 10
Anastas Mikoyan, 185, 188
Anselmo Alliegro, 28, 29
Antonio Blanco Rico, 142
Arturo Artalejo, 80
ASTA, 161, 167
Aviadores, 70, 75, 76, 81, 82, 83, 228

B

Aurelio Baldor, 68, 85, 221
Gastón Baquero, 73, 90, 91
Barbarroja, 83, 93
Ramón Barquín, 42, 49, 50
Fulgencio Batista, 10, 12, 20, 21, 26, 27, 28, 29, 30, 33, 36, 37, 38, 43, 46, 48, 49, 50, 51, 52, 53, 54, 58, 59, 62, 66, 68, 73, 83, 93, 107, 116, 121, 126, 128, 131, 136, 139, 142, 144, 147, 151, 152, 161, 177, 187, 191, 192, 206, 218, 222, 223, 224, 225
Conrado Bécquer, 61, 95, 209
Bernie Sanders, 91
Jorge Bez Chabebe, 59, 220, 221
Manuel Bisbé, 88
Blas Roca, 66, 67, 158, 191
BOHEMIA, 70, 77, 217
Enrique Borbonet, 42, 49
Pepín Bosch, 72
Regino Boti, 40, 87, 211
Eduardo Boza, 83, 203, 221
BRAC, 50

C

Camilo Cienfuegos, 49, 50, 55, 61, 81, 85, 92, 96, 114, 129, 132, 142, 155, 167, 171, 174, 175, 181, 183, 184, 189, 190, 203
Campamento de Columbia, 27, 55, 218
Carlos Franqui, 26, 116
Carlos M. Piedra, 28, 29, 38, 39, 40
Carlos Robreño, 94, 113
Conrado Carratalá, 105, 152
Joaquín Casillas Lumpuy, 48, 187
Celia Sánchez, 64, 77, 88, 177
Central América, 33
Centro Asturiano, 85, 203
Raúl Cepero Bonilla, 40, 211
Ché, 48, 49, 51, 64, 94, 104, 134, 154, 213, 225
Raúl Chibas, 12, 40
Faure Chomón, 51, 53, 54, 142, 167, 199
Christian Herter, 88
Ciénaga de Zapata, 72, 118, 203
Ciro Redondo, 50
Clara Lucas Azcona, 201
CMQ, 10, 36, 59, 74, 78, 84, 93, 117, 120, 125, 142, 179, 199, 213
COA, 10, 147, 186, 189
Angel Cofiño, 64
Campamento de Columbia, 10, 27, 28, 29, 33, 36, 42, 49, 50, 58, 83, 149, 190, 206, 219
Comunista, 36, 50, 61, 64, 66, 78, 85, 90, 92, 94, 97, 98, 99, 104, 109, 110, 115, 116, 117, 121, 123, 131, 134, 135, 138, 157, 158, 140, 160, 164, 165, 167, 171, 174, 177, 181, 185, 186, 191, 192, 193, 195, 199, 202, 203, 205, 206, 207, 208, 211, 212, 213, 218, 225, 228
Congreso Católico Nacional, 199

Conrado Marrero, 160
Consejo de Ministros, 57, 61, 70, 73, 83, 84, 86, 100, 105, 106, 107, 109, 111, 113, 119, 125, 129, 132, 140, 167, 182, 183, 193, 194, 198, 199, 206, 216
Luis Conte Agüero, 116, 120, 127
Cornelio Rojas, 48
Crescencio Pérez, 129, 133
EL CRISOL, 210
Cuartel Moncada, 12
Cubana de Aviación, 93, 99, 108, 156
Rolando Cubela, 53, 62, 142, 143, 162, 167, 181
Gustavo Cuervo Rubio, 30, 33

D

David Salvador, 61, 62, 79, 86, 95, 100, 124, 133, 161, 181, 191, 193, 195, 196, 206, 215, 225
Delio Gómez Ochoa, 112, 115
Democracia Cristiana, 44
DIARIO DE LA MARINA, 49, 117, 135, 147, 155, 167, 191, 196, 198, 202, 205, 210, 213, 215
Pwedro Luis Díaz Lanz, 51, 52, 75, 79, 106, 109, 115, 116, 117, 118, 119, 120, 123, 127, 155, 165, 166, 169, 174, 175, 176, 177, 179, 181, 185, 190, 215, 226
Salvador Diaz-Versón, 64

Directorio Revolucionario Estudiantil, 51
Jules Dubois, 136

E

José Antonio Echeverría, 78, 142
Ernesto Dihigo, 88, 185
Ernesto Guevara, 12, 22, 50, 61, 96, 100, 105, 112, 116, 123, 138, 181, 194, 199, 203, 219
Escambray, 142
Eulogio Cantillo, 26, 50, 107, 152
Evelio Díaz, 108, 115, 132, 153, 200, 202

F

Facundo Pomar, 187
Familia Tapia, 11
Familia Tomé, 10
Faustino Pérez, 40, 115, 133, 198, 199, 219, 220
Federación Estudiantil Universitaria, 12, 142, 161, 162, 184, 186, 224
Feito y Cabezón, 218
Felipe Pazos, 56, 199
Félix Lugerio Peña, 70, 74, 76, 77, 226, 227, 228
Francisco Lorie Bertot, 208
Frank País, 44, 52, 177, 201, 226
Frente Cívico Revolucionario, 121
Frondici, 96
Fusilamientos, 36, 61, 68, 72, 77, 97, 100, 105, 202, 220

G

Rafael García Bárcena, 73
Genovevo Pérez, 187, 191
Godoy-Sayán, 107
Cuartel Goicuría, 81
Gonzalo Güell, 29
Gran Logia de Cuba, 204
Rafael Guas Inclán, 30
Nicolás Guillén, 59
Eloy Gutiérrez Menoyo, 139

H

Habana Hilton, 80, 133, 161
Armando Hart, 40, 77, 123, 136, 140, 141, 188
Haydée Santamaría, 77
HOY, 58, 105, 117, 150, 163, 228
Huber Matos, 26, 52, 92, 96, 155, 163, 165, 169, 171, 172, 173, 174, 179, 180, 181, 182, 185, 202, 206, 207, 208, 209
Humanismo, 93, 193, 195

I

Iglesia del Silencio, 213
INRA, 119, 146
Instituciones Cívicas, 121, 122, 224
Irenaldo García Báez, 46, 81, 105

J

Hotel Jaragua, 37
Jesús Soto, 61, 95, 161
Joaquín Martínez Sáenz, 56, 187
Jorge Mañach, 12, 72, 132
José Ignacio Lasaga, 201

Juan Amador Rodríguez., 179
Juan Francisco Nodarse, 11
Juan José Arévalo, 167, 184
Jules Dubois, 46, 147, 155, 158, 183
Justo Luis del Pozo, 30, 152
Juventud Católica, 10, 225
Juventud Obrera Católica, 192

K

Kuquine, 59

L

Lázaro Cárdenas, 131, 133
Ley 11, 60, 83
Ley 647, 193
Ley de Alquileres, 74, 83
Ley de Reforma Educacional, 216
Ley del Retiro Mínimo, 216
Ley número 425, 119
Ley Número 502, 140
Ley número 634, 194
Ley Número 647, 198
Ley Número 664, 216
Library of Congress, 8
LIFE, 168, 210
Lombardo Toledano, 191
Rufo López Fresquet, 87, 105, 144
Gustavo Godoy Loret de Mola, 29, 210
Loynaz del Castillo, 30, 33

M

M-26-7, 44, 54, 55, 120
Manolo Fernández, 206
Manuel Benítez, 135
Manuel Piñeiro, 75, 83, 93, 123, 226
María Luisa Araluce, 180
Juan Marinello, 66, 67, 68, 131, 158
Marino López Blanco, 187, 191
Mario García Menocal, 188
Carlos Márquez Sterling, 68
Roberto Martín Pérez, 105
Augusto Martínez Sánchez, 40, 75, 77, 81, 123, 129, 161, 193, 214, 215
Marxista, 92, 143, 206
Jorge Masetti, 109
Rolando Masferrer, 46, 73, 165
Mateo Jover Marimón, 201
Humberto Medrano, 87, 203
Menelao Mora, 77, 78
Milicias de Trabajadores Intelectuales, 211
Ministerio de Recuperación de Bienes Malversados, 58, 59, 83, 135, 136, 187, 191, 210, 218
Chino Mirabal, 151
José Miró Cardona, 40, 49, 67, 70, 71, 72, 100, 137, 153
Andrés Morales del Castillo, 29, 206
Henry Morgan, 153, 187, 219
Movimiento 26 de Julio, 12, 22, 26, 36, 44, 46, 51, 55, 80, 116, 124, 127, 132, 142, 161, 174, 192, 195, 204, 222, 224, 225
Eusebio Mujal, 30, 106, 192

N

Naranjo, 64, 85, 86, 154, 185, 190
Nazario Sargén, 123
Nicaro, 151
Juan Niury, 61, 62, 147
Notarios Públicos, 218
Antonio Núñez Jiménez, 82, 107, 123, 177, 184, 191, 203, 206
Ricardo Núñez Portuondo, 30, 33

O

OEA, 138, 203, 204
Enrique Oltuski, 40, 204
Partido Ortodoxo, 12, 73, 123
Oscar Gans, 154
Otto Meruelo, 68, 145

P

Padre José Biaín, 213
Palacio Presidencial, 27, 37, 40, 51, 53, 54, 57, 61, 62, 63, 72, 77, 78, 79, 80, 109, 120, 128, 129, 132, 142, 155, 181, 191, 192, 195, 211, 219, 227, 228
José Pardo Llada, 154, 186
Paredón, 62, 63
Parque Céspedes, 42, 44
Partido Socialista Popular, 59, 66, 94, 158, 192
Pastorita Núñez, 144
José Eleuterio Pedraza, 144, 177, 179

Pedro Albizu Campos, 199
Enrique Pérez Serantes, 42, 59, 68, 82, 200, 220, 221
Philip Bonsal, 137
Plaza Cadenas, 162, 214
Plaza Cívica, 129, 132, 199, 200, 201, 219
Herminio Portell Vilá, 51
PRENSA LATINA, 109
PRENSA LIBRE, 87, 112, 124, 167, 191, 198, 203, 205, 210, 219
Presidio Modelo, 49
Primer Ministro, 67, 68, 70, 71, 75, 82, 109, 124, 125, 127, 129, 132, 133, 149, 167, 191, 197, 228
Carlos Prío, 46, 49, 106, 108, 113, 114, 144, 145, 210, 224
Proclamas, 36, 105, 175, 176, 180, 181
PSP, 59, 66, 68, 94, 131, 158, 192, 193, 195
Gaspar Pumarejo, 80, 188

Q

Miguel Angel Quevedo, 77, 82, 217
Quirino Uría, 10

R

Radio Rebelde, 26, 33
Radio Reloj, 10, 36
Rafael del Pino, 88
Ramón Fonst, 148
Raúl Roa, 56, 88, 136, 137, 139, 163, 188

Manuel Ray, 40, 53, 199
Reforma Agraria, 72, 74, 95, 100, 104, 106, 107, 108, 110, 111, 112, 113, 114, 115, 119, 120, 131, 132, 133, 134, 135, 147, 153, 154, 159, 169, 171, 181, 202, 203, 212, 214, 218
José María Rego Rubido, 39, 40
Republica Dominicana, 37, 106, 111, 114
Revolución, 33, 40, 42, 68, 70, 77, 78, 80, 95, 99, 100, 110, 118, 121, 122, 124, 128, 132, 141, 147, 148, 152, 158, 182, 185, 196, 198, 203, 208, 209, 212, 223, 228
Andrés Rivero Agüero, 29, 37, 187, 217
Rómulo Betancourt, 64, 202
Roy Rubottom, 185

S

José María Salas Cañizares, 44, 45, 107, 217
Salvador Allende, 77, 131
Haydee Santamaría, 77, 152
Santiago Rey Pernas, 30
Secta Abakuá, 103
Segundo Frente del Escambray, 22, 128
Sergio Carbó, 219
Sergio del Valle, 147, 190, 206, 208, 209

Sociedad Internacional de Prensa, 197
Humberto Sorí Marín, 40, 151, 219
Jesús Sosa Blanco, 63, 64, 72

T

Tabernilla, 28, 29, 46, 206
Teatro Blanquita, 167
TIME, 133, 168, 210
Rafael L. Trujillo, 37, 107, 115, 136, 137, 165, 219

U

Unidad, 193, 195
Unión Soviética, 12, 64, 68, 79, 116, 137, 156, 185, 188, 195, 199
Universo Sánchez, 123, 147, 148, 206
Manuel Urrutia, 40, 42, 46, 49, 53, 54, 57, 62, 66, 68, 79, 92, 102, 109, 112, 116, 120, 122, 125, 128, 129, 165, 166, 174, 179, 222

V

Tony Varona, 77, 106, 110, 113, 167
Venceremos, 213
Aldo Vera, 55, 113, 116
José Vilaboy, 99, 187
Universidad de Villanueva, 60, 83, 203, 224
Vilma Espín, 44, 45, 199
Virgen de la Caridad del Cobre, 46, 199, 201

Raúl Eduardo Chao recibió su doctorado de la Universidad Johns Hopkins y después de un breve paso por la industria estuvo 18 años en el mundo académico, como Profesor Titular y Director de los Departamentos de Ingeniería Química en las Universidades de Puerto Rico y Detroit. En 1986 fundó una firma de consultoría enfocada a ayudar a empresas y agencias gubernamentales a desarrollar un ambiente de trabajo positivo e implementar técnicas de mejorar procesos para asegurar aumentos simultáneos en productividad y calidad. El *Grupo Systema* tuvo como clientes empresas de las catalogadas como *Fortune 100* y diversas organizaciones federales y estatales, tanto en los EE.UU. como en el extranjero. Como Presidente de Systema, Chao ha escrito una docena de libros sobre gerencia, política, ciencias e Historia de Cuba y numerosos artículos en periódicos y revistas. Él y su esposa Olga viven en Lakeland, Florida y pasan largos períodos de tiempo en París.

PARTE DE LA INFORMACIÓN, CARACTERIZACIONES Y DETALLES ESPECÍFICOS DE ESTE ESTUDIO ESTÁN BASADOS EN LIBROS Y ARTÍCULOS DE **MARIO LAZO, SAMUEL FARBER, ANDREW GLASS, ALISTAIR COOKE, LEOVIGILDO RUIZ, THEODORE DRAPER, RAY BRENNAN, JOSE LUIS MASSO, MARIO LLERENA, RAMON BONACHEA, JULES DUBOIS, ROBERT TABER, JUAN CLARK, CARLOS FRANQUI** Y MUCHOS OTROS, ASI COMO EN ARTICULOS Y ENSAYOS EN LOS PERIODICOS Y REVISTAS **DIARIO DE LA MARINA, PRENSA LIBRE, EL MUNDO, HOY, ALERTA, BOHEMIA** Y **CARTELES**, PUBLICADOS EN ESA EPOCA EN CUBA Y **THE NEW YORK TIMES, NEWSWEEK, TIME** Y **LIFE** DE NEW YORK, Y LOS PERIÓDICOS **ABC** DE MADRID Y **LE MONDE** DE PARIS. EL AUTOR AGRADECE TAMBIEN LA GRAN ASISTENCIA DE **ROBIN HARVEY**, DE LA **BIBLIOTECA DEL CONGRESO** DE LOS ESTADOS UNIDOS POR SU AYUDA EN TENER ACCESO A LOS ARCHIVOS NO CONFIDENCIALES DEL **DEPARTAMENTO DE ESTADO** EN WASHINGTON Y DE LA **EMBAJADA NORTEAMERICANA** EN LA HABANA.

www.ingramcontent.com/pod-product-compliance
Lightning Source LLC
Chambersburg PA
CBHW030516080526
44586CB00011B/212